Stefanie Holtkamp
Andrea Bergmann

Südwärts

Roadtrip durch Südfrankreich, Spanien und Portugal

AF645283

NATURZEIT
Reiseverlag

FSC
www.fsc.org
MIX
Papier | Fördert gute Waldnutzung
FSC® C089473

Gedruckt in Deutschland auf Papier aus nachhaltiger Waldwirtschaft.

1. Auflage Mai 2023, korrigierter Nachdruck 2025
ISBN 978-3-944378-44-2

Naturzeit Reiseverlag e. K.
82288 Kottgeisering
www.naturzeit-verlag.de
info@naturzeit-verlag.de

Satz und Gestaltung: Stefanie Holtkamp, Naturzeit Reiseverlag

Lektorat: Lena Marie Hahn, Andrea Bergmann

Karte: Jonathan Holtkamp, Kartenbasis © OpenStreetMap (ODbL) - Mitwirkende (www.openstreetmap.org/copyright)

Bildnachweis:

Dirk Stöcker, Christina Denk (Let's get otter here): Seite 172, 173 unten (Sintra), Seite 189, Seite 238, Seite 248, Seite 362, Seite 364, Seite 366, Seite 368, Seite 371, Seite 373, Seite 384.

Seite 296 Sites Touristiques Ariège, Seite 352 Caverne de Pont d'arc ©SYCPA, Seite 364 Regina Stockmann

iStock Bildagentur: Seite 15 Ocni Design, Seite 123 IMAG35, Seite 174 vichie81, Seite 175 Sean Pavone, Seite 178 Elijah-Lovkoff, Seite 234, 235 Joaquin Ossorio-Castillo, Seite 286 MasterLu, Seite 287 venakr

Alle weiteren Fotos: Stefanie Holtkamp, Andrea Bergmann

Illustrationen und Icons: iStock Bildagentur (Far700/Bulli, vabadov/Esel, kukurikov/Dorf, Color_life/Berge, iland19/Gans, muhamad rukmana/Steinbock, Artis777/Muschel, 5PH/Delfin, mspoint/Sardine, Elena Ryabtseva/Seepferd)

Vertrieb: Geo Center, 70794 Filderstadt

Druck: Beltz Grafische Betriebe GmbH, 99947 Bad Langensalza

INHALT

Kommt mit uns in den Süden!

Die Vulkane der Auvergne

Bergkegel und Maare

Walnuss, Gans und ganz viel Wein

An der Dordogne nach Bordeaux

Surfers Paradise

Die Küste von Bordeaux bis Saint-Jean-de-Luz

Buen Camino

Von den Pyrenäen zu den Picos

Santiago und das Ende der Welt

Reise durch Asturien und Galicien

Am Atlantik nach Lissabon

Portugals Küste im Norden

Die schönsten Strände Europas?

Alentejo und Algarve

Weiße Dörfer und weiße Pferde

Unsere Reise durch Andalusien

Spaniens Ostküste

Costa Cálida, Costa Blanca und Costa Dorada

Durch die Pyrenäen nach Frankreich

Auszeit und Abenteuer in den Bergen

Die Cevennen und das Tal der Ardèche

Traumziel für Outdoor-Fans

Reiseinfos und Camperhacks

Unsere Tipps für unterwegs

Kommt mit uns in den Süden!

»Reiseführer? Braucht man so was noch? Es gibt doch Apps zur Stellplatzsuche und meine Reiseideen hole ich mir aus dem Internet. Jede Sehenswürdigkeit hat eine Website, auf der ich die wichtigsten Infos finde. Und ist ›Vanlife‹ nicht eigentlich so etwas wie ein Synonym für die Freiheit, ganz ohne Plan aufzubrechen?«

Ja, das ist alles richtig. Und doch haben wir die Erfahrung gemacht, dass wir an vielen interessanten Orten vorbeifahren, wenn wir uns einfach nur treiben lassen. Für uns wird eine Region spannender, wenn wir etwas über sie wissen, und das Erleben intensiver, wenn wir uns von den Straßen entfernen, um die Natur zu entdecken. Dazu braucht es Informationen, die uns an den richtigen Stellen abbiegen und anhalten lassen. Uns gelingt das oft nicht ohne die entsprechende Vorbereitung – oder ohne persönliche Empfehlungen von Mitreisenden und Menschen, die sich vor Ort auskennen. Diese sind oft anders und manchmal noch besser als ein gedruckter Reiseführer. Genau diese Art von Tipps sind es, die wir euch mit diesem Buch mit auf eure Reise geben wollen.

Das hier ist also kein Reiseführer im klassischen Sinne. Die Idee dieses Buches ist es, euch einen Überblick in die Hand zu geben, damit ihr nicht an den Highlights einer Region vorbeifahrt und euer Reiseziel besser kennenlernt und intensiv erlebt. Unsere Auswahl ist dabei durchaus persönlich gefärbt und deckt sich nicht immer mit dem, was vor Ort als die »wichtigsten Tourismusattraktionen« gehandelt wird. Wir haben ausgewählt, was uns fasziniert, was für eine Region »besonders« ist. Außerdem lieben wir Orte mit dem ganz speziellen Charme, der entsteht, wenn Menschen etwas mit Engagement und Herzblut tun. Bei unserer Aus-

wahl versuchen wir eine gute Mischung aus bekannten Highlights, die touristisch meist gut frequentiert, aber trotzdem sehr beeindruckend sind, und kleinen spannenden »Geheimtipps« zusammenzustellen.

Auszeitplätze und Über-Nacht-Kästen

Für jeden der besonderen Spots, die wir vorstellen, nennen wir euch auch einen oder mehrere Plätze in der Nähe, auf denen ihr mit eurem Camper übernachten könnt. Diese findet ihr in den »Über-Nacht-Kästen«. Manche dieser Plätze sind eher zweckmäßig, denn hier geht es vorrangig darum, in der Nähe eines bestimmten Ortes zu sein.

Lange Reisen brauchen aber auch Zeit zum Innehalten, Plätze zum Bleiben, an denen wir uns zu Hause fühlen und unsere Eindrücke verarbeiten können. Auch dazu stellen wir euch zu jeder Tour einige Orte vor. Wir nennen sie »Auszeitplätze«, denn es braucht sie zwischendurch tatsächlich – eine kleine Auszeit vom Unterwegssein, an einem Ort zum Entspannen. Wir wählen dafür gerne kleine, einfache Campingplätze, naturnah und in schöner Lage. Manchmal erfüllen auch Wohnmobil-Stellplätze die Kriterien. Alle unsere Auszeitplätze im Buch haben wir bereits selbst besucht, viele kennen wir ziemlich gut.

Alle im Buch genannten Übernachtungsplätze sind offizielle Plätze, damit ihr euch darauf verlassen könnt, dass sie auch wirklich nutzbar sind. Natürlich gibt es auch sogenannte »freie Plätze«, an denen man entspannte Reisezeit verbringen kann. Meist sind das Parkplätze in schöner Lage, an denen man auch über Nacht stehen darf. Was genau ihr an einem solchen Platz antrefft, ist aber schwer vorauszusehen. Je nach Jahreszeit, Wetter und Wochentag kann ein und derselbe Platz traumhaft sein zum Freistehen oder doch eher ungeeignet. Wie ihr gute und vertretbare Plätze findet, besprechen wir ausführlich ab **[› Seite 366]**.

Camperhacks und praktische Infos

Am Ende des Buches findet ihr noch weitere praktische Tipps, die euch den Einstieg ins Vanlife erleichtern, falls ihr noch am Anfang steht. Auch für die Profis unter euch ist vielleicht der eine oder andere Denkanstoß dabei oder eine interessante Adresse. Es geht hier einerseits um so wichtige Themen wie Nachhaltigkeit und Naturschutz, wir teilen aber auch unser Wissen über die landesspezifischen Besonderheiten, nützliche Ausrüstung und einen zuverlässigen Internetanschluss im Camper.

Unsere Route in den Süden

Wir schlagen euch bewusst keine klar definierte Fahrstrecke vor, denn euren Weg sucht ihr euch am besten selbst. Die Auswahl unserer Spots gibt aber natürlich trotzdem grob eine Route vor, für die wir Entscheidungen getroffen haben. Wo überqueren wir die Pyrenäen? Wo verlassen wir die Küste für einen Abstecher ins Landesinnere? Fahren wir durch die Provence zurück oder lieber durch die viel weniger bekannte und von uns sehr geliebte Region der Cevennen und die Auvergne? Dabei haben wir uns gerne und häufig für die unbekannteren Ziele entschieden – für den weniger naheliegenden Weg. Auch wenn wir das Meer lieben – an der streckenweise extrem verbauten Ostküste Spaniens sind wir immer wieder ins Landesinnere ausgewichen und auch Camargue und Provence müssen auf den nächsten Roadtrip warten.

Orientierung unterwegs

Zusätzlich zum Buch braucht ihr eine Karte – je nach euren Vorlieben aus Papier oder digital. Wir selbst haben immer beides dabei: eine Papierkarte für den Überblick, die Onlinekarte für die Details vor Ort. Neben Google Maps verwenden wir auch eine Wanderapp mit Offlinekarten, die sich perfekt zur Suche und zum Anfahren von abgelegenen Stellplätzen eignet. Für alle Wanderungen im Buch stellen wir euch im Online-Bereich zu »Südwärts« auch GPS-Tracks zum Download zur Verfügung. **[› Seite 384]**

Überwintern in Spanien und Portugal

Die Rundfahrt um die Iberische Halbinsel ist eine der klassischen Winterreisen. Die Algarve und Andalusien sind ein gutes Ziel für alle, die den Sommer lieben und leicht auf graue Herbsttage und Schnee verzichten können.

Besonders warm und trocken sind die Winter rund um Almería. Die Durchschnittstemperaturen fallen dort am Tag kaum unter 15 Grad. Das Mittelmeer hält hier im Süden etwa von Mitte Mai bis Ende Oktober Temperaturen, die sich zum Baden eignen. An der Atlantikküste, die westlich von Tarifa beginnt, ist das Wasser deutlich kühler und die Brandung um einiges stärker. Schon im Oktober seht ihr am Atlantik eigentlich nur noch Surfer im Wasser. Dabei ist die nach Süden ausgerichtete Küste der Algarve deutlich sanfter als die Westküste Portugals, die direkt der Weite und der unbändigen Kraft des Atlantiks ausgesetzt ist.

Von Tarifa an der Südspitze der Iberischen Halbinsel ist Afrika schon gut zu sehen. Gerade mal 13,5 Kilometer sind es von dort zur marokkanischen Küste. Von hier aus könnt ihr einen Tagesausflug nach Afrika machen oder auch mit eurem Camper übersetzen. Ein Aufenthalt bis 90 Tage in Marokko ist für EU-Bürger ohne Visum möglich – nur einen Reisepass müsst ihr dabeihaben. Von Tarifa fahren Ausflugsboote nach Tanger. Die spanische Enklave Ceuta, der gängigste Hafen für die Überfahrt mit eurem Camper, wird meist vom nahen Algeciras angesteuert.

Mehr Infos zu einer Region?

Natürlich gibt es an der Route noch viel mehr zu entdecken. Unsere kleine Auswahl lohnenswerter Ziele eignet sich perfekt für einen Überblick und wenn ihr einen längeren Roadtrip durch mehrere Länder plant. Wollt ihr eine bestimmte Region intensiver erforschen, empfehlen wir die Reiseführer aus dem WOMO-Verlag, die ein Gebiet sehr viel detaillierter beschreiben. Zu einigen Regionen an der Route gibt es auch Outdoor- und Wanderführer aus unserem Naturzeit Verlag. Sie sind die perfekte Ergänzung, wenn ihr zu Fuß in der Natur unterwegs sein wollt.

Wander- und Entdeckertouren aus dem Naturzeit Verlag

In den Outdoor-Handbüchern aus dem Naturzeit Reiseverlag findet ihr Wanderungen, Fahrradtouren und meist auch einige Ausflüge mit dem Kanu, mit denen ihr die Natur eures Reisezieles intensiver erkunden könnt. Die kurzen Touren aus den Familien-Wanderführern (Naturzeit mit Kindern) eignen sich dabei auch für Reisende ohne Kinder, um bei einem Roadtrip hinaus zu kommen, ohne gleich einen ganzen Tag zum Wandern einzuplanen. Aber auch die meisten Touren in der Reihe »Naturzeit aktiv« sind für maximal einen halben Tag konzipiert. Alle Touren sind ausführlich beschrieben und mit Wanderkarte und Höhenprofil ergänzt. Wer sich außerdem die GPS-Tracks aufs Handy lädt, kommt vor Ort ganz sicher problemlos zurecht.

Die Bücher aus der WOMO-Reihe

Die Wohnmobilreiseführer aus dem WOMO-Verlag sind speziell für Camper konzipiert. Ihr findet hier viele praktische Reise-Infos, zum Beispiel auch zu Frischwasser und Entsorgungsstationen. Neben Wohnmobilstellplätzen und Campingplätzen werden in dieser Buchreihe auch freie Stellplätze vorgestellt. Dazu gibt es ausführliche Beschreibungen der Routen mit den wichtigsten Sehenswürdigkeiten, Badeplätzen ohne Höhenschranke und kurzen Wanderungen und Fahrradtouren.

Die Bücher werden etwa alle vier Jahre von den Autor*innen vor Ort komplett überprüft und erscheinen dann in neuer Auflage. Alle Autoren und Autorinnen reisen selbst mit dem Campervan oder dem Wohnmobil und schreiben und berichten aus ihrer eigenen Praxis. Wir selbst gehören seit vielen Jahren zum Autoren-Team des WOMO-Verlags. Von den Titeln der WOMO-Reihe, die an der Südwärts-Route liegen, haben wir die Bücher über Südwest-Frankreich und die Pyrenäen recherchiert und geschrieben.

Aber jetzt wünschen wir euch erst einmal

Gute Reise und eine richtig coole Zeit!

Die Vulkane der Auvergne

Bergkegel und Maare

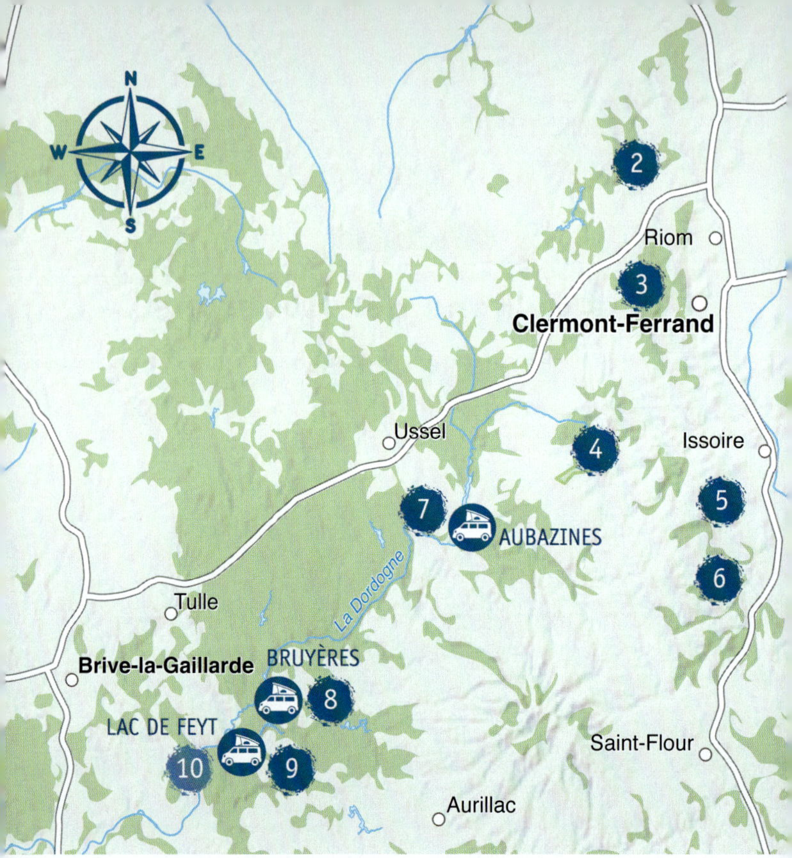

Die Vulkane der Auvergne

Die Landschaft westlich von Clermont-Ferrand ist ungewöhnlich. Hier reihen sich Berge mit spitz zulaufenden Gipfeln und sanft gerundeten Kuppen. Sie sind überzogen von einem grünen Flaum aus Büschen und Gras – nur im unteren Bereich wachsen auch Bäume. Schmale Straßen schlängeln sich durch die karge Landschaft, in der sich etliche glasklare Seen verstecken, in denen im Sommer auch gebadet wird. Einige der Seen sind beinahe kreisrund. Es sind Maare, Wasserbecken im Krater ehemaliger Vulkane.

Die Berge der Auvergne sind vulkanischen Ursprungs und bilden eines der größten und zugleich das erdgeschichtlich jüngste Vulkangebiet in Mitteleuropa. Einige seiner Vulkane sind gerade mal 8000 Jahre alt und nicht alle gelten als erloschen. Einen Ausbruch gab es hier aber schon seit 5000 Jahren nicht mehr. Der »Parc National des Volcans d'Auver-

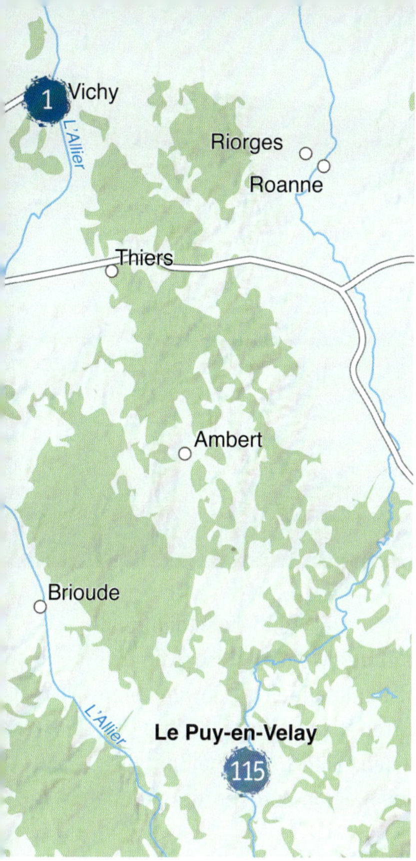

AUSZEITPLÄTZE

1 | VICHY
2 | GOUR DE TAZENAT
3 | CHAÎNE DES PUYS
4 | MASSIF DU SANCY
5 | VALLÉE DES SAINTS
6 | VALLÉE D'ALAGNON
7 | SITE DE SAINT-NAZAIRE
8 | FERME DU MOYEN AGE
9 | TOURS DE MERLE

gne« besteht aus drei großen Bergketten mit mehr als 100 Kegeln und Maaren. Die bekanntesten sind die Chaîne des Puys **[› Spot 3]** und die Vulkane von Mont-Dore **[› Spot 4]**. Der 1.886 Meter hohe Puy de Sancy ist der höchste Vulkan im Park. Noch größer war ursprünglich der Cantal. Vor acht Millionen Jahren soll sein Gipfel etwa 3000 Meter in den Himmel geragt haben. Heute bildet sein stark erodierter Krater »Plomb du Cantal« mit den benachbarten Bergkegeln die dritte Vulkangruppe und eine der beeindruckendsten Berglandschaften im Zentralmassiv.

Vom Puy de Sancy sprudeln auch die Quellbäche der Dordogne ins Tal, der wir später aus dem Massif Central bis an den Atlantik folgen werden. Zwischen den Orten Bort-les-Orgues und Argentat ist die Dordogne mehrfach aufgestaut, sodass der Fluss als lang gezogener Stausee durch einsame Waldschluchten mäandert. Aussichtspunkte erlauben den Blick in die Schlucht.

Eingebettet in grüne Berge: Der Lac de Guery.

Die Hochebenen am Flussufer sind dünn besiedelt und landwirtschaftlich geprägt. Auf den Weiden grasen die rotbraunen Salers-Rinder, die mit ihren langen geschwungenen Hörnern aussehen, als stammten sie in direkter Linie von den Auerochsen der Steinzeit ab. Salers – so heißen auch eines der hübschesten Dörfer der Region und der hier produzierte Käse.

Käsespezialitäten der Auvergne

Gleich fünf Käsesorten stammen aus der Auvergne. Da sind zuerst einmal die beiden festen Rohmilchkäse Cantal und Salers sowie die Blauschimmelkäse Fourme d'Ambert und Bleu d'Auvergne. Besonders beliebt und auch überregional bekannt ist der cremig-weiche Saint-Nectaire. Trägt er den Zusatz »fermier« im Namen, handelt es sich um einen in Kleinbetrieben hergestellten Rohmilchkäse. Die Produktion eines echten Saint-Nectaire fermier könnt ihr bei einem Besuch der »Ferme Bellonte« verfolgen, die ihren Käse zum Reifen in natürlichen Höhlen lagert. Die Führung

Die Felsen Roche Tuillères und Roche Sanadoire.

Blick aus der Bustür: Im Sancy-Massiv gibt es schöne Plätze zum Freistehen.

unter dem Namen »Les Mystères de Farges« gibt es leider nur auf Französisch. Beim Melken zusehen, Käse kaufen und probieren geht aber auch ohne französische Sprachkenntnisse. www.st-nectaire.com

Wir lieben die Auvergne auch wegen ihrer Abgeschiedenheit. Außerhalb von Frankreich ist die Region wenig bekannt und selbst in den Sommerferien verirren sich nur wenige ausländische Reisende hierher. Vor allem die Bergbahnen auf Puy de Dome und Puy de Sancy sowie die Burganlage von Murol mit ihrem bunten Mittelalterspektakel ziehen Menschen von außerhalb an. Ansonsten ist die Auvergne liebenswert verschlafen.

DIE BESTE REISEZEIT

Von Juni bis Mitte Oktober könnt ihr bei einer Reise in die Auvergne mit milden Temperaturen rechnen. Die Auvergne gehört dabei zu den Regionen, die man auch im Juli und August noch recht gut bereisen kann. Außerhalb der Sommersaison ist hier nur wenig los. Ausnahmen sind die wenigen Hotspots wie zum Beispiel der Gipfel des Puy de Sancy und die Burg von Murol.
Früh und spät im Jahr ist es in den Höhenlagen der Auvergne oft empfindlich kühl. Im Winter kann man hier Skifahren. Am Puy de Sancy sind im Ski-Gebiet Super-Besse 23 Lifte in Betrieb.

REISE-LITERATUR

Entdeckertouren mit dem Wohnmobil: Auvergne
17 Tourenvorschläge für Camper mit ausführlichen Infos zu Stellplätzen, Ver- und Entsorgung, Badeplätzen, Wanderungen und sehenswerten Zielen an der Route.
Mehr Infos: www.womo.de

Michael Müller Reisehandbuch Limousin & Auvergne
Wenn ihr mehr Auvergne wollt, als hier zu finden ist, können wir dieses umfangreiche Werk empfehlen, in dem ihr allen wichtigen Orte und Sehenswürdigkeiten findet.
www.michael-mueller-verlag.de

1

Summerfeeling in Vichy

Charmanter Kurort aus der Belle Epoque

Dass Vichy eine lange Geschichte hat, sieht man auf den ersten Blick. An den Straßen im Stadtzentrum reihen sich historische Stadthäuser aneinander. Die unteren Stockwerke sind herausgeputzt und beherbergen kleine Läden. Hier werden die leicht salzigen Vichy-Pastillen verkauft, grüne Minzbonbons, schicke Klamotten und riesige Stücke Nougat. Wer den Blick hebt, entdeckt oberhalb der Ladenzeile schöne, alte Fassaden mit vielen Schnörkeln und Stuck – manche sind frisch getüncht, viele wirken schon leicht bröckelig.

Die Häuser im Zentrum von Vichy stammen aus der Belle Epoque, der Zeit um die vorletzte Jahrhundertwende. Vichy war damals ein angesagter Kurort, in dem sich alles traf, was Geld und Namen hatte. Man kam, um mit heißem Quellwasser die schmerzenden Gelenke zu kurieren, Heilwasser und Champagner zu trinken, im Ballsaal zu tanzen und im Park zu flanieren. Den Park ließ schon Napoleon III. an den Ufern des Allier anlegen. Er machte Vichy für einige Jahre zu seiner Sommerresidenz und wurde so zum »Influencer«,

der den europäischen Adel in die Stadt lockte. In seiner Blütezeit wurden in Vichy zehn gut besuchte Nobelhotels betrieben. Im Zweiten Weltkrieg residierten dann die Offiziere des Vichy-Regimes, das mit den Nazis kollaborierte, in den edlen Unterkünften. Das schadete Vichys Ruf als Kurort erheblich. Nach 1945 blieben die Gäste aus. So machte man in den folgenden Jahren einen Sprung in die neue Zeit: Wellness, Fitness, Sport und eine Sprachschule wurden die wirtschaftlichen Standbeine.

So treffen wir heute auf einen bunten und weltoffenen Ort. Besonders beliebt und stimmungsvoll ist das Ufer des Allier. Hier reihen sich im Sommer die Tische der Bars und Restaurants aneinander, es werden SUPs verliehen, auf den Wiesen stehen Picknicktische, es gibt einen Badestrand und Spiel- und Sportplätze. An warmen Tagen trifft sich Jung und Alt am Fluss. Das würdige Zentrum Vichys bleibt jedoch der historische Parc des Sources mit der 1903 erbauten Trinkhalle. Das Wasser aus der Source des Célestin könnt ihr dort auch ohne Kuraufenthalt kosten. Es schmeckt leicht salzig, enthält natürliche Kohlensäure und ist lauwarm. Am anderen Ende des Parks fließt in einem runden Pavillon das Wasser der Source de l'Hopital aus den Hähnen. Dahinter steht der offene Pavillon des alten Casinos. Von hier weht an vielen lauen Sommerabenden Livemusik durch den altehrwürdigen Park und in die angrenzenden Straßen der Stadt.

ÜBER NACHT

Am südlichen Ufer des Allier befinden sich zwei Campingplätze und ein gepflegter Stellplatz, von denen man die Stadt in etwa 15 Minuten zu Fuß erreichen kann. Der komfortablere Camping des Acacias liegt nicht direkt am Wasser, wir empfehlen daher den Camping Beau Rivage.

Camping Beau Rivage
Mit Stellplätzen am Ufer des Allier, Pool mit großer Rutsche.
€€ | www.camping-beaurivage.com

Wohnmobilstellplatz Vichy
Gegenüber dem Camping Beau Rivage. Eine Handvoll Plätze auf Wiesenboden unter Bäumen, der Rest auf Schotter. Camper-Service.
€€ | N 46°06'54.8", E 3°25'49.9"

2

Gour de Tazenat

Baden und Wandern am kreisrunden Maar

Der Gour de Tazenat ist Teil der Chaîne des Puys und vulkanischen Ursprungs. Der kreisrunde See entstand durch eine sogenannte Wasserdampfexplosion. Sie wird beim Zusammentreffen des Grundwassers mit heißer Lava ausgelöst und hinterlässt tiefe mit Wasser gefüllte Krater in runder oder ovaler Form. Solche Seen gibt es in fast allen vulkanischen Regionen. In Deutschland werden sie Maare genannt.

Der Gour de Tazenat hat kristallklares Wasser, misst an seiner tiefsten Stelle 66 Meter und ist von einem mit Bäumen bewachsenen Wall umgeben. Ein schmaler Wanderweg führt über Stock und Stein einmal rund um den See.

Wer nur zum entspannten Baden kommt, nimmt den kürzesten Weg: In der Nähe des Parkplatzes gibt es einen Kiosk mit Bootsverleih und eine erste Badestelle. Ein breiter Fußweg führt dann rechts am See entlang bis zu einem zweiten, sanft ins Wasser abfallenden Badeplatz mit Liegewiese.

ÜBER NACHT

Direkt am See gibt es keine Möglichkeit zum Bleiben. In vielen benachbarten Orten stehen aber Campingplätze zur Wahl. Einen Stellplatz gibt es im nahen Manzat.

Wohnmobilstellplatz Manzat
Großer Schotterplatz im Ort ohne Schatten. Frischwasser, keine Toilettenentsorgung.
Kostenlos |
N 45°57'43.5", E 2°56'17.5"

Von hier aus sieht man schon den Felsen am Westufer des Sees, der gerne als Sprungturm genutzt wird. Von seiner Spitze hat man außerdem den perfekten Blick über die kreisrunde Wasserfläche. Am Fußweg rund um den übersichtlichen See warten weitere kleine Badestellen, die meistens recht einsam sind. Wer mehr will als ein Bad im See, macht sich also auf den Weg ...

Die Tour du Lac de Tazenat

Das Umrunden des Sees empfiehlt sich im Uhrzeigersinn. So sehen wir den Gour erst von oben und erreichen dann, gut warmgelaufen, die ersten Badestellen und am Ende der Tour den Seekiosk. Die Runde ist kein gemütlicher Spaziergang: Am östlichen Ufer ist der Pfad schmal und steinig, an einigen Stellen leicht ausgesetzt, und führt munter auf und ab. Feste Schuhe mit gutem Profil sind empfehlenswert.

Rundweg: 3 km | ↓↑ 30 m | Gehzeit 1 h 15 | GPX

Parkplatz am See: N 45°59'05.4", E 2°59'15.2", einige Plätze in Pkw-Größe vor der Höhenschranke, nicht geeignet für sehr lange Vans oder Wohnmobile.

ÜBER NACHT

Wohnmobilstellplatz Saint-Ours
Asphaltplatz mit Bergblick. Vulcania ist zu Fuß erreichbar. Strom, Camper-Service.
€€ | N 45°48'46.2", E 2°56'56.4"

Wohnmobilstellplatz Lac d'Aydat
Ehemaliger Campingplatz mit schattigen Plätzen im Grünen. Badestrand 200 Meter entfernt. Dusche, WC, Strom, Camper-Service, WLAN.
€€ | N 45°39'37.4", E 2°58'37.1"

IN DER NÄHE

Vulcania
Im nahen Vulkan-Park könnt ihr in einen Vulkan hinuntersteigen – in einen künstlichen, versteht sich. Vulcania ist eine Mischung aus Museum und Freizeitpark und vermittelt auf spielerische Weise Wissenswertes zum Thema Vulkanismus.
Ostern bis Allerheiligen | €€€ | www.vulcania.com

3

Chaîne des Puys

Aufstieg in die Welt der Vulkane

Westlich von Clermont-Ferrand bildet die Chaîne des Puys, eine Kette aus über 80 Vulkanen, eine ungewöhnliche Landschaft mit vielen grünen Hügeln. Die Vulkane gelten als nicht aktiv, aber nicht als endgültig erloschen. Den letzten Ausbruch in der Pavin-Gruppe gab es vor 5000 Jahren. Der höchste Vulkan der Chaîne des Puys ist mit 1465 Metern der **Puy de Dome**, der mit Hilfe einer Zahnradbahn »bestiegen« werden kann. Der Gipfel mit der markanten Antenne ist der beste Aussichtspunkt der nördlichen Vulkankette.
€€ | www.panoramiquedesdomes.fr

Wer, wie wir, lieber mit weniger Trubel in die Welt der Vulkane eintauchen möchte, steigt aus eigener Kraft auf den benachbarten Puy de Pariou, der statt einer Gipfelspitze einen 90 Meter tiefen Krater aufweist. Er ziert auch das Etikett des bekannten Mineralwassers aus dem nahen Ort Volvic.

Aufstieg auf Puy de Pariou

Der Rundweg auf den Vulkan ist gut ausgebaut und einfach zu begehen. Lauft ihn unbedingt in der markierten Richtung – also an der ersten Kreuzung rechts aufwärts. So steigt ihr im schattigen Wald hinauf bis zum Kraterrand. Dann geht es rund um die grüne Kuhle im Berg und mit bestem Blick auf den Puy-de-Dome und die Vulkankette über eine lange Holztreppe wieder hinunter. Die Treppe endet auf einem Sattel zwischen den Vulkanen.

Von der großen Wiese am Sattel führen Wege in alle Richtungen und locken zum Weiterwandern. Wer noch nicht umkehren mag, kann von hier aus noch einmal 150 Meter zu den Höhlen am Cliersou (Grottes de Cliersou) hinaufsteigen. Für den drei Kilometer langen Abstecher braucht man eine gute Stunde.

6 km | ↓↑ 250 m | Gehzeit 2 h 30 | GPX
Start am Parking des Goules N 45°48'14.6", E 2°59'14.6"

4

Massif du Sancy

Über den Col de la Croix Saint-Robert ins Vallée de Chaudefour

Auch der Puy de Sancy, der höchste Berg des Massif du Sancy, ist ein erloschener Vulkan. Die Berge sehen hier aber ganz anders aus als die Kegelberge der Chaîne des Puys weiter im Norden. Rund um den Gipfel des Sancy sind die Berge schroff und ihre bizarren Felsspitzen machen die Landschaft besonders interessant. Am Fuße des Berges stehen die Häuser des charmanten alten Kurorts Mont-Dore vor einer eindrucksvollen Felskulisse.

Eintauchen können wir in diese Landschaft bei der Fahrt über die schmale Passstraße »Col de la Croix Saint-Robert«. Sie schwingt sich in vielen Kurven aus dem Ort Mont-Dore hinauf auf eine in ihrer Kargheit beeindruckende Hochebene. Auf der anderen Seite des Passes zieht sich dann ein idyllisches Tal zwischen die Berge, das wir auf einer kleinen Wanderung erkunden können.

Durch das Vallée de Chaudefour

Der Weg ins Tal beginnt am Infozentrum mit kostenpflichtigem Parkplatz. Zuerst folgen wir einem Schotterweg. Ein erster Abzweig links führt zum hübschen Wasserfall Cascade de Pérouse, ein zweiter zur stark eisenhaltigen Quelle Sainte-Anne, deren Wasser hier in einen Bach sprudelt. Hinter der Brücke halten wir uns links, laufen weiter ins Tal hinein und kommen so zur eigentlichen Attraktion dieser Wanderung: einem Talkessel mit großen alten Bäumen und einer überaus malerischen Felskulisse. Rechts von uns ragen die »Cornes du Diable« (Teufelshörner) auf und der »Dent de la Rancune« (Zahn des Grolls). Mitten im Talkessel treffen wir dann auf eine Kreuzung mit Wegweiser, die unser Wendepunkt sein soll.

Wer will, kann den Weg auch verlängern und geradeaus der lila Markierung folgen. Auf einem Wanderpfad erreicht man nach etwa 45 Minuten die Cascade au Moine und kurz vorher einen idyllischen Platz an einem Bach.

Bis zum Wegweiser: 4 km | ↓↑ 100 m | Gehzeit 1 h 30 | GPX
Parkplatz am Infozentrum: N 45°32'26.1", E 2°51'43.2"

ÜBER NACHT

Domaine de la Grande Cascade
Kleiner, gepflegter Platz an der Passstraße und mitten in der Bergwelt auf der Hochebene über Mont-Dore. Waschmaschine, Camper-Service.
€ | N 45°34'17.0", E 2°49'04.9" | www.camping-grandecascade.com

Mehrere aussichtsreiche Parkbuchten zwischen der Passhöhe und Chaudefour.

IN DER NÄHE

Per Seilbahn auf den Puy de Sancy
Von Mont-Dore fährt eine Luftseilbahn zum Puy de Sancy. Die letzten Höhenmeter zum Gipfel legt man auf einer Holztreppe zurück, die häufig zur »Ameisenstraße« mutiert. An der Bahnstation warten Tubingbahn, Fatbike-Trail, Disc-Golf und andere Attraktionen. €€ | lemontdore.fr

ÜBER NACHT

Wohnmobilstellplatz Boudes
Acht mit noch recht kleinen Pflänzchen unterteilte Stellplätze auf dem Parkplatz für die Wanderung ins Vallée des Saints. Öffentliches WC, Grauwasserentsorgung.
Im Ort gibt es ein Bistro, an dem ihr morgens auch Baguette und Croissants kaufen könnt.
Bisher kostenlos | N 45°27'24.5", E 3°11'12.9"

5

Vallée des Saints

Im roten Canyon der Auvergne

Eigentlich sind wir nach Boudes gefahren, weil sich westlich des Ortes im dichten Wald eine geologische Besonderheit versteckt: ein Mini-Canyon mit tiefroten Felsnadeln, die abfließendes Wasser aus dem bröckeligen Gestein gewaschen hat. Die Einheimischen nennen sie »Cheminées des Fées – Schornsteine der Feen.

Bei der Ankunft überraschen uns ein hübsches kleines Dorf und ein neu angelegter schöner Wohnmobilstellplatz im Grünen. An den Hängen rund um Boudes wächst Wein und so gibt es zwischen den dreistöckigen, trutzigen Steinhäusern, die nicht so richtig nach 600-Seelen-Dorf aussehen, auch zwei Weingüter. Dort könnt ihr den Wein kosten und direkt beim Erzeuger einkaufen. Im Dorf entdecken wir die kleine Kirche Saint-Loup aus dem 11. Jahrhundert und vor dem Bistro steht eine Handvoll Tische auf der Straße, ansonsten wirkt alles etwas verschlafen.

Wanderung zum Vallée des Saints

Die Felsnadeln sind nur zu Fuß erreichbar. Im Abendlicht leuchtet ihr Rot besonders intensiv. Die kleine Wanderung ist also perfekt als Abendspaziergang – dann habt ihr die Felsen oft für euch alleine. Der Rundweg ist blau markiert und mit »Vallée des Saints« beschildert. Die roten Felstürme befinden sich an drei Plätzen, die nahe beieinander liegen. Zwei davon sind nur durch Abstecher vom Hauptweg erreichbar, die ihr keinesfalls auslassen solltet.

Bevor es zwischen Schafweiden und Reben zurück nach Boudes geht, treffen wir noch auf eine Quelle. Aus der Source de Bard sprudelt Heilwasser. Es enthält Kohlensäure und ist stark eisenhaltig, wie der rote Rand des Beckens und der leicht metallische Geruch verraten.

Knapp 6 km, ↓↑ 180 m, Gehzeit 2 h | GPX
Parkplatz: N 45°27‘24.5“, E 3°11‘12.9“

ÜBER NACHT

Wohnmobilstellplatz Blesle
Sechs Plätze in ruhiger Lage an einer Grünanlage mit kleinem Spielplatz.
Kostenlos |
N 45°19'01.1", E 3°10'27.6"

Camping Municipal La Bessière
Der Campingplatz liegt einen knappen Kilometer abseits von Blesle im Grünen und am Flussufer.
€€ | N 45°18'43.6", E 3°10'22.0" |
www.blesle.fr

6

Vallée d'Alagnon

Zwischen Blesle und dem Château de Léotoing

Blesle ist ein besonders charmantes und ungewöhnliches Dorf. Es gehört zu den »Plus Beaux Villages de France«, liegt aber etwas abseits der üblichen Tourismusrouten und quasi im Dornröschenschlaf. Zwischen den alten Steinhäusern, die teilweise in den oberen Etagen mit Fachwerktechnik gebaut sind, verstecken sich tatsächlich nur zwei Restaurants. Unser Favorit ist das Bistrot de la Tour, aus dem mittags köstliche Düfte durch die Gassen wehen.

Es ist im Ortszentrum zu finden – im Schatten des Tour de Saint-Martin, der einmal zur gleichnamigen Kirche gehörte. Sie fiel der Französischen Revolution zum Opfer, nur der Glockenturm blieb stehen. Schaut man hinauf, hocken dort oben etliche wilde Steinbestien und gucken über das Dorf. Gegenüber steht an einer alten gemauerten Bogenbrücke das ehemalige Hospital aus dem 16. Jahrhundert. Heute ist es ein Museum: Hier werden historische Kopfbedeckungen und Trachten präsentiert. Ein Blick lohnt auch in die hübsche Abteikirche Saint-Pierre: An den Wänden sind einige alte Fresken zu sehen.

Château de Léotoing

Nähert ihr euch Blesle von Osten, durchquert ihr das Tal des Alagnon. Hier gibt es ein paar schöne Plätze am Bach zu entdecken – und eine wildromantische Burgruine. Die Burg von Léotoing thront hoch auf einem Felsen über dem Tal. Die Ruine selbst ist wegen Einsturzgefahr abgesperrt, steht aber an einem wunderbaren Platz neben einer alten Kirche. Die Aussicht ist grandios.

Parkplatz: N 45°21'40.6", E 3°13'26.2",
Fußweg zur Ruine etwa 5 Minuten.

7

Site de Saint-Nazaire

Die Legende vom Heiligen und vom Teufel

Drei hohe Holzkreuze stehen auf einem Felsen hoch über der Mündung des Flüsschens Diège in die Dordogne, die hier oben zu dunklen Wasserbecken zwischen steilen Felswänden gestaut wird. Der schroffe Felsen über der Dordogneschlucht bietet einen grandiosen Blick über eine beinahe menschenleere Landschaft. Unterhalb der Kreuze kann man gut auf den Felsen sitzen – unser liebster Platz, um über das Tal zu schauen und die Zeit vorbeiziehen zu lassen.

Vor vielen Hundert Jahren soll an diesem Ort der Heilige Nazaire den wahrhaftigen Teufel gebannt haben, der auf dem wilden Plateau zwischen Felsen und Gestrüpp sein Unwesen trieb. Mit Weihwasser und Kreuz brachte er ihn zu

einem verwegenen Sprung über die Dordogneschlucht – auf Nimmerwiedersehen. So weiß es jedenfalls die Legende. Ein Hufabdruck des fliehenden Teufels soll an den Kreuzen noch heute im Stein zu sehen sein.

Der Felsen war lange Zeit verlassen – bis der Pfarrer von Saint-Julien-près-Bort die Idee mit dem Kreuzweg hatte. So sind die vielen Holzkreuze auf dem Plateau weit jüngeren Datums als die Heldentat des Saint Nazaire: Sie wurden erst 1901 an der Site de Saint-Nazaire aufgestellt. Jedes Jahr am ersten Sonntag im September ist der Kreuzweg das Ziel einer Pilgerprozession.

Schon vom Parkplatz haben wir einen tollen Blick in die Schlucht der Dordogne. Ein markierter Pfad führt dann am oberen Parkplatzende durch eine Senke mit moosbehängten Bäumen auf den Felsen mit den Kreuzen.
Sarroux-Saint Julien | N 45°24′47.2″, E 2°23′28.8″

ÜBER NACHT

Die Übernachtung auf dem Parkplatz der Site de Saint-Nazaire wird bislang toleriert. Einen offiziellen Stellplatz gibt es in Bort-les-Orgues.

WOMO-Stellplatz Bort-les-Orgues
Ebener Schotterplatz im Ort, am Flussufer gelegen, frei zugängliche Camper-Station, kostenlos.
N 45°23′56.0″, E 2°29′51.0″

IN DER NÄHE

Oberhalb von Bort-les-Orgues befindet sich auf der Steilwand ein toller Aussichtspunkt mit Kiosk und ein paar Tischen.
N 45°23′46.0″, E 2°28′58.0″

ÜBER NACHT

Der nächste Campingplatz befindet sich in Saint-Privat. Schöner und auch nicht weit entfernt sind unsere Auszeitplätze mit Lage am See in Auriac und am Lac de Feyt.
[› Seite 38]

8

Ein Dorf aus dem Mittelalter

Zeitreise in der Ferme de Moyen Age

Puy d'Arrel nennt Jean-Claude Gire sein Dorf. Es besteht aus einigen Bauernhöfen, einer Mühle und einer kleinen Kirche. 1477 hat er als »Gründungsjahr« festgelegt, aber eigentlich war das zwölf Hektar große Gelände zwischen Saint-Julien-en-Bois und Saint-Privat bis 2004 Brachland. Auch ein Dorf namens Puy d'Arrel wird man in den historischen Dokumenten der Region nicht finden.

Schon fast sein ganzes Leben ist Jean-Claude fasziniert vom Mittelalter. 25 Jahre hat er Wissen gesammelt und Archive durchforstet, bevor er begann, den Traum seiner Kindheit aufzubauen. Haus für Haus und Zaun für Zaun haben Jean und seine Familie dieses Dorf nach mittelalterlichen Vorlagen errichtet – genau bis ins Detail. Alle Häuser im Dorf sind originalgetreu eingerichtet und frei zugänglich. Das Vorbild für die kleine Dorfkirche »Notre Dame du Puy d'Arrel« war die Abbaye de Valette, die in den 1950-Jahren im Stausee von Chastang versank.

Das Dorf ist ganzjährig bewohnt und hier sind auch jede Menge Tiere zu Hause. Hühner kratzen auf dem Misthaufen. Jedes sieht anders aus und fast jedem folgen flaumige Küken. Vier Hunde und einige Katzen stromern durch die Gassen und Schweineduft verrät uns eindeutig, welche Ställe im Dorf bewohnt sind. Auf den Wiesen grasen Schafe und zwei stattliche Salers-Ochsen. Im Dorfzentrum verstecken sich ein üppig blühender Garten mit Gemüse und Heilkräutern und die hübsche kleine Kirche.

Die Zeitreise gelingt mühelos: Das bunte Minidorf und seine Bewohner ziehen uns mit ihrem Charme sofort in ihren Bann. Fasziniert erforschen wir fast jeden Winkel des Geländes.

Saint-Julien aux Bois | Ostern bis Allerheiligen | €€ |
N 45°08'07.5", E 2°07'50.1" | fermesdumoyenage.com

ÜBER NACHT

Der nächste Campingplatz befindet sich in Saint-Privat. Schöner und auch nicht weit entfernt sind unsere Auszeitplätze mit Lage am See in Auriac und am Lac de Feyt. **[› Seite 38]**

9

Les Tours de Merle

Märchenburg aus dem Mittelalter

Irgendwo zwischen den Nebeln von Avalon und dem Herrn der Ringe scheint die Burganlage des Castel Merle direkt der Sagenwelt entsprungen. Mitten in der Einsamkeit, halb überwuchert vom Grün der umliegenden Hügel, verbirgt sich die Ruine der Festung aus dem 12. Jahrhundert in malerischster und zugleich gut geschützter Lage auf einem 30 Meter hohen Felsen in einer engen Flussschleife der Maronne.

Das Castel Merle war mehr als eine einfache Burg. In der Ansiedlung auf dem Felsen lebten mehrere Adelsfamilien, die den über hundert Menschen im Dorf Schutz gaben und dafür Abgaben kassierten. Sieben Türme standen hier einst – einer für jeden der in Merle ansässigen »seigneurs«. Dazwischen duckten sich die strohgedeckten Häuser der Bauern- und Handwerkerfamilien.

Besichtigen kann man heute die Ruine der Festung und die Reste des mittelalterlichen Dorfes. Zum besseren Verständnis hat man eine Farm rekonstruiert und unten am Fluss an der Ruine einer alten Mühle einen typischen mittelalterlichen Garten angelegt. Hier wächst alles, was man so braucht zum Leben auf engstem Raum: Obst und Gemüse, aber auch Blumen, Gewürze und Heilkräuter.

Auch die Fahrt zur Burg ist schon ein kleines Erlebnis. Vom Dorf Sexcles führt die schmale, extrem kurvige D 136 durch die üppig grüne Einsamkeit. Der erste Parkplatz liegt nach gut acht Kilometern links der Straße an einem nur im Juli und August geöffneten Zugang zur Ruine. Auf den Haupteingang trefft ihr dann hinter der nächsten Kurve am Nordufer der Maronne.

April bis Allerheiligen, außerhalb der Hochsaison nur nachmittags geöffnet | €€ | Parkplätze am Straßenrand bei N 45°03′55.2″, E 2°04′40.3″ | www.toursdemerle.fr

CAMPING MUNICIPAL LES AUBAZINES

Plätze mit toller Aussicht auf den Stausee Lac de Bort und auf das Château de Val. Ein großer Badestrand liegt direkt neben dem Campingplatz. Am Strand werden auch Kanus, Paddle-Boards und Fahrräder verliehen. Auch Wasserskifahren und Tauchen ist möglich. Auf dem Campinggelände gibt es im Sommer außerdem einen Pool mit Jacuzzi.
Bort-les-Orgues, Route d'Ussel | Mai bis September | €€ | N 45°24'57.1", E 2°28'49.9" | www.les-aubazines.com

Beinahe wie Freistehen: keine Ausstattung, aber direkt am See.

CAMPING MUNICIPAL DES BRUYÈRES

Ruhiger, kleiner Gemeindecampingplatz am Dorf Auriac mit schattigen, mit Hecken eingefassten Parzellen. Das Campinggelände liegt direkt am Lac d'Auriac mit eigenem Badeufer. Nebenan befindet sich die Gartenanlage »Jardins de Sothys«.
April bis Allerheiligen | Camping Municipal, Auriac | € | N 45°12'07.0" E 2°08'51.5".
www.camping-lesbruyeres-auriac.com

Vom Strand des Camping les Aubazines ist das Château de Val zu sehen.

STELLPLATZ LAC DE FEYT

Einfacher Parkplatz unter Bäumen direkt am Seeufer. Ohne Ausstattung, aber sehr stimmungsvoll. Wegen des nahen Stauwehres nicht gut geeignet zum Baden. Anmeldung am Campingplatz einige Kilometer weiter. Dort gibt auch eine Camper-Service-Station, einen Badestrand und weitere Plätze am Seeufer – entweder auf dem Campinggelände oder auf dem zugehörigen Stellplatz.

Stellplatz gebührenpflichtig von April bis Anfang November | € | N 45°08′41.3″, E 2°01′35.8″ | www.domainedulacdefeyt.com

Gleich nebenan: die Gartenanlage Jardin de Sothys.

Walnuss, Gans und ganz viel Wein

An der Dordogne nach Bordeaux

10 | ARGENTAT UND BEAULIEU
11 | KANUTREKKING DORDOGNE
12 | CIRQUE D'AUTOIRE
13 | ROCAMADOUR
14 | DOMME
15 | BEYNAC UND CASTELNAUD
16 | MARQUEYSSAC
17 | COMMARQUE
18 | TAL DER MENSCHEN
AUSZEITPLÄTZE

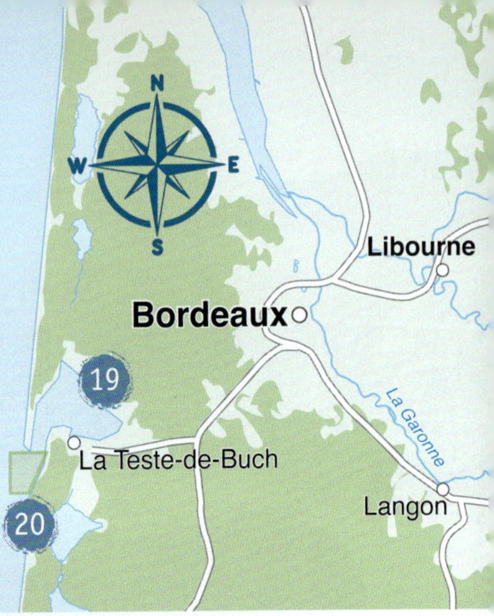

Das Tal der Dordogne

Das obere Tal der Dordogne zwischen Argentat und Lalinde ist für uns eine der malerischsten Regionen Frankreichs. Die Dörfer am Fluss sind fast vollständig aus Naturstein erbaut und sehen aus, als hätte die Zeit sie weitgehend unberührt gelassen. Manche kleben förmlich in den Felsen und häufig steht ein Schlösschen, ein altes Kloster oder eine Burg im Zentrum des Ortes.

Zum ersten Mal kamen wir vor vielen Jahren zum Kanutrekking **[› Spot 11]** hierher, denn der Fluss ist weitgehend naturbelassen und ein traumhaft schönes Paddelrevier. Seitdem zieht es uns immer wieder in diesen wildromantischen Winkel Frankreichs. Die Felsen zwischen dem Flussufer und den umliegenden Hochebenen machen das Tal auch als Wanderregion spannend. In den Karstfelsen gibt es

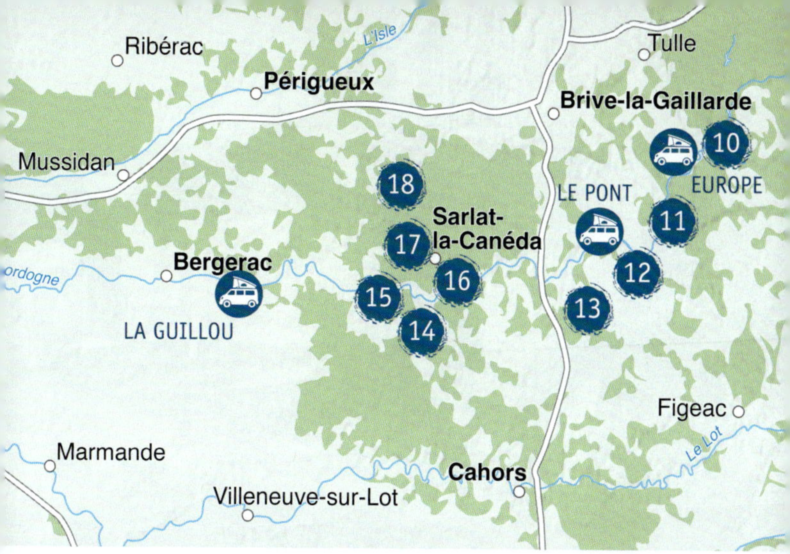

mehrere große Höhlen. Die bekannteste ist die **Gouffre de Padirac**, die teilweise mit Booten auf einem unterirdischen Fluss erkundet werden kann.

In Sachen Kultur und Geschichte ist das »Périgord noir«, wie die Region zwischen Dordogne und Vézère genannt wird, sogar geradezu phänomenal. Auf den Felsen hoch über dem Fluss thronen etliche Burgen und Schlösser aus dem Mittelalter, die besichtigt werden können. Neben den vielen hübschen kleinen Dörfern mit alten Steinhäusern lockt auch die Stadt **Sarlat-la-Caneda** mit ihrem mittelalterlichen Zentrum viele Reisende an. Doch das größte Highlight der Region ist noch sehr, sehr viel älter.

An der Vézère, einem Zufluss der Dordogne, hat man unter Felsüberhängen und in Höhlen so viele Spuren steinzeitlicher Besiedelung gefunden, dass das Tal heute als eine der Wiegen der Menschheit gilt. Vor allem die lebensechten Tierzeichnungen in den Höhlen von Montignac und Les Eyzies-de-Tayac **[› Spot 18]** haben uns nachhaltig fasziniert. Über die Wände der Höhle von Lascaux wandert eine ganze Herde Pferde und Auerochsen. Hirsche schwimmen durch einen Fluss und durch einen Seitengang schleicht eine Gruppe Raubkatzen. Sehen kann man die Zeichnungen in einem exakten Nachbau der Höhle. Auch der Besuch im neuen Museum ist wirklich spannend. Uns begeistern die Tiere von Lascaux so sehr, dass wir im weiteren Verlauf unserer Reise auch einige andere **Höhlen mit Steinzeitkunst** besuchen. An

Im mittelalterlichen Stadtzentrum von Sarlat-la-Caneda

unserer Route für diesen Roadtrip liegt auch das spanische Pendant zu Lascaux: die Höhle von Altamira **[› Spot 34]**. Einen weiteren Höhlennachbau, die Grotte Chauvet 2, gibt es in Vallon-Pont-d'Arc an der Ardèche. Etwas weniger spektakulär, aber noch im Original zu sehen, sind die Höhlen von Niaux in den Pyrenäen, die Grotte de Font-de-Gaume in Les Eyzies-de-Tayac und einige Höhlen in Nordspanien.

Unterhalb von **Lalinde** wird der Fluss breiter und verliert seinen besonderen Zauber. Bergerac ist hier noch eine sehenswerte Stadt am Ufer, das jetzt bald vom Weinbau dominiert wird. Wir nähern uns **Bordeaux** und damit dem berühmtesten Weinanbaugebiet Frankreichs. Besondere Adressen sind das Schloss Monbazillac und die Region bei Saint-Émilion. Wer probieren und direkt beim Winzer einkaufen möchte, findet hier etliche Stellplätze auf dem Weingut.

Kulinarisches aus der Region

Zwei weitere Spezialitäten sind untrennbar mit dem Périgord verbunden: die Foie gras, eine fette Gänseleberpastete, und der schwarze Trüffel, mit dem nicht nur die Gänseleber, sondern auch ein einfaches Omelett zur Delikatesse wird. Der schwarze Périgord-Trüffel ist allerdings einer der teuersten Pilze der Welt. Weiter oben am Fluss werden Walnüsse angebaut und zu Walnusskuchen, Likör und Öl verar-

Monbazillac: Hier wird auch ein beliebter Dessertwein gekeltert.

beitet. Und natürlich hat auch diese Region – wie jede in Frankreich – ihre besondere Käsespezialität. Der Rocamadour [› Spot 13] ist ein Ziegenkäse. Die Mini-Laibe sind je nach Reifegrad bröselig wie ein Frischkäse oder cremig wie ein Camembert. Besonders lieben wir diesen Käse, wenn das Herz noch weiß und von einer flüssig-cremigen Schicht umhüllt ist.

DIE BESTE REISEZEIT

An der Dordogne gibt es so viele Campingplätze am Flussufer, dass ihr außerhalb der Sommerferien immer gut einen Platz bekommt. Im Hochsommer ist die Region zwar gut besucht, aber es ist längst nicht so voll wie an der Küste. Durch die Nähe zum Massif Central ist es hier bis Mitte Mai oft noch recht kühl. Im Herbst müsst ihr am Fluss mit Morgennebel rechnen.

REISE-LITERATUR

Krimis aus dem Périgord
Auf leichte und mitreißende Art macht der britische Autor Martin Walker mit der besonderen Kultur des Périgord vertraut, in der gutes Essen und Wein eine herausragende Rolle spielen. Held der Geschichten ist Bruno, der charismatische Chef de Police des Dorfes, der seine Fälle mit nationaler Tragweite zwischen örtlichem Markt, Gänsezuchtbetrieben, Weinhandel und dem Trüffelmarkt für sein Dorf zum besten Ende führt.

Naturzeit aktiv: Im Tal der Dordogne
Das Buch stellt 45 Entdeckertouren vor – zu Fuß mit dem Fahrrad oder dem Kanu. Das Gebiet umfasst das Tal der Dordogne und die nahen Flusstäler der Vézère, des Lot und des Célé. Mehr Infos: www.naturzeit-verlag.de

Entdeckertouren mit dem Wohnmobil: Südwest-Frankreich
15 Tourenvorschläge für Camper mit ausführlichen Infos zu Stellplätzen, Ver- und Entsorgung, Badeplätzen, Wanderungen und sehenswerten Zielen an der Route.
Mehr Infos: www.womo.de

ÜBER NACHT

Am Flussufer zwischen Argentat und Beaulieu reihen sich die Campingplätze. Alle bieten auch Stellplätze direkt am Fluss. Neben unserem persönlichen Favoriten, dem **Camping Europe**, können wir auch den **Le Vaurette** und den **Camping La Campagne** empfehlen.

Durch seine grandiose Lage auf einem Inselchen punktet der **Camping Huttopia in Beaulieu**. Er ist jedoch sehr groß und in der Saison entsprechend trubelig. Wenn ihr nahe am Ort stehen wollt, ist der angenehme Wohnmobilstellplatz von Beaulieu eine gute Alternative.

Aire Municipale Beaulieu
Geschotterte Stellplätze am Wildwasserkanal, in ruhiger Lage am Ortsrand. Camper-Service.
€ | N 44°58'34.6", E 1°50'27.4"

10

Argentat und Beaulieu

Die Zeit steht still an der oberen Dordogne

Das Dorf Argentat liegt direkt unterhalb der letzten großen Staumauer der Gorges – der Dordogne-Schluchten. Bis Beaulieu sprudelt die Dordogne jetzt munter und mit relativ flachem Wasser über ihr Kiesbett. In diesen stillen, wilden Teil des Flusstals und in die beiden hübschen Orte am Flussufer verirren sich vergleichsweise wenig Touristen.

Argentat

Der Quai Lestourgie am Dordogneufer ist das idyllische Zentrum des alten Ortes. Hier wurden früher flache Holzboote, Gabares genannt, mit Holz aus den Wäldern des Zentralmassivs und Käse aus der Auvergne beladen. Die Waren verschiffte man nach Bergerac und Bordeaux, wo Holz für Weinfässer gebraucht wurde. Die Gabares wurden vom Heck mit einem langen Holzruder durch den Wildbach gesteuert. Die Fahrt war gefährlich und nur beim richtigen Wasserstand möglich. Am Ziel angekommen, wurde aus dem Boot Brennholz und die Flößer machten sich zu Fuß auf den Heimweg. In der Blütezeit der Dordogneschifffahrt um 1860 wurden beinahe zwei Drittel aller Waren auf diese Weise auf dem Fluss transportiert.

Beaulieu-sur-Dordogne

Den Namen »schöner Ort« trägt Beaulieu zu Recht. Besonders malerisch ist die Dorfansicht vom gegenüberliegenden Flussufer, wenn sich die erste Häuserreihe und das mächtige Portal der Büßerkapelle im Wasser der Dordogne spiegeln. Von der Uferpromenade führen enge Gassen in die Altstadt, in deren Zentrum die alte Abteikirche Saint Pierre steht. Die Abtei von Beaulieu wurde im 9. Jahrhundert gegründet, das Dorf entstand um das Kloster herum. Die im 12. Jahrhundert im romanischen Stil errichtete Klosterkirche ist vor allem für ihr üppig geschmücktes figurenreiches Südportal berühmt.

11

Slow down auf dem Fluss

Kanutrekking auf der Dordogne

Nichts entspannt mehr als der gleichmäßige Paddelrhythmus im Kanu. Langsam, nur von leisem Plätschern begleitet, gleiten wir durch das Wasser und sehen die Welt aus einer völlig neuen Perspektive.

Die Dordogne ist zwischen Argentat und Limeuil ein Paradies für Wasserwanderer. Mit dem Kanu könnt ihr in sieben bis acht geruhsamen Paddeltagen der Hektik der Welt entfliehen und von Campingplatz zu Campingplatz den Fluss hinuntertreiben. Zelt, Schlafsäcke und Kocher werden dabei im Kanu transportiert. Die Logistik ist vergleichsweise einfach: Eure Verleihstation stellt die weitere Ausrüstung und holt Besatzung und Boote am Ende der Tour wieder ab. In den Dörfern am Fluss kann auch Proviant nachgekauft werden, sodass ihr nicht für die ganze Zeit vorausplanen müsst.

EIN KANU LEIHEN

Kanus für Tagestouren könnt ihr auf fast jedem Campingplatz leihen. Unsere beiden »Auszeitplätze« in Argentat und Creysse eignen sich auch als Basis für eine Paddeltour.

Für eine mehrtägige Fahrt auf dem Fluss empfehlen wir Explorando in Groléjac. Hier bekommt ihr Ausrüstung in guter Qualität und könnt neben anständigen Kanus auch wasserdichte Säcke und Tonnen leihen.
canoedordogne.com

Alternativ verleihen auch die größeren Anbieter Safaraid und Copeyre Kanus für eine Mehrtagestour.
canoes-dordogne.fr
www.canoe-kayak-dordogne.com

Ein Tag auf dem Wasser

Wer noch nie im Kanu gesessen hat oder es lieber langsam angehen möchte, sollte sich erst einmal für eine Tagestour entscheiden. Am beliebtesten ist dazu der malerische Flussabschnitt zwischen Montfort und Beynac, an dem gleich drei Schlösser am Ufer aufragen. Entsprechend voll wird es hier im Sommer. Nicht ganz so belebt und landschaftlich fast noch etwas spektakulärer ist die Fahrt durch das Vallée des Rocs zwischen Gluges und Pinsac.

Kurz und knackig: Von Argentat nach Beaulieu

Dieser erste Flussabschnitt ist perfekt für alle, die ein bisschen mehr »Action« lieben und nicht das erste Mal im Kanu sitzen. Der Flussabschnitt ist als leichtes Wildwasser klassifiziert und die ruhige Dordogne entwickelt hier spritziges Temperament. Flotte Strömung, Kiesbankschwälle, der eine oder andere Felsbrocken im Wasserlauf und zwei Naturwehre sorgen für Spannung und oft für eine frische Dusche.

12

Cirque d'Autoire

Die schönsten Dörfer Frankreichs

Das Dorf Autoire wurde in einem geschützten grünen Talkessel zwischen steil aufragenden Felsen erbaut und gehört zu den »Plus Beaux Villages de France« – den prämierten schönsten Dörfern Frankreichs. Mit seinen historischen Naturstein- und Fachwerkhäusern sieht es aus, als wäre die Zeit im Mittelalter stehen geblieben. Südlich des Dorfes stürzt der Bach Ruissau d'Autoire vom Hochplateau der Causse de Gramat in einer schönen Kaskade ins Tal.

Das Château des Anglais

Direkt oberhalb der Häuser von Autoire klebt eine der alten Festungen in der Felswand, die in der Region als »Châteaux des Anglais« bezeichnet werden. Das ist historisch nicht ganz korrekt, denn die Felsenburgen wurden zwar im Hundertjährigen Krieg von der Bevölkerung als Schutzraum genutzt, jedoch nicht von den Engländern

ÜBER NACHT

Stellplatz Autoire
Auf dem Parkplatz vor dem Ort befindet sich ein kleiner Stellplatz mit Camper-Service.
€ | N 44°51'20.8", E 1°49'19.4"

IN DER NÄHE

Gouffre de Padirac
Von Autoire ist es nicht weit zur riesigen Höhle, in der ein unterirdischer Fluss mit Booten befahren wird.
www.gouffre-de-padirac.com

erbaut. Sie sind älter. Ihr Ursprung geht auf das 10. und 12. Jahrhundert zurück. Zur Ruine der Felsenfestung von Autoire führt aus dem Bachtal ein schmaler, steiler Pfad hinauf. Wer ihn geht, sollte tritt- und höhensicher sein.

Auf dem »Circuit Nos Beaux Villages«

Die markierte »Runde durch unsere schönen Dörfer« verbindet Autoire mit dem oben auf der Hochebene liegenden Dorf Loubressac. Der Weg zwischen den Dörfern führt durch eine atemberaubend schöne Landschaft, vorbei an der alten Chapelle St. Roch und zum Wasserfall. Wer trittsicher ist, wählt von hier aus den Aufstieg durch die Felswand zum Château des Anglais, markiert ist aber die einfachere Route über Siran. Dann geht es auf der einsamen, windzerzausten Hochebene zwischen den Trockensteinmauern der Schafweiden weiter nach Loubressac.

Rundweg Loubressac: 11 km, ↓↑ 370 m, Gehzeit 4 h | GPX
Runde zum Château: 5,5 km, ↓↑ 270 m, Gehzeit 2 h | GPX

ÜBER NACHT

Oberhalb Ortes sind zwei Campingplätze und mehrere kostenpflichtige Stellplätze zu finden.

Am schönsten steht man auf dem **Camping Les Cigales** oder dem Parkplatz Hospitalet, die aber auch am weitesten vom Ort entfernt liegen. €€ | N 44°48′19.1″, E 1°37′56.1″ | www.camping-les-cigales.com

Die Zufahrt zum Stellplatz (€€) befindet sich direkt gegenüber.

Eine gute Wahl ist auch der einfache **Camping Ferme des Campagnes** drei Kilometer nördlich von Rocamadour, der Plätze im Grünen und das beste Preis-Leistungs-Verhältnis bietet. € | N 44°48′34.2″, E 1°36′58.2″ | www.campinglescampagnes-rocamadour.com

13

Rocamadour

Auf den Spuren der Jakobspilger

Schon im Mittelalter war Rocamadour ein bekannter Wallfahrtsort. Seine Lage ist gigantisch. Die Häuser ziehen sich an einer 100 Meter hohen Steilwand aus dem Tal des Alzou hinauf bis zur Hochebene über der Schlucht. In den Gassen des Dorfes unten am Fluss treffen wir auf Unterkünfte für Pilgernde, die hier auf einer Variante des französischen Jakobswegs wandern – aber auch auf etliche Restaurants und Souvenirgeschäfte. Dann leiten uns die 216 Stufen der »Grand Escalier« hinauf in den heiligen Bezirk mit der Basilika Saint-Sauveur und mehreren Kapellen. In der Chapelle Notre Dame steht die »wundertätige« uralte Figur der schwarzen Madonna, welche die meisten Neugierigen anzieht. Über die Serpentinen des Kreuzweges steigen wir dann weiter hinauf zum Schloss oben auf dem Felsen. Alternativ gibt es auch eine Seilbahn, deren Bergstation am Parkplatz Château zu finden ist.

Parkplatz Le Château: N 44°48'02.3", E 1°36'58.9"
Parkplatz am Fluss (nur wenige Plätze für Fahrzeuge über zwei Metern Höhe): N 44°47'50.4", E 1°37'02.0"

Fromagerie La Borie d'Imbert

In der Fromagerie wird täglich die Milch von 450 Ziegen zu Rocamadour, Pavé du Quercy, Rocailloux und Tomme de chèvre verarbeitet. Beim Melken, Käsen und dem Weg der Ziegen zur Weide sind Interessierte gerne willkommen. Im Laden gegenüber könnt ihr den frisch produzierten Käse und Würste aus dem Fleisch der hinter dem Stall im Freigehege aufgezogenen Schweine kaufen. Mittags kann man hier einen Picknickkorb zusammenstellen und es sich auf den Bänken neben dem Haus gemütlich machen.

N 44°49'04.1", E 1°36'09.8" |
fermelaboriedimbert.com

ÜBER NACHT

Unser erklärter Favorit ist der einfache **Camping Municipal de Cénac**, der am Fuß der Bastide direkt am Flussufer zu finden ist. Leider ist er nur von Juni bis Mitte September geöffnet.
€ | N 44°48'16.4", E 1°12'21.6" | cenac-en-perigord.fr

Außerhalb der Sommersaison sind die komfortableren Campingplätze Beau Rivage und Perpetuum eine Alternative. Von beiden kommt man noch zu Fuß nach Domme hinauf.

Am nächsten an der Bastide liegt der **Wohnmobilstellplatz von Domme**. Er befindet sich auf einem Parkplatz mit öffentlichem WC und Camper-Service etwa 200 Meter von der Porte des Templiers entfernt.
€ | N 44°48'02.2", E 1°13'18.0"

14

Die Bastide von Domme

Wehrdorf mit Flussblick

»Akropolis des Périgord« wird Domme gerne genannt, denn der Ort residiert hoch oben auf einem Hügel. Die trapezförmige Stadtmauer mit den drei Toren Porte del Bos, Porte de la Tour und Porte de la Combe ist vollständig erhalten und wird auf der Flussseite von der Promenade des Falaises gesäumt, von der man freien Blick über das Flusstal hat. Wegen seiner strategisch günstigen Lage als Ausguck war Domme im Mittelalter ein stets umkämpfter Ort.

Heute ist davon nicht mehr viel zu spüren. Wir lieben es, hier durch die schmalen Gassen und die belebte Grand Rue zu schlendern. In deren Schaufenstern stapeln sich große runde Dosen mit Foie gras oder Rillettes de Canard neben Flaschen mit Rotwein aus dem Bergerac, Walnussöl oder Vin de Noix. Dazwischen steht liebevoll gearbeitetes Kunsthandwerk aus Walnussholz und Ton zum Verkauf, aber auch das eine oder andere knallige Souvenir. Die Straße endet unter den Bäumen des Dorfplatzes, der einen grandiosen Blick ins Flusstal erlaubt. Hier könnt ihr gut den Tag ausklingen lassen, ein Eis schlecken oder in einem der Restaurants zu Abend essen. Denn wenn das Tageslicht langsam schwächer wird und die nostalgischen Straßenlaternen ihr warmes gelbes Licht durch die Gassen schicken, entwickelt der kleine Ort seinen ganz besonderen Zauber.

Bastiden an der Dordogne

Domme ist eine Bastide – ein Wehrdorf, von denen es hier im Süden Frankreichs etwa 400 gibt. Die befestigten Dorfanlagen wurden zum Schutz der Landbevölkerung gegründet und meist in einem Zug erbaut. Man erkennt sie gut an ihrem zentralen Marktplatz und rechtwinklig angeordneten Gassen. Die meisten entstanden zwischen 1222 und 1373. An der Dordogne liegen noch die Bastiden-Dörfer Cadouin und Lalinde. Auch die Stadt Bergerac geht auf eine mittelalterliche Bastide zurück.

15

Beynac und Castelnaud

Zwei Dörfer und zwei Burgen

Auge in Auge thronen die Burgen Castelnaud und Beynac auf gegenüberliegenden Felsen. Nur gut zwei Kilometer Luftlinie und das Wasser der Dordogne trennten die Kontrahenten im Hundertjährigen Krieg. Während sich in Castelnaud die französische Armee verschanzte, wurde Château Beynac von England beherrscht. Heute verbindet ein Fußweg die Festungen. So kann man immer am Fluss entlang vom mittelalterlich geprägten Dorf Beynac-et-Cazenac zum ebenso schönen Dörfchen Castelnaud-la-Chapelle wandern, und steigt dann durch den jeweiligen Ort steil hinauf zur einen und zur anderen Burg. Beide Burgen kann man besichtigen.

Beynac-et-Cazenac

Château Beynac, das in seiner Geschichte auch einmal die Burg von Richard Löwenherz war, ist in Privatbesitz und wurde aufwendig restauriert, um Stück für Stück den Originalzustand wiederherzustellen. So ragen hier heute sogar die angespitzten Holzpfähle zwischen den Zinnen in den Himmel, die zur Originalausstattung gehörten. Besonders beeindruckend ist der Weg vom Fluss hinauf zur Burg durch die supersteilen Kopfsteinpflastergassen zwischen den alten Steinhäusern. Ganzjährig geöffnet | €€ | chateau-beynac.com

Castelnaud-la-Chapelle

Das Château de Castelnaud ist quasi das Ideal einer alten Ritterburg. Durch ein Labyrinth von Gängen kommt man hier von Raum zu Raum. Diese sind nur spärlich möbliert, denn das Château ist zum Museum für mittelalterliche Kriegsführung ausgebaut. Auch wenn ihr euch nicht für die Funktionsweise von Katapult und Armbrust interessiert: Die einmalige Lage der urigen Burg und ihre verschachtelten Gänge und Räume machen den Besuch zum Erlebnis.

Ganzjährig geöffnet | €€ | Parkplatz oben an der Burg
N 44°48‘56.0“, E 1°08‘38.0“ | www.castelnaud.com

ÜBER NACHT

Zwischen Beynac und Castelnaud liegen am nördlichen Flussufer drei **Campingplätze**. Am besten ausgestattet und meistens gut besucht ist der **Camping Capeyrou** direkt unterhalb von Beynac.
€€ | N 44°50'18.0", E 1°08'55.0"

Ruhiger steht man auf dem **Camping La Cabane**. Von hier läuft man 20 Minuten auf dem Uferweg bis Beynac.
€–€€ | N 44°49'33.7", E 1°09'04.4"

Zwei voll ausgestattete **Stellplätze** gibt es bei La Roque-Gageac:

Aire Municipale La Roque-Gageac
Reservierter Wohnmobilbereich auf einem Parkplatz am Flussufer. WC.
€ | N 44°49'26.9", E 1°11'04.0"

Aire Camping Car de Vézac
Gepflegter Stellplatz auf Wiesenboden vor dem Camping La Plage. Snack-Bar mit schönen Sitzplätzen am Fluss neben dem Campingplatz.
€€ | N 44°49'28.0", E 1°10'10.0"

16

Die Gärten von Marqueyssac

Ausguck hoch über dem Fluss

Das Schloss von Marqueyssac wurde als Wohnsitz gebaut. Anders als seine nächsten Nachbarn, die trutzigen Burgen von Castelnaud, Fayrac und Beynac, war es niemals eine im Krieg genutzte Festung. So passt der knubbelige Garten aus Buchsbaumkugeln gut zu dem hübschen Gebäude mit den violetten Fensterläden. Der Garten, der an den Schlosspark anschließt, ist sehr viel natürlicher. Er zieht sich über das gesamte Hochplateau bis zu einem ganz besonderen Aussichtspunkt.

Drei Wege führen von der Terrasse des Schlosses, von der man die Burgen von Castelnaud und Beynac gut im Blick hat, zum Aussichtspunkt. Ganz links verläuft eine schnurgerade Allee, die ausschließlich zum Schieben von Kinderwagen oder Rollstühlen empfehlenswert ist. In der Mitte schlängelt sich die **Promenade des Hauteurs** über die höchsten Punkte des Felsens. Am schönsten ist jedoch der **»Sentier des Falaises«**, der Weg an der Klippe, der mit bestem Ausblick am senkrechten Felsabbruch entlang führt. Auf diesem laufen wir immer in Richtung Belvédère. Dort angekommen schwimmt unter uns eine winzige Gabare nach der anderen die Dordogne auf und ab, und der Blick fällt auf die ineinander verschachtelten, am Hang klebenden Häuser von La Roque-Gageac.

Via Ferrata mit Dordogneblick

Am Sentier des Falaises beginnt ein kurzer Klettersteig. Gut gesichert turnt man hier hoch über dem Flusstal an der Felswand entlang. Der Blick fällt in einer Richtung auf La Roque-Gageac, in der anderen kommt man dem Château de Castelnaud stetig näher. Der Weg ist auch für Kinder ab 1,30 Meter Körpergröße zugänglich.

Vézac | ganzjährig geöffnet | €€€ |
N 44°49'32.2", E 1°09'52.7" | www.marqueyssac.com

17

Château de Commarque

Schlossblick vom Schloss

Commarque ist mehr als ein Schloss. Der hoch aufragende Turm des Donjons ist Teil eines größeren Wehrdorfes, das im Mittelalter zum Besitz der Bischöfe von Sarlat gehörte. Die Wehrtürme der Anlage wurden im 12. Jahrhundert erbaut, vorher gab es an dieser Stelle bereits ein Dorf. Dass das Tal auch in der Steinzeit bewohnt war, beweist eine Höhle mit prähistorischen Ritzzeichnungen unter der Festung, die leider nicht besichtigt werden kann.

Besucht man heute die Anlage, ist der Blick vom Burgturm beinahe unverändert. Vor der Burg plätschert das Flüsschen Beune durch grüne Wiesen, das einzige sichtbare Gebäude ist das Schloss Laussel gegenüber. Die Idylle ist perfekt.

Außer dem gut erhaltenen mehrstöckigen Donjon stehen vom mittelalterlichen Wehrdorf von Commarque nur noch die Grundmauern. 1968 begann der heutige Besitzer und Nachfahre der Ritter von Commarque die von Büschen und Bäumen überwucherte Anlage freizulegen. Neben der Kapelle und dem Grundaufbau der Anlage kamen dabei auch Reste des älteren, unter einem Felsvorsprung erbauten Dorfes zum Vorschein, die mit authentischem Inventar versehen einen recht wohnlichen Eindruck machen. Höhepunkt des Besuches ist jedoch unbestritten der Weg durch die Räume des großen Wehrturmes und der Aufstieg über die Metalltreppe auf die höchste Ebene des Turmes.

Les Eyzies-de-Tayac | März bis Allerheiligen | €€ | N 44°56'11.0", E 1°06'10.0" | commarque.com

ÜBER NACHT

Stellplatz Les Eyzies-de-Tayac
Großer, angenehmer Stellplatz der Gemeinde in guter, ruhiger Lage zwischen dem Ort und dem Flussufer. Ausgestattet mit Picknicktischen, WC-Häuschen und Camper-Service.
€ | N 44°56'16.0", E 1°00'36.0"

Wer einen **Campingplatz auf dem Bauernhof** mit vielen Tieren vorzieht, findet etwa zwei Kilometer südwestlich von Les Eyzies den gepflegten, gut ausgestatteten Camping Le Pech Charmant mit Pool, Spa und Sauna.
€€ – €€€ | N 44°55'27.0", E 1°01'47.0" | www.lepech.com

ÜBER NACHT

Stellplatz Les Eyzies-de-Tayac
Großer Camping-Car Park in guter, ruhiger Lage zwischen dem Ort und dem Flussufer. Ausgestattet mit Strom, Picknicktischen, WC-Häuschen und Camper-Service. campingcarpark.com
€€ | N 44°56'16.0", E 1°00'36.0"

La Roque Saint-Christophe
Die Übernachtung auf dem schattigen Parkplatz wird toleriert.
€ | N 44°59'16.8", E 1°04'13.4"

Aire Municipale de Montignac
Asphaltierter Parkplatz mit Schranke unter großen Bäumen am Ortsrand. Camper-Service und Strom.
€ | N 45°04'04.2", E 1°09'53.4"

Gänsefarm Bois Bareirou
Idyllischer Wiesenplatz auf einer Gänsefarm mit Hofladen und der Möglichkeit, einen Gänsemastbetrieb zu besuchen. Camper-Service, Strom.
N 45°05'25.1", E 1°06'42.0" | foiegras-catinel.com

18

Das Tal der Menschen

Höhlenhäuser und Steinzeitkunst

Archäologische Funde legen nahe, dass im Tal der Vézère seit 40.000 Jahren Menschen zu Hause sind. Die Lebensbedingungen waren gut: Höhlen und Felsvorsprünge in den Steilwänden am Fluss boten Schutz und guten Ausblick. Im fruchtbaren Talgrund und auf den Hochebenen weideten große Rentierherden. In keinem anderen Tal Europas hat man so viele Wohnstätten und Kunstwerke aus der Steinzeit gefunden. Der Name »Vallée des Hommes« – das Tal der Menschen – ist nicht allzu weit hergeholt. Der unangefochtene »Star« unter den Fundstätten ist die Höhle von Lascaux.

Grotte de Lascaux

Die Wände der Höhle von Lascaux sind bedeckt mit Hunderten bewegter, lebendiger Tierzeichnungen: Pferde, Stiere, Auerochsen, Hirsche, Wisente, ein Wollnashorn. Felsvorsprünge modellieren die Körper, die Struktur des Steines simuliert das Fell, und Anatomie und Bewegung sind überzeugend eingefangen. Die Staffelung der Tiergruppen geschieht mit einfachen Mitteln zur perspektivischen Darstellung. Entstanden sind diese Zeichnungen vor 17.000 Jahren in einer Periode der Steinzeit, die als Magdalénien bezeichnet wird. Der Höhleneingang stürzte ein und im abgeschlossenen trockenen Klima der Höhle blieben Ocker, Kohle und Magnesiumoxid über Jahrtausende perfekt konserviert, bis sie 1940 von vier Jugendlichen durch einen Zufall entdeckt wurden.

Lascaux war 15 Jahre für Besucher geöffnet. Dann stellte man fest, dass Atemluft und Bakterien aus der Außenwelt den Farben stark zusetzten. Die Höhle wurde verschlossen, um die Kunstwerke zu retten.

In zehnjähriger Arbeit entstand dann eine millimetergenaue Nachbildung des Saales der Stiere und eines Neben-

raumes. Die Künstlerin Monique Payral kopierte die Zeichnungen detailgenau mit steinzeitlicher Technik und dem Vorbild entsprechenden Naturfarben. Ab 1983 erfreute sich das neue Lascaux großen Interesses. Im Hochsommer standen sie bereits am Morgen Schlange, um eine der begehrten Karten zu bekommen. So kopierte man die Höhle erneut, diesmal mit dem Einsatz modernster Technik. Im Dezember 2016 wurde dann **Lascaux IV** eröffnet. Hier sind jetzt zum ersten Mal alle Zeichnungen aus der Höhle zu sehen.
Ganzjährig | €€€ | Lieu-dit Lascaux, Montignac |
N 45°03'40.5", E 1°09'55.4" | www.lascaux.fr

Die Höhlen von Les Eyzies

Malerei, Gravur und Relief – alle drei künstlerischen Techniken der Steinzeit kann man in den Fundstätten bei Les Eyzies betrachten – und zwar nicht als Nachbildung, sondern im Original. Um die Höhlen zu schützen, ist die Anzahl der Besucher*innen streng limitiert.

Die Zeichnungen in der Grotte de **Font de Gaume** sind farblich nicht so intensiv wie die Nachbildungen in Lascaux. Das Bisonfries im Eingang ist nur noch schwer erkennbar, weiter hinten gibt es zwei sehr beeindruckende ausdrucksstarke Bisons und zwei Hirsche zu sehen. Der Rest der Höhle ist für die Öffentlichkeit gesperrt. In den schmalen Gängen von **Les Combarelles** sind Ritzzeichnungen erhalten und die drei Pferde im **Abri du Cap Blanc** wurden als Relief in den Felsen graviert. Tickets für alle drei Höhlen bekommt ihr online. Fundstücke aus den Höhlen sind im Musée National de Préhistoire ausgestellt.
Ganzjährig | €€ | www.sites-les-eyzies.fr

La Roque Saint-Christophe

Auf der gigantischen Terrasse im 80 Meter hohen Fels am Ufer der Vézère lebten in der Blütezeit des Höhlendorfes über 500 Menschen. In der Steinzeit schätzte man die sichere Lage hoch über dem Fluss, den weiten Blick über die Weidegründe des Wildes und die Nähe zum Wasser. Im Mittelalter wurde der Felsen zur Festung ausgebaut. Von oben ließ sich der Wasserweg leicht kontrollieren. Treppen und

Reproduktion einer Szene aus dem Saal der Stiere (Museum Lascaux IV)

Leitern verbanden die einzelnen Etagen des Dorfes zu einer lebendigen Stadt im Berg. Im Rahmen der Religionskriege wurde Saint-Christophe zerstört und komplett demontiert.
Ganzjährig | €€ | Peyzac-le-Moustier | N 44°59‘16.8“, E 1°04‘13.4“ | www.roque-st-christophe.com

Village de la Madeleine

Blickfang der Fundstätte La Madeleine ist die an den Fels geschmiegte Kapelle aus dem frühen Mittelalter, deren karger gut erhaltener Innenraum auch heute noch Würde ausstrahlt. Ebenso eindrucksvoll sind der Blick über den Fluss und die stille Lage im Wald – weit weg von der zivilisierten Welt. Doch das, was La Madeleine eigentlich berühmt gemacht hat, kann man gar nicht sehen. Unterhalb des Höhlendorfes befindet sich ein Abri, so nennt man in Frankreich einen in der Steinzeit bewohnten Felsüberhang. Dort begann im 19. Jahrhundert die Erforschung der prähistorischen Vergangenheit im Périgord.
Februar bis Oktober | €€ | Tursac |
N 44°58‘10.8“, E 1°01‘58.5“ | la-madeleine-perigord.com

Auch an der Vézère könnt ihr Kanus leihen und die Felsen von La Madeleine und Saint-Christophe vom Wasser aus völlig anderer Perspektive erleben.

CAMPING EUROPE

Mit seinen schattigen Plätzen am Flussufer ist der eher einfach ausgestattete Camping Europe ein perfekter Hochsommerplatz. Wir können hier stundenlang aufs Wasser gucken – und lieben das Kanu-Kino, wenn ein Boot nach dem anderen den Fluss hinunter kommt und auf den »Malpas«, eine der fahrtechnisch anspruchsvollsten Stellen der Dordogne, zusteuert. Wer es selbst probieren will: Auf dem Platz werden auch Kanus verliehen.
April bis Oktober | €€ | Le Chambon, Monceaux-sur-Dordogne | N 45°04'36.7", E 1°55'52.6" | www.camping-europe-argentat.fr

Creysse gehört zu den schönsten Dörfern am Fluss.

CAMPING MUNICIPAL DE LA GUILLOU

Der Campingplatz der Gemeinde Lalinde hat gute Sanitäranlagen – sonst nichts. Er liegt auf einer Wiese mit alten Bäumen direkt am Flussufer. Die Dordogne ist hier breit und ruhig und wirkt beinahe wie ein See. Der Eintritt fürs benachbarte Freibad ist im Preis inbegriffen. Der hübsche Ort Lalinde liegt etwa zwei Kilometer entfernt.
Mai bis September | € | Lalinde, 704, Route de Guillou | N 44°50'22.5", E 0°45'46.3" | moulindelaguillou.fr/le-camping

Die Dordogne am Camping Europe

CAMPING LE PORT

Der Wiesenplatz zieht sich vom süßen Dorf Creysse zum Badeplatz am Flussufer hinunter und ist mit Pool, stylischer Snack-Bar und kleinem Laden gut ausgestattet. Wenige Schritte entfernt wartet im Dorf ein gutes Restaurant. Auf dem Platz werden Fahrräder verliehen. Beim zum Platz gehörenden Outdooranbieter »Sports Nature« können neben Kanutouren durch das Vallée des Rocs auch Höhlentouren, Canyoning und Ausflüge zum Klettern gebucht werden.

Mitte April bis September | €€ | Creysse |
N 44°53'07.0", E 1°35'58.0" | www.campingduport.com

Auf dem Camping Municipal in Lalinde

Surfers Paradise

Die Küste von Bordeaux bis Saint-Jean-de-Luz

N
W
E
S
19 | BASSIN D'ARCACHON
20 | DUNE DU PILAT
21 | BISCARROSSE PLAGE
22 | COURANT D'HUCHET
23 | GUÉTHARY
24 | ESPELETTE
25 | SAINT-JEAN-PIED-DE-PORT
26 | CROMLECHS D'OKABE
AUSZEITPLÄTZE
Royan
Soulac-sur-Mer
Bordeaux
19
La Teste-de-Buch
20
21
DU VIVIER
Mimizan
TOURTERELLES
22
Mont-de-Marsa
SAINT-MARTIN
L'Adour
Dax
Biarritz
Orthez
23
Saint-Jean-de-Luz
24
Cambo-les-Bains
Donostia /
San Sebastián
PLAZA BERRI
25
Saint-Jean-
Pied-de-Port
26
Bedo

Surfers Paradise

Die Küste von Bordeaux bis Saint-Jean-de-Luz

Die größte Attraktion an der Westküste Frankreichs ist das Meer: der Atlantik. Oft wild und mit hohen Wellen, ist er ein Paradies für alle, die das Surfen lieben. Außerhalb der Badesaison lockt er zu langen Strandspaziergängen, barfuß im Sand und mit den Füßen in der heranrollenden Gischt – auch wenn dabei immer wieder mal die Hosen nass werden, weil die Wellen weiter kommen als gedacht und das Wasser schwungvoll an den Strand spritzt. Im Wasser stehend können wir die wilde Kraft der Brandung spüren, wenn sie den Sand unter unseren Füßen zurück ins Meer zieht, sodass wir langsam, aber sicher ein Stück im Sand versinken.

Ein langer, kaum unterbrochener Sandstreifen säumt die französische Küste zwischen der Mündung der Gironde und der über 200 Kilometer entfernten Stadt Biarritz. Dahinter schützt meist ein Dünengürtel das Land und oft folgt ein breiter Streifen Pineta. Die meisten Orte liegen einige Kilometer im Landesinneren und Stichstraßen führen von dort zu den Strandsiedlungen, die außerhalb der Badesaison wie ausgestorben sind. Manche bestehen nur aus ein paar Restaurants und Bars und einem oder zwei Campingplätzen, andere haben sich wie Biscarrosse Plage oder Contis Plage zu eigenen Orten entwickelt, deren vorderste Häuserreihe beinahe im Sand versinkt. Nur wenige richtige Orte liegen direkt am Meer: die Surf-Hochburg Lacanau-Océan zum Beispiel. Dort und in Mimizan gibt es sogar eine Strandpromenade, von der man aufs Meer gucken kann.

Stellplätze für Wohnmobile liegen in den Orten meist ein Stück vom Meer entfernt, nur einige Campingplätze findet man direkt hinter der Düne. Stellplätze, von denen ihr aufs Meer gucken könnt, gibt es an der Atlantikküste nicht. Zumindest der Dünengürtel liegt immer zwischen euch und dem Atlantik. Er schützt euch vor Wind und Wellen und muss auf dem Weg zum Strand zuerst überquert werden, was im tiefen Sand ganz schön anstrengend ist.

Südlich von Vieux-Boucau-les-Bains verändert sich die Küste. Zunächst einmal ist sie hier dichter bebaut. Bei Bayonne trifft das lange Sandband dann auf die Ausläufer der Pyrenäen. Die Küste wird felsig und die Orte liegen am Hochufer, das aber von etlichen langen Sandbuchten unterbrochen wird. Hier ist der Atlantik sanfter als an der langen Sandküste. Die Strände, die in einem dicht besiedelten Gebiet liegen, sind aber auch viel voller als weiter oben an der Küste.

Klassische Sehenswürdigkeiten gibt es kaum an der südlichen Atlantikküste. Aber deshalb reist wohl auch niemand hierher. Eine gute Zeit am Meer – das wollen auch wir hier erleben. Deshalb gibt es in diesem Kapitel gleich sechs Auszeitplätze. Drei davon liegen direkt hinter der Düne, zwei Weitere an Badebuchten bei Saint-Jean-de-Luz.

Highlights abseits vom Meer

Ein paar Highlights abseits vom Strand können wir euch aber doch vorstellen. Besonders ungewöhnlich ist die Landschaft am tief ins Land eingeschnittenen Bassin von Arcachon, das bei Ebbe fast trockenfällt. Hier werden Austern gezüchtet und in den Häfen am Ufer frisch verkauft. Das flache Wasser und die Wattflächen sind auch ein gut gedeckter Tisch für viele Wasservögel. In Le Teich am westlichen Ufer des Bassins gibt es ein Vogelschutzgebiet, in dem man die Tierwelt des Bassins beobachten kann.

Südlich von Arcachon türmt sich der Atlantiksand zu einer riesigen Wanderdüne und die Dune de Pilat ist wohl die bekannteste und zugleich auch die faszinierendste »Sehenswürdigkeit« der Region. An ihrem Nordende führt von einem großen Parkplatz eine Treppe hinauf. Ihr könnt aber auch von den Campingplätzen am Fuß der Düne hinaufsteigen. Allerdings wurden alle drei beim großen Feuer im Juli 2022

DIE BESTE REISEZEIT

Wenn ihr im Hochsommer ans Meer wollt, ist die französische Atlantikküste durchaus eine gute Wahl. Die Campingplätze sind riesig und es gibt etliche davon. Hier sollte man auch spontan noch ein Plätzchen am Meer finden. An den langen, breiten Stränden haben die Badegäste viel Platz und wer bereit ist, ein Stück zu laufen, kann dem größten Trubel gut entgehen. Wer auf Nummer Sicher gehen möchte, reserviert zumindest in der französischen Hochsaison von Anfang Juli bis Mitte August. Baden könnt ihr am Atlantik etwa von Juni bis Ende September. Die Wassertemperaturen sind hier deutlich niedriger als am Mittelmeer. Die Brandung tobt im Frühjahr und im Herbst noch häufiger als im Sommer, sodass dann nur noch Surfende und sehr geübte Schwimmerinnen und Schwimmer auf ihre Kosten kommen.

REISE-LITERATUR

Entdeckertouren mit dem Wohnmobil: Südwest-Frankreich
15 Tourenvorschläge für Camper mit ausführlichen Infos zu Stellplätzen, Ver- und Entsorgung, Badeplätzen, Wanderungen und sehenswerten Zielen an der Route.
Mehr Infos: www.womo.de

fast vollständig zerstört. Die Spuren wird man wohl noch lange sehen, auch wenn zwei der Plätze inzwischen wiedereröffnet sind.

Am Rand der Berge im Baskenland

Spannend wird es auch, wenn wir uns den Pyrenäen nähern. Kurz vor der spanischen Grenze beginnt der französische Teil des Baskenlandes mit einer ganz eigenen Kultur und einer Sprache, deren Herkunft nicht zu klären ist. Euskadi ähnelt keiner anderen Sprache Europas und ist älter als alle romanischen Sprachen. Auch die Architektur im Baskenland ist ziemlich ungewöhnlich. In den Dörfern stehen schmucke Fachwerkhäuser mit weißen Mauern und rot gestrichenen Balken, in den Städten wie Biarritz oder Guethary sind sie mehrstöckig und wechseln sich ab mit gepflegten Barock- und Art-Déco-Villen. Und natürlich gibt es in jedem baskischen Ort ein Pelotafeld. Pelota funktioniert so ähnlich wie Squash – der Ball wird mit Schlägern gegen eine Wand gespielt – und ist so etwas wie der baskische »Nationalsport«.

ÜBER NACHT

Stellplatz Reserve Le Teich
Kostenlose Stellfläche für Wohnmobile in der Nähe des Infozentrums.
N 44°38'24.5", W 1°01'11.7"

Camping de Verdalle, Gujan-Mestras
Einfacher städtischer Campingplatz mit direktem Strandzugang.
€ | N 44°38'37.7', W 1°06'38.7"
www.campingdeverdalle.com

19

Das Bassin von Arcachon

Naturparadies und Touristenspektakel

Das Bassin von Arcachon ist eine tief eingeschnittene Bucht, die zum Meer hin von der Halbinsel Cap Ferret fast vollständig geschlossen wird. Alle vier Stunden wechselt das Bassin sein Gesicht, denn Ebbe und Flut machen sich deutlich bemerkbar. Das flache Wasser, das sich durch die Gezeiten zweimal am Tag fast komplett erneuert, bietet perfekte Voraussetzungen für die Austernzucht. Rund um das Bassin gibt es über 20 Austernhäfen mit Verkaufsständen. Die Austernbänke sind bei Ebbe im flachen Wasser gut zu sehen.

Obwohl die Ufer des Bassins dicht bebaut sind, treffen wir an den feuchten Uferzonen auf unerwartet viel unberührte Natur. Der Meeresboden in der Bucht ist bei Ebbe ein reich gedeckter Tisch für Watvögel wie Schnepfen und Strandläufer. Kommt die Flut, ziehen sich diese ins geschützte Delta an der Mündung der Leyre zurück. Hier können wir das Vogelreservat von Le Teich besuchen.

Réserve Ornithologique Le Teich

Der Rundweg durch das Reservat ist sechs Kilometer lang und hat über 20 Beobachtungsstationen. Meist sind es Holzhäuschen mit schmalen Sichtfenstern, die die Menschen gut verbergen, wenn diese nicht zu viel Lärm machen. Schon der erste Teich der Anlage ist ein Highlight: Hier leben Storchenfamilien oben in den Baumwipfeln und sind vom Weg aus gut zu sehen. Dann geht es in mehreren Bögen zwischen Kanälen hindurch zu den Becken in der Nähe des Bassins. Hier schwimmen verschiedene Entenarten und Lachmöwen, etwas weiter hinten sind besonders viele Watvögel wie Austernfischer und Bekassinen zu sehen. Im flachen Wasser stehen Reiher und Löffler. Der Teich mit den vielen Holzpfosten gehört den Kormoranen und an Station 15 brüten die Lachmöwen.

www.reserve-ornithologique-du-teich.com | N 44°38‘24.0“, W 1°01‘10.0“.

Das Becken im Hafen von Audenge wird bei Flut mit Meerwasser gefüllt.

Der Hafen von Audenge

Der Hafen von Audenge ist eigentlich einer von vielen hübschen Austernhäfen mit bunten Häuschen am Bassin d'Arcachon. Ein ungewöhnliches Schwimmbecken macht ihn aber auch zum beliebten Freizeitziel. Ursprünglich wurde das lange Betonbecken gebaut, um Brauchwasser für den Austernhafen zu sammeln. Im heißen Sommer war es schnell auch zum Schwimmen beliebt, vor allem, wenn bei Ebbe am Ufer weit und breit kein Wasser zu sehen war. Heute ist aus dem Wasserbecken ein Schwimmbad geworden, das nach einem ganz einfachen Prinzip funktioniert. Die Flut füllt den Pool und die Zuflüsse werden geschlossen. In regelmäßigen Abständen öffnet man bei Ebbe die Schleusen und füllt die Becken bei Flut mit frischem Meerwasser. Das Schwimmbad kommt also komplett ohne Chlor oder andere

Ihre bunten Ringelhäuschen verleihen den Austernhäfen am Bassin besonderen Flair.

Uferweg und Sandstrand: Idylle an der Plage de la Suzette

Wasserbehandlung aus. Im Winter bleiben die Becken leer – unter anderem auch, um sie zu säubern.
Parkplatz Audenge: N 44°40'44.0", W 1°01'10.1".

Der Uferweg an der Plage de la Suzette

Vor allem bei Flut ist der hübsche Sandstrand der Plage de la Suzette ein besonders reizvoller Platz. Hier lohnt ein Spaziergang auf dem Uferweg, der zur in Soulac beginnenden Route des Jakobsweges gehört. Sie führt auch um das Bassin d'Arcachon herum.
Parkplatz Plage Suzette: N 44°42'26.7", W 1°03'13.8".

Der Leuchtturm am Cap Ferret

Der alte Leuchtturm auf dem Cap Ferret wurde als strategisch wichtiger Stützpunkt im Zweiten Weltkrieg von den abziehenden deutschen Truppen gesprengt. Der weiße Turm mit roter Spitze ist also ein relativ neues Bauwerk. Er hat eine stattliche Höhe von 57 Metern. Über 200 Stufen kringeln sich im Turm hinauf – unten sind es zivilisierte Steinstufen, nur die letzte Treppe sieht so aus, wie man sich eine echte Leuchtturmtreppe vorstellt: Sie ist aus Metall. Dann geht es durch eine massive Stahltür hinaus an die frische Luft und ihr steht weit über allen Baumwipfeln und könnt das Bassin von Arcachon von oben sehen.
phareducapferret.com | €€ | 4, Promenade Tour du Phare, Lège-Cap Ferret | N 44°38'49.0", W 1°14'56.0".

20

Dune du Pilat

Die wandernden Dünen von Arcachon

Die Dune du Pilat ist der erklärte Höhepunkt unserer Reise entlang der französischen Atlantikküste – und das im wahrsten Sinne des Wortes. Der bis zu 110 Meter hohe, wüstenähnliche Sandberg ist ein eindrucksvoller Aussichtspunkt und eine echte Herausforderung für die Kondition.

An den Zugängen zur Düne stehen Sandleitern. Warum man die unbedingt braucht, versteht ihr, wenn es am Ende der Leiter noch ein Stück aufwärts durch den Sand geht. Der Hang ist so steil, dass der Boden unter euren Füßen nachgibt und ihr bei jedem Schritt durch euer eigenes Gewicht wieder ein Stück nach unten rutscht. Am besten geht der Aufstieg mit kleinen Schritten und wenig Schwung oder gleich auf allen Vieren. Aber wenn ihr dann oben steht, ist es einfach nur grandios! Auf dem Kamm entlangzulaufen, funktioniert dann erstaunlich mühelos.

Der offizielle Zugang zum Spot der »Grand Site Dune du Pyla« liegt an ihrem nördlichen Ende bei Arcachon. Der Zugang zur Düne ist kostenlos, die Gebühren für den Parkplatz sind allerdings saftig und Übernachten ist hier verboten. Wenn ihr nur auf die Düne wollt, versteht die überhöhten Parkgebühren als Eintrittsgeld. Immerhin wird am offiziellen Zugang jeden Sommer eine Treppe montiert, die den Aufstieg enorm erleichtert. Im Winter holt man sie wieder herunter, denn die Düne wandert, weswegen ein fest montierter Aufstieg nicht funktionieren würde. Das Ganze ist also durchaus mit Aufwand verbunden.
N 44°35'53.4", W 1°11'50.3" | www.dunedupilat.com

Wollt ihr auch übernachten, könnt ihr euch den offiziellen Zugang zur Düne sparen. Hinter der Dune du Pilat liegen nebeneinander zwei Campingplätze, Pyla Camping und Camping de la Dune, von denen man direkt auf die Düne steigen kann. Ein dritter, der Camping La Forêt de Pyla, ist nach dem großen Feuer im Juli 2022, bei dem alle drei Plätze komplett zerstört wurden, noch nicht wieder geöffnet. Die Spuren des Brandes sind vor Ort überall noch gut zu sehen. Auch auf den Campingplätzen stehen viele verkohlte Bäume.

ÜBER NACHT

Camping de la Dune
Direkt hinter der Düne, recht sandiger Boden, Restaurant und kleiner Laden, Sandtreppe. Nur wenige Stellplätze.
€€ | N 44°34'52.2", W 1°12'44.4"
www.campingdeladune.fr

Camping Panorama du Pyla
Der weitläufige Platz liegt am südlichen Ende der Dune de Pilat und hat Zugang zum Strand vor der Düne, aber keine Dünentreppe.
€€€ | N 44°34'21.7", W 1°13'15.0"
www.camping-panorama.com

21

Biscarrosse Plage

Camperparadies zwischen Meer und See

In Biscarrosse habt ihr die Wahl: Süßwasser oder Salzwasser. Pustet am Atlantik der Wind zu heftig und die Wellen rollen mit Wucht an den Strand, macht ihr einfach einen Ausflug. Wenige Kilometer von der Küste entfernt locken zwei große Seen mit weißen Sandstränden und glasklarem Wasser: der Lac de Cazaux-Saguinet und der Lac de Parentis. Besonders sanft geht es an der Südwestseite des Lac de Cazaux ins Wasser: perfekt, wenn ihr mit jüngeren Kindern reist, aber auch sehr angenehm im Herbst und im Frühjahr, weil sich das flache Wasser schnell erwärmt. Auf P1 und P6 dürft ihr auch mit einem Camper tagsüber direkt im Küstenwald parken. Weitere schöne Strände gibt es bei Sanguinet.

Parkplatz Westufer: N 44°27′12.2″ W 1°11′57.5″

Liebt ihr dagegen die wilden Wellen des Atlantiks, findet ihr in Biscarrosse Plage einen der wenigen Stellplätze für Camper im Küstenwald und gleich hinter dem Dünengürtel. Folgt ihr dem Pfad durch den tiefen Sand, kommt ihr direkt an den schönen breiten Sandstrand, ohne dabei auf Straßen oder Häuser zu treffen. Hier gibt es nur Natur. Der Ort ist aber trotzdem nicht weit entfernt.

Einen Strandzugang weiter im Süden befindet sich eine einladende Strandbar, deren rustikale Tische direkt im Sand stehen. Hier gibt es auch eine Surfschule. Noch etwas weiter südlich beginnt Biscarrosse Plage mit Restaurants und Geschäften. Wer gerne auf dem Markt einkauft, kann am Freitagvormittag zum »Marché des producteurs« ins nahe Biscarrosse Bourg fahren, auf dem sich auch die Einheimischen mit frischem Obst und Gemüse versorgen.

ÜBER NACHT

Camping-Car Park Biscarrosse
Weitläufiges Gelände mit schattigen Stellplätzen im Uferwald direkt hinter der Düne. Camper-Service und WC.
Ganzjährig nutzbar | €–€€ |
N 44°27′30.0″, W 1°14′41.0″

Camping Maguide
Direkt am Ufer des Lac de Biscarrosse mit Sandstrand und überdachtem Pool. Sehr viele Häuschen auf dem Platz.
April bis September | €€ |
N 44°27′47.9″, W 1°11′53.4″
www.sandaya.fr

22

Kleine Wildnis am Huchet

Dem Fluss bis zum Meer folgen

Der Kleinfluss Courant d'Huchet windet sich zwischen dem Lac de Léon und seiner Mündung in den Atlantik im Badeort Moliets Plage durch eine urwaldähnliche Landschaft mit einer sehr ungewöhnlichen Fauna und Flora.

Vom See aus könnt ihr euch in flachen Booten, in die maximal sechs Personen passen, den Fluss hinunterfahren lassen. Diese Tour ist alles andere als eine gewöhnliche Bootsfahrt. Der Huchet ist an manchen Stellen so zugewachsen, dass man sich fragt, wie das Boot hier eigentlich durchkommen soll. Der Batelier steuert seinen Kahn jedoch souverän den Fluss hinunter und weiß außerdem eine Menge interessante Details über die Pflanzen am Ufer zu erzählen. Die Bootsfahrten werden in drei verschiedenen Längen angeboten. Die erste geht bis zu einer Insel im Fluss, die

zweite bis zur Brücke von Pichelèbe, an der auch die Wanderwege am Huchet beginnen, und bei der vierstündigen Fahrt erreicht man auch die Mündung des Huchet ins Meer.
April bis Oktober | €€ | www.bateliers-courant-huchet.fr
Parkplatz Lac de Léon: N 43°53'04.0", W 1°19'07.0"
Im Hochsommer frühzeitige Reservierung empfohlen!

Wandern auf dem Uferweg

Sehr lohnenswert ist auch der 8,4 Kilometer lange Sentier de l'Embouchure. Er führt von Pichelèbe immer am Flussufer entlang bis zur Mündung des Huchet bei Moliets in den Atlantik. Diesen Weg könnt ihr auch von Moliets-Plage laufen. Das hat den Vorteil, dass sich die Wanderung bei Bedarf auch auf den besonders spannenden Bereich nahe der Flussmündung kürzen lässt.
Pichelèbe und zurück: 8,6 km, Gehzeit 3 Stunden | GPX
Parkplatz Pichelèbe: N 43°53'13.9", W 1°22'05.7"

ÜBER NACHT

Aire Municipale Berges du Lac
Plätze auf zwei breiten Wiesenstreifen an der Zufahrt zum Lac de Léon, in Seenähe unter Bäumen.
€€ | N 43°53'04.0", W 1°19'07.0"

Camping Saint-Martin, Moliets
Gepflegter Platz am Ortsrand und direkt hinter dem Meer, großer Pool.
April bis Oktober | €€ |
N 43°51'7.9" W 1°23'14.7"
www.camping-saint-martin.fr

ÜBER NACHT

Camping Merko Lacarra
Drei Kilometer südlich von Guéthary hinter einer schönen Sandbucht und direkt am Küstenweg gelegen.

April bis Oktober | €€–€€€ | N 43°25'07.2", W 1°37'24.3" | www.merkolacarra.com

Weitere Campingplätze in der gleichen Bucht und eine Bucht weiter südlich.

23

»Savoir vivre« in Guéthary

Coole Surf-Location mit Charme

Die erste Häuserreihe von Guéthary klebt spektakulär in den Felsen und mehrere Bars und Restaurants haben ihre Tische auf den Terrassen am Meer aufgestellt – der perfekte Platz für den Sonnenuntergang. Steigt man ganz hinunter zum Wasser, kommt man an einen schmalen Sandstrand. Bei der Prämierung der lebenswertesten Orte Frankreichs schaffte es Guéthary auf Platz zwei.

Oben im Ort gibt es zwei Surfschulen, eine Töpferei, ein großes Pelotafeld mit Tribüne und mehrere einladende Restaurants. Das Ambiente von Guéthary ist stilvoll-alternativ und besticht durch den besonderen Charme der typisch baskischen Architektur. Die Menschen im Fischerdorf lebten früher vom Walfang und fuhren dazu, bewaffnet mit Harpunen, mit kleinen Holzbooten aufs Meer hinaus. Solche Boote liegen auch heute noch im Hafen, der ebenfalls ungewöhnlich ist. Es gibt kein Hafenbecken und die Boote werden nach jeder Fahrt ans Land gehoben.

Guéthary ist hip und vor allem an Wochenenden gut besucht. Durch seine Lage am Hang sind die Straßen ziemlich schmal, sodass ihr mit einem größeren Fahrzeug nicht in den Ort geraten solltet. Parken ist mit einem Camper nicht ganz einfach. Probiert es am südlichen und nördlichen Ortsrand. Dort sind einige Plätze ausgeschildert. Alternativ ist der Ort über den Küstenweg von den südlich gelegenen Campingplätzen zu erreichen – mit dem Fahrrad und zu Fuß.

24

Piment d'Espelette

Scharfe Paprika und baskisches Fachwerk

Rot. Tiefes glänzendes Karminrot ist die prägende Farbe in Espelette. Rot sind die Paprikaschoten, rot ist das Gewürzpulver, das aus ihnen gewonnen wird. Rot ist auch die typische Farbe der Fensterläden und der Holzbalken des Fachwerks, das baskische Dörfer in Frankreich unverwechselbar macht.

Espelette ist ein Bilderbuchdorf. Im Ortszentrum könnt ihr in jedem zweiten Haus Piment d'Espelette kaufen. Die roten Schoten gibt es komplett, als Pulver oder gemischt mit Salz. Außerdem werden Käse und Wein aus der Region angeboten. Im Laden gegenüber sind auch Spezialitäten wie Foie gras zu haben – Espelette ist ein Paradies für Gourmets. Und so verlässt kaum jemand den Ort ohne eine kleine Papiertüte mit schmackhaften Einkäufen.

ÜBER NACHT

Camping à la Ferme Erreka
Kleiner, einfacher Campingplatz auf einem Bauernhof mit Hofladen mit regionalen Produkten und Restaurant. Südlich von Espelette an der D 249.
€€ | N 43°19'31.1" W 1°26'34.2" | www.facebook.com/fermeerreka

Ein Hauch Exotik bei Patchamama

Virginie Curutchet ist die Inhaberin des kleinen Gewürzparadieses »Patchamama« in der Karrika Nagusia. Sie führt einen der etwa zweihundert AOP-Betriebe in der Region, in denen die roten Schoten angebaut und zu originalem Piment d'Espelette verarbeitet werden. Außerdem gibt es im Laden auch Gewürze aus aller Welt und selbstkreierte Mischungen – stilecht präsentiert in Leinensäcken. Wir sind so fasziniert von der riesigen Auswahl und den vielen tollen Farben, dass wir uns kaum losreißen können. Was wir probieren, überzeugt uns. maison-curutchet.com

ÜBER NACHT

Aire du Camping Car du Fronton
Schöner Platz im Grünen oberhalb der Altstadt von Saint-Jean-Pied-de-Port. Camper-Service. Kein WC.
€ | N 43°09'33.0", W 1°14'13.2"

Camping Municipal Plaza Berri
Sympathischer Campingplatz wenige Schritte von der Altstadt entfernt. Einfache Sanitäranlagen, viele Wandernde, immer gut besucht.
€ | N 43°09'40.4", W 1°14'11.0"

25

Saint-Jean-Pied-de-Port

Im Dorf der Jakobspilger

Saint-Jean-Pied-de-Port, Heiliger Johann am Fuße des Passes: So lautet die Übersetzung des Namens. Der Ort ist für Jakobspilgernde die letzte Station in Frankreich. Sie queren hier die Ausläufer der Pyrenäen über den 1060 Meter hohen Ibañetapass und folgen dann dem Camino Frances nach Spanien. Viele starten auch in Saint-Jean auf ihren Weg nach Santiago. 838 Kilometer oder 32 Tagesetappen sind es von hier zu ihrem Ziel: dem großen Platz vor der Kathedrale des heiligen Jakobus in Santiago de Compostela.

In den steilen Gassen von Saint-Jean reihen sich die urigen Pilgerherbergen. Man kann Jakobsmuscheln für den Rucksack kaufen und Wanderstöcke. Die Gassen im Zentrum sind im Sommer mit Fähnchen geschmückt, am Straßenrand wird musiziert und es gibt eine gute Auswahl an Cafés und Restaurants. Und weil Pilgernde meist mit schmalem Budget reisen, ist das Preisniveau gemäßigt, die Stimmung eher gemütlich und ein bisschen alternativ und wir spüren einen Hauch erwartungsvolle Spannung in der Luft.

Saint-Jean ist einfach sympathisch. Ihr könnt zur Zitadelle hinaufsteigen, die im Rahmen einer Führung zugänglich ist. Unten im Ort spaziert ihr die eine Hauptstraße der Altstadt – die, an der sich die Pilgerunterkünfte reihen – zur Porte-de-Saint-Jacques hinauf. Folgt dort links dem Schild »Chemin de Ronde«. Dann kommt ihr hinter den Häusern an der Stadtmauer entlang und wandert mit Blick in die Gärten zurück zur Brücke über die Nive.

Vom Uferweg an der Nive zweigt übrigens der interessanteste Weg zur Zitadelle ab: Eine schmale, steile Steintreppe bringt euch auf direktem Weg hinauf und wenn ihr euch umdreht, um zwischendurch wieder zu Luft zu kommen, habt ihr einen besonders hübschen Blick auf den Ort und die umliegenden Berge.

26

Die Cromlechs von Okabe

Steinkreise in grünen Hügeln

Östlich von Saint-Jean-Pied-de-Port liegt der Forêt d'Iraty, eine grüne Berglandschaft, die nur sehr dünn besiedelt ist. Auf den weitläufigen Wiesen grasen vor allem Schafe. Das Laxta-Schaf, das typische Schaf des Baskenlandes, ist ein robustes Milchschaf. Es gibt verschiedene Unterarten, von denen einige mit ihren schwarzen Gesichtern und imposant gedrehten Hörnern am ehesten unseren Heidschnucken ähneln. Schafskäse aus den Hügeln von Iraty könnt ihr auf der Fahrt über den Pass in der Käserei an der Passstraße kaufen.

Die Landschaft im Iraty ist rau und ursprünglich, deshalb lohnt sich der Ausflug hierher vor allem für die, die wilde Natur lieben. Besonders intensiv erlebt ihr diese bei einer Wanderung auf die Hochebene von Okabe, wo mitten in der Bergeinsamkeit gleich mehrere Cromlechs zu finden sind.

Cromlech ist die im Baskischen gängige Bezeichnung für Steinkreise und Megalithen, die meist in der Bronzezeit an Kultplätzen errichtet wurden. Hier auf dem Plateau d'Okabe

ÜBER NACHT

Aire de Camping Car Lac d'Iraty
Einfacher Stellplatz zwischen Kühen und Schafen auf einem Wiesengelände in den Bergen in 1000 Metern Höhe.
€ | N 43°02'33.6", W 1°04'26.4"

Aire Naturelle de Camping d'Iraty
Kleiner, einfacher Campingplatz in Alleinlage mitten in den Bergen. Anmeldung an den Chalets d'Iraty.
€ | N 43°02'13.2", W 1°02'59.4" | chalets-iraty.com

ist die Platzwahl leicht nachvollziehbar. Der Blick ist gigantisch und in alle Richtungen schaut man über grüne Berge.

Der Weg zu den Steinen

Es führen mehrere Wege auf das Plateau, dort kreuzen sich sogar zwei Weitwanderwege. Gut markiert ist der Aufstieg auf der gepflegten Trasse des Weitwanderweges GR 10, den ihr am Wohnmobilstellplatz am Lac d'Iraty beginnen könnt. Geht man die D 18 bis zur Gite d'Etappe »Chalet Pedro« hinauf, kreuzt dort der GR 10 die Straße. Gegenüber des Chalets beginnt der Aufstieg auf den Okabe. Vom Berggipfel könnt ihr dann rechts zu den Steinkreisen hinunter gehen. Zurück geht es auf dem gleichen Weg.

8,5 km, ⇅ 180 m, Gehzeit 4 Stunden | GPX

CAMPING-CAR PARK BISCARROSSE LE VIVIER

Der Stellplatz für Camper liegt zwischen einem großen Pkw-Parkplatz und dem Camping Campéole im Uferwald direkt hinter der Stranddüne. Die Stellplätze befinden sich längs an den Fahrwegen durch ein naturbelassenes Gelände und ihr habt überall viel Platz vor der Tür. Bezahlt wird am Automaten. Es gibt inzwischen Stromanschlüsse und, vor der Einfahrt, eine Camper-Service-Station und ein WC.
Ganzjährig | €€ | 681 Rue du Tit, Biscarrosse Plage | N 44°27'33.1", W 1°14'46.7"

Abendstimmung in Saint-Girons

CAMPING LE SAINT-MARTIN

Riesiges, komfortables Campinggelände mit großem Pool am Ortsrand von Moliets Plage. Die vordersten Plätze liegen direkt hinter der Düne, sind aber teilweise sehr sandig und haben wenig Schatten. Weiter hinten gibt Plätze unter Bäumen und zwischen Hecken. In der Nebensaison ist der Platz fest in deutscher Hand. Am Strand mündet der Huchet in den Atlantik und bietet bei rauer Brandung eine Süßwasseralternative zum Baden. ACSI-Tarif. Guter Spot zum Surfen.
April bis Oktober | €€ | N 43°51'7.9" W 1°23'14.7" | www.camping-saint-martin.fr

Morgenstimmung in der Pineta

CAMPING LES TOURTERELLES

Campingplatz in Alleinlage in der Pineta. Sehr schöne großzügige Plätze in der Pineta direkt am Weg zum Strand. Sie liegen aber auch unmittelbar neben den großen Surf-Camps, die hier im Sommer ihre Kurse anbieten und dafür sorgen, dass viele junge Leute auf dem Campinggelände sind. Wer es ruhiger will, muss nach weiter hinten ausweichen. Sehr schöner, wilder Strandabschnitt und immer viele Surfboards im Wasser. Pool und Minigolfanlage auf dem Platz. ACSI-Tarif.
Mitte Mai bis Mitte September | €€ – €€€ | Saint-Girons |
N 43°54'29.6", W 1°21'49.9" | www.ms-vacances.com

Le Saint-Martin: lichter Schatten direkt hinter der Düne

CAMPING LE BORD DE MER

Kleines Campinggelände auf einem Felsen oberhalb der schönen Plage de Mayarco. Der Strand ist auch eine Surf-Location mit einigen wirklich coolen Bars am Strandzugang. Von der ersten Platzreihe auf der Klippe hat man einen tollen Blick über das Meer. An Wochenenden selbst in der Nebensaison schnell komplett belegt. Weitere Campingplätze benachbart.
April bis Oktober | €€ | 71, Chemin d'Erromardie, Saint-Jean-de-Luz | N 43°24'19.9", W 1°38'32.3" | camping-le-bord-de-mer.fr

Baden bei Ebbe an der Plage de Mayarco

CAMPING MUNICIPAL PLAZA BERRI

Kleiner, einfach ausgestatteter Campingplatz in perfekter Lage direkt an der sympathischen Altstadt von Saint-Jean-Pied-de-Port und trotzdem im Grünen und am Fluss, einfache Sanitäranlagen und leider eher lauwarmes Wasser in den Duschen. Die Restaurants und eine Bäckerei im Ort sind schnell erreichbar. Camper-Service.
Mitte April bis Oktober | € | Saint-Jean-Pied-de-Port, Avenue du Fronton | N 43°09'40.7", W 1°14'11.5" | www.st-jean-pied-de-port.fr

Die Plage de Mayarco in der Nähe des Campingplatzes

CAMPING MUNICIPAL CHIBAU-BERRIA

Einfacher Campingplatz auf einem Hügel über dem Meer. Schatten nur auf den unteren Plätzen, oben habt ihr dafür freien Ausblick über die umliegenden Hügel. Kurzer Fußweg zu einer Sand-Kiesbucht und zum Uferweg, auf dem ihr mit dem Fahrrad die Nachbarbuchten erreichen könnt. E-Bike-Verleih auf dem Platz. ACSI-Tarif.

Mai bis September | € | Chemin de Chibau Berria, Saint-Jean-de-Luz | N 43°24'33.1", W 1°38'11.1" | www.camping-saintjeandeluz.fr

Camping im Grünen und doch direkt am hübschen Zentrum von Saint-Jean

Buen Camino

Von den Pyrenäen zu den Picos

Buen Camino

Von den Pyrenäen zu den Picos

Wir machen uns von Saint-Jean-Pied-de-Port auf den Weg in den Westen. Parallel zur Route der Jakobspilger überqueren wir den Ibañetapass, machen eine Pause auf der Passhöhe und rollen nach Roncevalles hinunter. Hier steht ein uraltes Kloster, in dem seit dem Jahr 1132 Pilger beherbergt werden. Wer seinen Weg nach Santiago de Compostela in Saint-Jean beginnt, eine durchaus gängige Routenwahl, macht hier am ersten Abend Station, bevor es weiter geht nach Pamplona und nach Puenta La Reina. Dort treffen sich alle aus Frankreich kommenden Wegvarianten und führen als Camino Frances über Burgos und Léon nach Santiago.

Auch wir werden einer Route des Jakobsweges nach Westen folgen, haben uns aber für den Camino del Norte entschieden, der direkt an der Küste entlangführt. Die Anziehungskraft des Meeres ist für uns einfach zu groß, was wohl den meisten von euch ähnlich gehen wird. Die Küste hier im Baskenland und in Asturien ist recht dicht besiedelt und größtenteils felsig. An fjordähnlichen Flussmündungen ziehen

sich Strände vom Meer ins Land hinein. Die meisten dieser kleinen Sandbuchten sind hinterbaut. Ein besonders spannendes Beispiel für so einen urbanen Badeort an einer langen Sandbucht ist die Stadt Donostia-San Sebastian **[› Spot 27]**. Dort könnt ihr baden und den Flair einer lebendigen Küstenstadt genießen. Wer sich für Kunst interessiert, darf außerdem das Guggenheim-Museum in Bilbao nicht verpassen, das auch durch seine ungewöhnliche Architektur Berühmtheit erlangt hat. Schwerpunkt der Ausstellung ist die zeitgenössische Kunst des 20. Jahrhunderts. Wer lieber die berühmten alten Kathedralen von Burgos und Léon sehen will, wählt die Route des Camino Frances im Landesinneren.

Besonders schöne Strände findet ihr dann etwas weiter westlich – zuerst einmal am Parque Natural de Oyambre und, noch etwas weiter, rund um den Ort Llanes. An dessen Westseite reiht sich eine kleine Paradiesbucht an die andere.

27 | DONOSTIA-SAN SEBASTIAN
28 | UNTER GEIERN
29 | SCHWEFELBAD
30 | SAN JUAN DE LA PEÑA
31 | BARDENAS REALES
32 | GAZTELUGATXE
33 | SANTILLANA DEL MAR
34 | HÖHLE VON ALTAMIRA
35 | PICOS DE EUROPA

AUSZEITPLÄTZE

Romanische Kunst am Portal des Klosters von Leyre in den Pyrenäen

Berge, Schluchten und eine Wüste

Doch bevor es zum Atlantik geht, lohnt unbedingt noch ein Abstecher ins Landesinnere zu den Ausläufern der Pyrenäen. Hier am südwestlichen Rand der Berge sind einige Highlights gut zu erreichen, die wir auf der Recherche für unsere Pyrenäenreiseführer entdeckt haben. Auf der Ostseite des Yesa-Stausees versteckt sich eines der vielen alten Klöster der Pyrenäen. San Juan de la Peña ist halb in die Felsen gebaut. Romanische Bauten begeistern uns wegen der ausdrucksstarken, leicht naiven Figuren, die meist an der Fassade, den Torbögen oder den Kapitellen der Säulen im Kreuzgang zu finden sind. San Juan de la Peña hat einen zauberhaften Kreuzgang und liegt an einem ebenso zauberhaften Ort. **[› Spot 30]**

Auf der spanischen Seite der Pyrenäen sind außerdem die letzten großen Geierkolonien Europas zu Hause. Zwei der großen Schluchten, deren Felswände Nischen und Vorsprünge sichere Plätze für ihre Nester bieten, sind aus der Ebene südlich von Pamplona leicht zu erreichen. **[› Spot 28]**

So könnt ihr gleich zwei der großen Highlights einer Pyrenäentour erleben, ohne allzu große Umwege zu fahren – und ihr nähert euch auch noch einem dritten Traumziel, das auf der Bucketlist vieler Reisefans zu finden ist: der Halbwüste Bardenas Reales. Geschotterte Pisten führen durch die surreal wirkende Landschaft mit ihren von Wind und Wetter geformten Lehmfelsen. Ein Rundweg im Zentrum des Naturparks und einige Stichwege dürfen auch mit Campern befahren werden. **[› Spot 31]**

Altamira und die Steinzeitkunst

Wenn ihr euch für die Route durchs Landesinnere entschieden habt, ist Santander ein guter Punkt, um zur Küste zurückzukehren. Hier locken die Strände des Naturparks Oyambre zu einer Auszeit am Meer. Außer dem Besuch im bildhübschen Dorf Santillana del Mar **[› Spot 33]** lohnt auch ein Bummel durch das Zentrum von Comillas, in dem sich ein Bauwerk von Antoni Gaudi versteckt.

Von Santillana ist es außerdem nur ein Katzensprung zur Cueva de Altamira **[› Spot 34]** – sollte euch Lascaux ebenfalls mit dem Steinzeitkunst-Virus infiziert haben. Wenn es diesmal lieber eine echte Höhle sein soll, wäre die nahe Cueva Tito Bustillo eine gute Alternative. Echte Fans fahren anschließend auch noch ins neue Museum Parque de la Prehistoria im Tal von Trevenga. Hier geht es um das Leben und die Kunst in der Steinzeit und es sind perfekte Repliken von drei Höhlen mit Steinzeitkunst zu sehen: Tito Bustillo, Niaux und Candamo. www.parquedelaprehistoria.es

Die Piste durch die Bardenas Reales ist auch ohne Allradantrieb gut zu fahren.

Picos de Europa

Die Picos packen uns sofort. Sie gehören ganz sicher zu den schönsten Bergregionen, die wir bisher besucht haben – und das sind nicht wenige. Ende Oktober muss man allerdings schon ein bisschen Glück haben, um das richtige Wetter für die Fahrt in die Berge zu erwischen. Ihr höchster Gipfel, der Narajo de Bulnes, knackt immerhin die 2500-Meter-Grenze.

Bei uns klappt es fast mit dem Wetter: strahlender Sonnenschein. Dazu leider Windböen bis zu 80 Stundenkilometer. Das Erlebnis ist eindrucksvoll: Fegt so eine Böe heran, suchst du instinktiv etwas zum Festhalten – auf den Boden setzen ist auch eine Alternative. Das Wasser im idyllischen Lago de Enol bläst es in Fontänen über den See, sodass wir der Dusche am östlichen Seeufer nur knapp entgehen.

Die Fahrt hinauf zum See **[› Spot 35]** ist dagegen kein Problem. Die Straße ist schmal und kurvig. Der Platz reicht gerade, dass ihr bei Gegenverkehr nicht ausweichen müsst – es sei denn, es kommt euch ein Reisebus oder ein Wohnmobil entgegen. Im Hochsommer wird das Sträßchen deshalb tagsüber für den privaten Verkehr gesperrt. Stattdessen fahren Busse von Covadonga hinauf zu den Seen.

Da an den folgenden Tagen zum Wind auch noch Regen angekündigt ist, bleibt es für uns erst mal bei den Lagos de Covadonga. Längere Wanderungen müssen warten – auch der Weg durch die Cares-Schlucht, der eigentlich noch ins Buch sollte. Beim nächsten Mal kommen wir etwas früher im Jahr.

Bergidylle am Lago de Enol.

DIE BESTE REISEZEIT

In Nordspanien beginnt die Reisesaison Mitte April und endet mit dem September. Schon im Oktober sind nur noch Surfer an den Stränden und so gut wie alle Campingplätze geschlossen. Auch wer zum Wandern in die Berge will – egal ob in die Pyrenäen oder in die Picos – ist von Juni bis September auf der sicheren Seite.

Außerhalb dieser Zeit reist ihr hier absolut »off season«, was Vor- und Nachteile hat. Freistehen geht dann ziemlich gut, Camper-Service Stationen gibt es ausreichend auf den frei zugänglichen Stellplätzen. Wer eine Dusche und den Komfort eines Campingplatzes sucht, hat nur noch wenig Auswahl – zwei unserer Auszeitplätze gehören aber zu den ganzjährig geöffneten Plätzen.

REISE-LITERATUR

Entdeckertouren mit dem Wohnmobil: Nordspanien
Der Reiseführer für Camper präsentiert eine Rundfahrt durch die Region Nordspanien mit den Provinzen Galicien, Asturien, Kastilien-Léon, Kantabrien, Rioja, Navarra und Baskenland. Der Rückweg führt dabei nahe der Wegführung des Jakobsweges durchs Landesinnere.
Mehr Infos: www.womo.de

Kulinarisches aus dem Baskenland, aus Kantabrien und Asturien

Eine besondere Spezialität sind die Pixtos – so heißen im Baskenland die überall in Spanien üblichen Tapas. Vor allem die Bars in Donostia-San Sebastián sind berühmt für außergewöhnlich raffinierte Kreationen. In Kantabrien und Asturien liebt man auch deftige Eintöpfe wie die Fadaba, eine Bohnensuppe mit Blutwurst, oder die Marmita aus Thunfisch, Kartoffeln und Paprika. Geflügel und Meeresgetier aller Art sind auch sonst wichtige Bestandteile der nordspanischen Küche. Als typisches Getränk überrascht der Apfelwein, der hier »Sidra« heißt. Über 70 Keltereien gibt es alleine in Asturien. Wenn ihr mehr über die Küche Asturiens wissen wollt, schaut bei www.turismoasturias.es unter dem Punkt »gastronomia«.

27

Donostia-San Sebastián

Pixtos an der Muschelbucht

Die lange, schön geschwungene Sandbucht »La Concha«, die Muschel, ist das Herz der Küstenstadt. In Spanien heißt sie San Sebastián, im spanischen Baskenland trägt sie den Namen Donostia. Die Muschelform der Bucht und das vorgelagerte Inselchen Santa Clara sorgen dafür, dass die wilden Atlantikwellen nicht bis an den Strand rollen. So sieht der Strand von Donostia-San Sebastián eher nach Mittelmeer aus als nach Atlantik und die Boote im Stadthafen liegen auch bei Sturm sicher im Wasser.

San Sebastián war ehemals ein Fischerort. Im 13. Jahrhundert entdeckte man den Seehandel und aus dem Dorf wurde eine wohlhabende Stadt. 1719 stürmten die Truppen Napoleons die Stadtmauern und erst 1813 konnte man die Franzosen wieder vertreiben. Leider brannte bei dieser Befreiung fast die komplette Stadt nieder, sodass es in der

ÜBER NACHT

Stellplatz Donostia-San Sebastián
44 Parkplätze auf Asphalt in ruhiger Lage am Stadtrand. Busverbindung in die Innenstadt, immer gut besucht, oft ist schon mittags kein Platz mehr zu haben. Camper-Service.
€ | N 43°18'28.4", W 2°00'51.5"

Altstadt wenige Gebäude gibt, die älter als 200 Jahre sind. Der stimmungsvollen Atmosphäre tut das aber keinen Abbruch. Dieser erlag das spanische Königspaar schon im 19. Jahrhundert. Sie verlegten ihren Sommersitz nach Donostia. Adel und wohlhabendes Bürgertum machten es ihnen nach, und so gibt es in der Stadt auch heute noch jede Menge noble Villen und besonders viele Restaurants, die auch die Testerinnen und Tester von Michelin und Gault Millau begeistern konnten.

Legerer geht es in den vielen Tapas-Bars der Altstadt zu. Die kleinen Häppchen, die man selbst an der Theke wie an einem Buffet auswählt, nennt man hier im Baskenland Pinxtos und die Bars der Stadt sind berühmt für ihre Kreativität. Probieren lohnt sich unbedingt und macht den Stadtbummel auch ohne den Besuch eines prämierten Restaurants zum kulinarischen Event.

ÜBER NACHT

Stellplatz Lumbier
Schotterplatz am Ortsrand mit neun markierten Stellplätzen. Im Sommer oft früh belegt. Kostenlos und ohne Ausstattung.
N 42°39'16.0", W 1°18'13.8"

Camping Iturbero, Lumbier
Kleiner Campingplatz in guter Lage am Ortsrand von Lumbier und am Ufer des Salazar. Lichter Schatten. Zehn Minuten Fußweg in den Ort.
€€ | N 42°39'07.2", W 1°18'08.9" | www.campingiturbero.com

28

Unter Geiern

Foz de Lumbier und Foz de Arbayún

Die Pyrenäen sind die letzte Region in Europa, in der Gänsegeier in größerer Anzahl zu Hause sind. Hier am südlichen Rand der Berge gibt es zwei tiefe Schluchten, in denen ihr sie gut beobachten könnt.

Foz de Arbayún

Mit bis zu 300 Meter hohen Wänden und fast sechs Kilometern Länge ist die Foz de Arbayún so etwas wie der »Grand Canyon« der Pyrenäen. In den Felsen über dem Rio Salazar brütet die größte Geierkolonie Spaniens. Die Schlucht ist Naturschutzgebiet und für Besucher nicht zugänglich. Es gibt aber eine Aussichtsterrasse an der Straße, von der ihr die Vögel mit einem guten Fernglas beobachten könnt. Die meisten Nistplätze befinden sich in den waagerechten Spalten in der Felswand und auf Felsvorsprüngen.

Mirador del Iso: N 42°41'29.7", W 1°11'04.7"

Foz de Lumbier

Die etwa 15 Kilometer weiter südlich liegende Schlucht Foz de Lumbier ist nicht ganz so gewaltig. Dafür kann man sie zu Fuß durchqueren. Im Frühjahr und Sommer könnt ihr in den Felswänden die Nester erkennen. Dort, wo der Stein unter einem Vorsprung weiß vom Kot ist, ist meist auch eine Geierfamilie zu Hause. Im Herbst, wenn die Jungvögel flügge werden, sind die Gänsegeier eher in der Umgebung unterwegs und kreisen in großen Gruppen am Himmel.

Der Weg wurde auf der Trasse einer ehemaligen Bahnstrecke angelegt. Er ist breit und eben und führt durch zwei dunkle Tunnel. Hinter dem zweiten Tunnel kann man kurz am Fluss entlanggehen und auf einem markierten Wanderweg über die Hochebene zum Parkplatz zurückkehren.

Wanderparkplatz Lumbier: N 42°38'16.7", W 1°18'26.3" | Rundweg: 6 km, ↓↑200 m, Gehzeit 2 h 30 | GPX

29

Schwefelbad in Ruinen

Lost Places am Yesa-Stausee

»Mare Pirineos«, das Meer der Pyrenäen, wird der Yesa-Stausee in der Region auch genannt. Mit 18 Kilometern Länge ist er der größte Stausee im Norden Spaniens – zumindest wenn auch Wasser im See ist. Nach dem superheißen, trockenen Sommer 2022 war vom Meer nur noch wenig zu sehen. Der komplette Ostteil des Sees lag trocken. Ist der Wasserstand so niedrig, taucht wieder auf, was bei Inbetriebnahme der Staumauer im Jahr 1959 in den Fluten versank. Am Nordufer liegen dann die Mauern des ehemaligen Thermalbades von Tiermas trocken.

Aguas Sulfurosa de Tiermas

Fällt das Wasser tief genug, was bislang nicht jeden Sommer der Fall war, taucht die Ruine mitsamt der Schwefelquelle wieder auf und in den Warmwasserbecken wird gebadet. Vor allem an Wochenenden wird das Ganze zum Happening. Unten am Seeufer sammeln sich dann die geländegängigen Camper. Wer nicht runterfahren will, parkt oben an der Straße, schnappt die Badesachen und geht zu Fuß.
Parkplatz an der Straße: N 42°36'48.8", W 1°06'27.1"

ÜBER NACHT

Camping Artieda
Östlich des Sees versteckt sich im Dorf Artieda ein kleiner Campingplatz, der vor allem für Pilger auf dem Jakobsweg eingerichtet wurde.
€ | N 42°35'06.8', W 0°59'06.0" | alberguedeartieda.com/camping

IN DER NÄHE

Auch die Ruinen von Ruesta sind gut zugänglich. Das Dorf liegt am südöstlichen Ende des Sees und ist eine Station am Jakobsweg. Escó und Ruesta könnt ihr auch erkunden, wenn der See gut mit Wasser gefüllt ist.
N 42°35'19.9', W 1°04'32.9"

Die verlorenen Dörfer am Yesa-Stausee

Etwas weiter östlich am Seeufer ist oberhalb der Uferstraße das Dorf Escó zu sehen. Auf den ersten Blick sieht es ganz normal aus. Schaut man genauer hin, sieht man leere Fensterhöhlen und bröckelnde Mauern. Escó ist eines der drei Dörfer am See, die beim Bau der Staumauer in den 1950er-Jahren geräumt wurden, aber wegen eines Rechenfehlers doch nicht im See versanken. Tiermas und Ruesta teilen dieses Schicksal. Alle drei wurden zu Geisterdörfern. Direkt hinter den Häusern von Escó ist die Autobahn im Bau, was das Ortsbild noch etwas surrealer macht.

Bei N 42°36'53.4", W 1°03'22.1" kann man am Straßenrand parken und nach Escó hinaufsteigen.

30

San Juan de la Peña

Fabeltiere im Felsenkloster

Das Kloster San Juan de la Peña wurde im 11. Jahrhundert von Sancho de Navarra gegründet. Es entstand auf den Resten einer alten Einsiedelei, die hier schon seit über 300 Jahren existierte. Das Kloster verfügte über große Ländereien und war wohlhabend und einflussreich, besonders nachdem die weltlichen Herrscher Aragons auf der Flucht vor den Mauren hier untertauchten. In der bestens erhaltenen Gruft fanden zwischen dem 12. und 16. Jahrhundert fast alle Herrscher Aragons ihre letzte Ruhestätte. Die Chronik berichtet außerdem, dass in San Juan im Mittelalter einige Zeit der heiligen Gral aufbewahrt wurde, der viele Pilger anlockte. Der wertvolle Kelch soll zur Zeit der maurischen Invasionen in den Pyrenäen von Kloster zu Kloster geschickt worden sein.

Die Blütezeit des Klosters unter dem Felsüberhang nahm 1675 ein jähes Ende: Es brannte ab und wurde fast vollständig zerstört. Man beschloss, in geringer Entfernung ein ganz neues Gebäude zu errichten. Die Ruine des alten Klosters wurde schon 1889 zum Baudenkmal ernannt. Heute können wir im Untergeschoss die Reste einer mozarabischen Kirche aus dem 10. Jahrhundert mit einigen alten Fresken besuchen. Eine Etage weiter oben ist die Gruft der Könige von Aragon zu sehen. Besonders eindrucksvoll fanden wir aber die Reste des Kreuzganges. Hier schmücken ausdrucksstarke Figuren die Kapitelle der Säulen.
€€ | www.monasteriosanjuan.com

Spaziergang zum Balcón del Pirineo

Oberhalb des neuen Klosters führt ein Weg zum Aussichtspunkt »Balcón de Pirineo«. Es geht einen breiten Waldweg hinauf und nach etwa zehn Minuten stehen wir auf einer Terrasse mit Steinbank. Der Blick reicht weit über das Tal auf die Bergketten der Pyrenäen.

ÜBER NACHT

Stellplatz Jaca
Parkplätze auf Asphalt, relativ ruhig am Alt-Stadtrand gelegen. Camper-Service, kein Strom, kein WC.
€ | N 42°34'03.8", W 0°32'43.6"

Camping Victoria, Jaca
Der Platz liegt am westlichen Ortsrand nahe der Durchgangsstraße. Die Altstadt von Jaca ist zu Fuß erreichbar.
€€ | N 42°33'50.5", W 0°34'11.6" | campingvictoria.es

31

Bardenas Reales

Eine Pistenfahrt durch die Wüste

Knubbelige Felsen, tiefe Barrancos und viel ockerfarbener Lehm – die Bardenas Reales wirken wie eine Landschaft auf einem anderen Stern. Optisches Highlight und Wahrzeichen des Biosphärenreservates ist das Castil de Tierra, eine zerfurchte Lehmpyramide mit einer fragil wirkenden gedrehten Spitze, die ein bisschen aussieht, als sei hier Antoni Gaudi am Werk gewesen. Tatsächlich ist die bizarre Landschaft ein Produkt der Erosion. Der gelbe Lehm ist das Sediment eines verlandeten urzeitlichen Meeres. In den Bardenas Reales mischt sich der weiche Lehmboden mit härteren Sandstein- und Kalksteinschichten, die stehen bleiben, wenn der Lehm ausgewaschen wird.

Durch den Naturpark führen mehrere geschotterte Fahrwege, einige dürfen nur mit dem Fahrrad genutzt werden. Es gibt aber eine 15 Kilometer lange Runde, den Cirquito La Blanca, der auch mit Autos und Wohnmobilen befahren werden kann. Die Piste ist in gutem Zustand, trotzdem solltet ihr eine gute Stunde Fahrtzeit rechnen. Sie beginnt am Infozentrum, das fünf Kilometer nordöstlich des Stellplatzes in Arguedas zu finden ist. Dort bekommt ihr auch eine Karte des Parks.
N 42°10'47.2", W 1°31'59.4" | bardenasreales.es

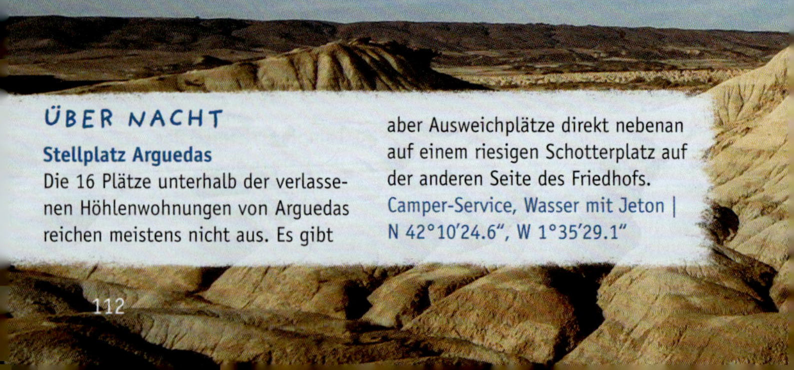

ÜBER NACHT

Stellplatz Arguedas
Die 16 Plätze unterhalb der verlassenen Höhlenwohnungen von Arguedas reichen meistens nicht aus. Es gibt aber Ausweichplätze direkt nebenan auf einem riesigen Schotterplatz auf der anderen Seite des Friedhofs.
Camper-Service, Wasser mit Jeton | N 42°10'24.6", W 1°35'29.1"

Die Höhlenwohnungen von Arguedas

Schon am Stellplatz in Arguedas treffen wir auf einen faszinierenden Ort. Direkt vor uns ragen die ersten gelben Felswände der Bardenas Reales auf. In diesen hier sind Fenster und Türen zu sehen. Sie gehören zu kleinen Höhlenhäusern mit mehreren Zimmern. Die am besten erhaltenen Höhlen sind mit einem Weg erschlossen – die beiden letzten auf der linken Seite wirken durchaus gemütlich. Sie waren noch bis in die 1960er-Jahre bewohnt. Ihre Bewohner hat man zwangsweise umgesiedelt. Ausführlicher könnt ihr die Geschichte der Ansiedlung auf den Infotafel lesen.

ÜBER NACHT

Stellplatz Bakio
Eher zweckmäßiger Asphaltplatz am Stadtrand mit Camper-Service. Zwei Minuten Fußweg zum Stadtstrand.
€€ | N 43°25'41.7", W 2°48'15.2"

IN DER NÄHE

Wenn ihr hinter Bakio weiter der Küstenstraße folgt, kommt ihr zu einem perfekten Pausenplatz mit Aussichtsbalkon und Blick auf die Kircheninsel.
N 43°25'34.5", W 2°50'14.7"

32

San Juan de Gaztelugatxe

Die Kirche im Meer

241 Stufen führen auf den von Höhlen durchlöcherten Felsen im tosenden Meer. Fans der Serie Game of Thrones dürfte diese Treppe bekannt vorkommen, denn in Gaztelugatxe wurde für die siebte Staffel der Serie gedreht. Im Film führt die Treppe auf die Insel Drachenstein, in der Realität steht hier oben schon seit Hunderten von Jahren eine Kapelle. Allerdings nicht immer dieselbe. Gaztelugatxe blickt auf eine unruhige Geschichte zurück. Die Insel war Rückzugsort der Tempelritter, Kloster und Einsiedelei. Die Kapelle wurde häufig zerstört: von den englischen Freibeutern unter Francis Drake, den Hugenotten und zuletzt von einem neuzeitlichen Brandstifter. Das heutige Kirchlein San Juan ist dem Schutzpatron der Seefahrer gewidmet.

Wie viele Drehorte von Game of Thrones ist die Felseninsel im Sommer hoffnungslos überlaufen, sodass ihr vorher online ein kostenloses Ticket für den Besuch reservieren müsst. Im Oktober ging es auch ohne Reservierung. Die Insel war trotzdem schon am Vormittag gut besucht. Ein Wohnmobil müsst ihr gleich oben an der Zufahrtsstraße parken, was aber den Weg kaum länger macht. Der hat es übrigens durchaus in sich – anstrengender als die 241 Stufen der Treppe ist der Weg vom Parkplatz dort hinab. Und dann wieder hinauf. Er ist wirklich supersteil.

Parkplatz für Wohnmobile bei N 43°26'21.4", W 2°47'00.8"

33

Santillana del Mar

Museumsdorf aus dem Mittelalter

Wie die Reliquien der Heiligen Juliana von Nikomedien in die Klosterkirche von Santillana gelangt sein sollen – die Legende verliert sich im Dunkel der Geschichte. Nikomedien liegt eigentlich in der Türkei. Hier in Santillana erzählt man, dass die Mönche sie mitbrachten, die hier um 870 ein Kloster gründeten. Heute sollen sich die sterblichen Reste der heiligen Juliana in einer Schatulle befinden, die in der alten romanischen Kirche des Klosters aufbewahrt wird.

Vom allerersten Klostergebäude ist heute nichts mehr zu sehen. Die Colegiata Santa Juliana, die den zentralen Platz von Santillana wirken lässt, als wären wir ins Mittelalter gereist, stammt aus dem 12. Jahrhundert. Der Besuch des Klosters lohnt sich unbedingt – aber nicht wegen Julianas Reliquien. Im Klosterhof versteckt sich einer der schönsten romanischen Säulengänge Spaniens. Die gut erhaltenen Figuren auf den Kapitellen erzählen wilde Geschichten von Drachen, Dämonen und kämpfenden Rittern.

Das Kloster ist zwar der spannendste Ort im Dorf, aber auch Santillana selbst kann sich sehen lassen. Alle Häuser im Ortszentrum sind historisch und aus gelbem Stein erbaut. Es gibt Läden mit kantabrischen Spezialitäten wie Sidra, Käse und Honig. In der Queseria am Klosterplatz könnt ihr hausgemachte Quesada, einen köstlichen süßen Käsekuchen, probieren.

Santillana wird vor allem tagsüber viel besucht. Wenn ihr dort übernachtet und am Abend oder morgens ins Dorf spaziert, teilt ihr die Gassen oft nur noch mit den Jakobspilgern, die im Dorf Station machen.

ÜBER NACHT

Camper Park Santillana del Mar
Zwei ebene Terrassen mit Rasengitter am Dorfrand mit Blick auf das Kloster. Mit Camper-Service und Stromanschlüssen. Kein Schatten.
€€ | N 43°23'31.6", W 4°06'06.4"

Camping Santillana del Mar
Weitläufiger Platz am Ortsrand mit kurzem Fußweg zum Ortszentrum und zum Kloster. Pool im Juli und August. Ganzjährig geöffnet.
€€ | N 43°23'33.3", W 4°6'40.1" | www.campingsantillana.com

ÜBER NACHT

Camper Park Santillana del Mar
Zwei ebene Terrassen mit Rasengitter in ruhiger Lage im Grünen mit Blick auf das Dorf. Mit Camper-Service und Stromanschlüssen. Kein Schatten.
€€ | N 3°23'31.6", E 4°06'06.4"

Camping Santillana del Mar
Weitläufiger Platz am Ortsrand mit kurzem Fußweg zum Ortszentrum und zum Kloster. Pool im Juli und August. Ganzjährig geöffnet.
€€ | N 43°23'33.3", E 4°6'40.1" | www.campingsantillana.com

34

Die Höhle von Altamira

Kunst aus der Steinzeit

Als Maria, die kleine Tochter von Don Marcelino de Sautuola die Zeichnungen einer Herde Bisons auf dem Deckengewölbe der Höhle von Altamira entdeckte, schrieb man das Jahr 1869. Die Höhle war hier so niedrig, dass ein Erwachsener nicht aufrecht stehen konnte. Nur das Mädchen schaute hinauf und entdeckte dort die Bilder. Ihr Vater, ein Hobbyarchäologe, fand in der Höhle Werkzeuge, die eindeutig der Steinzeit zuzuordnen waren, und ahnte, dass die Gemälde ebenso alt sein müssen. Er ging mit seinem Fund an die Öffentlichkeit, aber man glaubte ihm nicht. Ähnliches hatte man in der Archäologie noch nie gesehen und so vermutete man eine Fälschung. Als »vulgären Streich eines Schmierers« bezeichnete der etablierte französische Prähistoriker Cartailhac die Malereien. Aber Sautuola war sich seiner Sache sicher. Erst als einige Jahre später weitere Höhlenmalereien, unter anderem im Tal der Vézère in Frankreich auftauchten, nahm man den Spanier und seinen Fund ernst. Über viele Jahre kamen jetzt Tausende, um die Höhle und die Malereien zu sehen.

Um die Zeichnungen zu schützen, wurde die Höhle 1979 geschlossen. 2001 eröffnete dann in Altamira das erste Museum mit einer originalgetreuen Replik einer Steinzeithöhle. Nachgebaut wurde aber nur die eindrucksvolle Eingangshalle mit den roten Bisons. Sie sind daher die bekanntesten Werke aus der Cueva de Altamira, in der über 900 Zeichnungen entdeckt wurden. Manche sind nur in den Stein geritzt, andere mit Farben gestaltet. Kontur und Details wurden dabei mit Holzkohle und schwarzer Manganerde skizziert, die rote Farbe des Fells ist mit Rötel ergänzt. Die Altersbestimmung der Holzkohle mit der Radiokarbonmethode ergab, dass die Zeichnungen an der Decke der Halle zwischen 16.500 und 13.000 vor unserer Zeitrechnung entstanden sind.

€ | Infos zum Museum: www.cultura.gob.es/mnaltamira

35

Picos de Europa

Zu den Seen von Covadonga

Im Nationalpark »Picos de Europa« sind auf kleinster Fläche über 200 Gipfel mit Höhen über 2000 Meter zu finden. An manchen Stellen reichen die Berge fast bis an die Atlantikküste heran. Die Picos sind ein Kalksteinmassiv, das so spektakuläre Felsformationen hervorbringt wie wir sie aus den Dolomiten kennen. Der berühmteste Felsengipfel ist der 2518 Meter hohe Naranjo de Bulnes, der Kletternde aus aller Welt begeistert. Die Landschaft der Picos ist malerisch: Auf saftig grünen, mit Felsen gesprenkelten Almwiesen grasen Schafe, Kühe und Pferde zwischen den einfachen Steinhütten der Almen.

Im Nationalpark gibt es 34 markierte Wanderrouten. Fast alle Wanderwege in den Picos, auch die kürzeren, sind steinig und anspruchsvoll und erfordern gute Wanderausrüstung. Einen guten ersten Eindruck von der Bergidylle bekommt ihr ohne große Anstrengung oberhalb von Covadonga. Eine schmale, kurvige Straße führt hinauf zu einem Parkplatz zwischen zwei schön gelegenen Bergseen.

Dort beginnt ein gut angelegter einfacher Rundweg durch die traumhaft schöne Landschaft. Vorbei an der verlassenen Mina de Bufferrera geht es hinauf zum Lago de la Ercina und über den Aussichtspunkt Mirador de Entrelagos zum Lago Enol und zurück zum Parkplatz. Alternativ ist auch eine längere Runde mit fünf Kilometern markiert.
Kleine Runde: 3,5 km, ↓↑100 m, Gehzeit 1 h | GPX

Die Straße von Covadonga zu den Seen hinauf darf an Feiertagen und von Juli bis September zwischen 8.30 und 20 Uhr nicht befahren werden. In dieser Zeit fahren Busse vom Stellplatz in Covadonga hinauf zu den Seen.
Parkplatz an den Seen: N 43°16'33.7", W 4°59'09.6".
Freies Übernachten ist im Nationalpark streng verboten!
parquenacionalpicoseuropa.es

ÜBER NACHT

Stellplatz Covadonga
Großer ebener Platz, durch eine Baumreihe von der Straße abgeschirmt. Außerhalb des Ortes im Grünen. Camper-Station.
€ | N 43°18'55.7", W 5°4'10.6"

IN DER NÄHE

In Covadonga lohnt der Besuch der kleinen Felsenkapelle. Im Heiligtum liegt König Pelayo begraben, der mit seinen Truppen die Mauren zurückgeschlagen haben soll und so zum spanischen Nationalhelden wurde.

CAMPING BORDA BISALTICO

Die Stellplätze befinden sich auf einem weitläufigen, gepflegten Gelände im idyllischen Valle de Hecho. Der Campingplatz liegt in Alleinlage am Hang über dem Tal und bietet schönsten Bergblick. Das Tal eignet sich gut zum Wandern und in den schroffen Felswänden können häufig Geier beobachtet werden.

April bis Oktober | €€–€€€ |
N 42°47'10.6", W 0°43'46.7" | bordabisaltico.com

Am Strand von San Vicente

CAMPING PICOS DE EUROPA

Wenn ihr die Picos etwas ausführlicher erforschen wollt, ist dieser Campingplatz ein gutes Basisquartier. Er liegt in Avin, zwischen den Seen von Covadonga und dem nördlichen Zugang zum spektakulären, sehr beliebten Wanderweg durch die Cares-Schlucht. Es gibt auf dem Platz ein Restaurant und im Sommer auch einen kleinen Pool.

April bis Oktober | €€ | N 43°20'04.5", W 4°56'49.6" |
www.picos-europa.com

In den Felsen des Valle de Hecho lebt eine große Kolonie Gänsegeier.

STELLPLATZ SAN VICENTE DE LA BARQUERA

Die meisten Campingplätze an der Küste schließen Ende September. Der Stellplatz vor dem Camping El Rosal in San Vicente ist dann eine der wenigen Möglichkeiten in der Region, direkt hinter einem Strand zu stehen. Er liegt zwischen dem Ort San Vicente de la Barquera und dem langen Sandstrand Playa de Merón. Die Stellplätze gehören zum Campingplatz, waren aber länger nutzbar als dieser – dann allerdings ohne Camper-Station und Sanitäranlagen und dafür kostenlos.

April bis Mitte Oktober | €€ | Carretera de la playa, San Vicente de la Barquera | N 43°23'19.4", W 4°23'06.1" | www.campingelrosal.com

Die Ruta de Cares – der spektakuläre Felsenweg durch die Cares-Schlucht

Santiago und das Ende der Welt

Reise durch Asturien und Galicien

Santiago und das Ende der Welt

Reise durch Asturien und Galicien

Auch im Nordwesten der Provinz **Asturien** ist die Küste steil und felsig. Dieser Abschnitt trägt den Namen »Costa Verde« und mit den trockenen, weiten und meist ausgedörrten Landschaften, die wir so oft mit Spanien verbinden, hat die Region nichts gemein. Berge und dichte Wälder reichen bis an den Atlantik heran. Oft führen von der Schnellstraße A8, die in Meernähe parallel zur Küste verläuft, nur schmale Straßen in Richtung Atlantik. Strände

finden wir weiterhin hauptsächlich an den Rias, den tief eingeschnittenen Buchten an den Mündungen der größeren Flüsse. Im Sommer werden hier Weiden zu Parkplätzen umgewidmet, außerhalb der Badesaison sind diese aber geschlossen, sodass manche Buchten in der Steilküste kaum noch erreichbar sind.

Bei Ribadeo treffen wir dann auf die Grenze zur Provinz **Galicien** und kurz darauf, rund um die Ria do Masmo und die kleine Stadt Foz, wird die Küste weniger schroff. Schöne Badebuchten gibt es in der Nähe des berühmten Strandes As Catedrais **[› Spot 38]**. Am abgelegenen Küstenabschnitt zwischen Viveiro und Ferrol, der zu den Rias Altas gehört, verstecken sich weitere schöne Buchten.

Die Nachbarbuchten von As Catedrais sind im Herbst oft menschenleer.

Die quirlige Hafenstadt **A Coruña** umfahren wir in grossem Bogen. Sie soll im Zentrum aber durchaus attraktiv sein. Ihre vielen verglasten Balkone, die den Sonnenschein reflektieren, haben ihr den Beinamen »Stadt aus Glas« eingebracht. Die neu gestaltete Uferpromenade und einige interessante Museen, wie zum Beispiel das große Aquarium Casa de los Peces, und MACUF, das Museum für moderne Kunst, erhöhen die Attraktivität der Stadt.

Westlich von A Coruña beginnt bei Malpica die einsame **Costa del Morte**, an der in der Vergangenheit besonders viele Schiffe auf Grund liefen. Zuletzt war es der Öltanker Prestige, der hier im Jahr 2002 versank. Die Besatzung wurde gerettet, aber rund 64.000 Tonnen Schweröl gelangten ins Wasser und lösten eine gigantische Umweltkatastrophe aus, bei der etwa 250.000 Seevögel starben. Es dauerte mehrere Jahre, bis die Küste wieder ölfrei war.

Die spektakuläre Bucht Playa de Silencio liegt an der Felsküste Asturiens und ist nur über schmalste Sträßchen zu erreichen.

An der westlichsten Spitze der Costa del Morte orteten die Römer, die Spanien zwischen 220 und dem Jahr 19 vor unserer Zeitrechnung besetzt hielten, »finis terrae« – das **Ende der Welt [› Spot 40]**. Heute ist der unauffällige Landzipfel das erweiterte Ende des Jakobswegs. Viele Pilger verfolgen ihn über Santiago hinaus, bis sie auf dem Felsen am Meer stehen.

Nachdem wir dem **Jakobsweg** schon so häufig begegnet sind, wollen auch wir einmal nach Compostela und auf der Praza Obradoiro zwischen Pilgern mit großem Rucksack und abgelaufenen Wanderschuhen vor der Kathedrale von Santiago **[› Spot 39]** stehen. Wir machen dazu von Noia einen Abstecher ins Landesinnere, um anschließend auf dem gleichen Weg zur Küste zurückzukehren.

Südlich von Fisterra, so der galicische Name des römischen »finis terrae«, beginnen die **Rias Baixas** – tief eingeschnittene Buchten, in denen der Atlantik fast so sanft daherkommt wie das Mittelmeer. Die Reste mehrerer Dörfer aus keltischer Zeit **[› Spot 42]** belegen, dass die geschützten Buchten schon früh Menschen anzogen. Heute ist die Küste bis auf wenige Schutzgebiete **[› Spot 41]** dicht bebaut und wird intensiv genutzt, was der Wasserqualität nicht immer zuträglich ist. Im flachen Wasser der Buchten gibt es mehrere Fischfarmen und etliche Muschelbänke. Im Hinterland wird Wein angebaut, der durch das milde Klima gut gedeiht.

Besonders gut gefallen uns an den Rias Baixas die langen Strände bei Lira, der Süden des über eine Brücke erreichbaren Inselchens Arousa und die Küstenstraße südlich von Vigo. Sie endet in A Guarda an der südlichsten Spitze Nordspaniens, wo auf einem kleinen Berg die Reste der keltischen Siedlung Santa Trega **[› Spot 42]** stehen. Von hier aus guckt ihr hinunter auf das blaue Band des Riu Miño – und bis nach Portugal, das am anderen Flussufer beginnt.

Die kleine Fähre, die Autos und Fußgänger von A Guarda ins portugiesische Caminha bringt, ist bei unserem Besuch leider außer Betrieb. Die erste Brücke führt erst zwölf Kilometer flussaufwärts hinüber nach Vila Nova. Wir haben Portugal erreicht!

Kulinarische Highlights aus Galicien

Jakobsmuscheln hängen in Galicien nicht nur am Rucksack der Pilgernden, sie sind auch aus den Spezialitäten der regionalen Küche nicht wegzudenken. Vieiras, wie sie auf Spanisch heißen, werden gefüllt, überbacken, oder man isst sie mit Reis. Ebenso beliebt sind die Miesmuscheln aus den Rias Baixas und natürlich Fisch, Krebse und Krabben. Die »Caldeirada« ist ein galicischer Fischeintopf, der mit Seehecht und Stockfisch zubereitet wird. Oktopus wird dagegen am liebsten als »Polbo á feira« serviert: Die gekochten Ten-

Magische Momente: Ein Meer aus Wolken füllt am Morgen das Tal, in dem am Abend noch der Riu Miño schimmerte.

DIE BESTE REISEZEIT

Auch an der Küste Galiciens beginnt die Reisesaison im April und endet Ende September. Außerhalb dieser Zeit sind so gut wie alle Campingplätze geschlossen. An den gut geschützten Rias Baixas gibt es wenige Ausnahmen. Auch das Baden im Meer ist hier etwas länger möglich als an der Atlantikküste. Trotzdem reist ihr auch in dieser Ecke Nordspaniens von Oktober bis Mai »off season«, was Vor- und Nachteile hat. Freistehen geht dann ziemlich gut, Camper-Service-Stationen gibt es ausreichend auf einigen frei zugänglichen Stellplätzen. Wer eine Dusche und den Komfort eines Campingplatzes sucht, hat nur noch wenig Auswahl.

REISE-LITERATUR

Entdeckertouren mit dem Wohnmobil: Nordspanien
Der Reiseführer speziell für Camper präsentiert eine Rundfahrt durch Nordspanien mit den Provinzen Galicien, Asturien, Kastilien-Léon, Kantabrien, Rioja, Navarra und dem Baskenland. Der Hinweg führt an der Küste entlang, der Rückweg folgt der Route des Jakobsweges durchs Landesinnere.
Mehr Infos: www.womo.de

takel werden mit Salz und Paprika gewürzt und auf Kartoffelscheiben drapiert. Die kleinen Tintenfische, sie heißen Chipirones, brät man dagegen im Ganzen.

Wer keinen Fisch mag, probiert vielleicht ein »Lacón Gallego« – den gepökelten Vorderlauf des galizischen Schweines. Die Tiere werden im Freiland aufgezogen und mit Getreide, Maronen, Pflanzenknollen und Eicheln ernährt. Auf allen Speisekarten zu finden ist auch Ternera Gallega, galicisches Rindfleisch der besten Qualität.

Nur wer auf vegane Ernährung schwört, wird wohl fast überall in Spanien und Portugal am besten selbst kochen.

ÜBER NACHT

Camping L'Amuravela
Kleiner Campingplatz oberhalb des Dorfes mit Cafeteria, Pool, kleinem Spielplatz und Sportplätzen. Das Dorf Cudillero ist vom Platz zu Fuß erreichbar.
April bis Mitte Oktober | €€ | N 43°33'17.3", W 6°08'40.2" | www.lamuravela.com

36

Cudillero und das Cabo Vidio

Fischerdorf und Leuchtturm

Cudilleros Straßen sind steil. Die Häuser des winzigen Fischerortes stapeln sich am Hang der Bucht rund um das geschützte Hafenbecken. Eine einzige befahrbare Straße schraubt sich zwischen den Häusern den Berg hinauf. Wer abseits der Dorfstraße wohnt, erreicht sein Zuhause nur über steile Treppen. An der Straße reihen sich Restaurants und ein paar kleine Geschäfte, in denen es allerhand Krimskrams zu kaufen gibt. In der Pescadería wird der frische Fang des Tages angeboten.

Obwohl Cudillero als eines der schönsten Küstendörfer im Norden Spaniens gilt und viel besucht wird, hat es sich seinen verschlafenen Charme bewahrt. Viele Einheimische kommen gerne, um Essen zu gehen, und die Tische der Restaurants unten am Wasser, deren Sonnenschirme auch mal Regen abhalten, füllen sich auch im Oktober.

Parkplatz: N 43°33‘57.7, W 6°09‘02.1“

Picknick am Cabo Video

Nach dem Besuch in Cudillero lohnt der Abstecher zum einige Kilometer entfernten Cabo Vidio, auf dessen Spitze ein kleiner Leuchtturm steht. Gleich drei Parkplätze mit Weitsicht erlauben an der Zufahrtsstraße eine Pause mit Blick über das Meer. Die Picknicktische stehen ganz am Ende der Straße am letzten Parkplatz vorm Leuchtturm. Von dort führt auch ein Fußweg steil hinunter zum Wasser.

Picknickplatz: N 43°35‘33.3“, W 6°14‘33.9“

37

La Regalina

Kapelle mit Meerblick

Die kleine blau-weiße Wallfahrtskapelle Santa María de Riégala steht in der Nähe des Dorfes Caravedo auf einer weit in den Atlantik ragenden Landzunge. Von hier aus kann man gut sehen, warum an der asturischen Küste nur wenige Straßen von der Küstenautobahn zum Meer führen. Es ist einfach zu steil und felsig. Vom Aussichtspunkt hinter der Kirche haben wir einen wunderbar weiten Blick in beide Richtungen.

Jedes Jahr am letzten Sonntag im August holt man im Dorf die asturischen Trachten aus dem Schrank. In einer langen Prozession mit Musik und Gesang trägt die Gemeinde ihre Statue der Jungfrau Maria zur Kapelle hinaus. Dann wird auf dem Plateau eine große Fiesta gefeiert, die sich bei Einheimischen und Gästen großer Beliebtheit erfreut. Auf der großen Wiese tanzt man dann traditionelle Folklore: im Kreis und in Reihen, schwungvoll und ausgelassen.

IN DER NÄHE

Wer bereit ist, ein superschmales Sträßchen mit vielen Schlaglöchern zu fahren, und mit einem Camper im VW-Bus-Fomat unterwegs ist, kann in Castaneras kurz vor Regalina zur Küste abbiegen und den Wegweisern zur Playa de Silencio folgen. Im Sommer gibt es rechts am Fahrweg einen Parkplatz auf einer Kuhwiese, außerhalb der Saison ist dieser nicht zugänglich und nur eine Parkbucht am Fahrweg erlaubt einen Stopp. Der Blick in die Bucht ist spektakulär und es führt auch ein Weg hinunter.
N 43°33'56.2", W 6°17'41.8"

Die asturischen Hórreos

Auch ohne die Fiesta ist La Regalina einen Abstecher wert – vor allem, aber nicht nur wegen der Aussicht. Auf dem Wiesengelände am Kirchlein stehen auch noch zwei besonders schöne Hórreos. Die Holzhütten auf Stelzen habt ihr sicher schon in anderen Dörfern Asturiens gesehen. Es handelt sich um ehemalige Getreidespeicher. Sie stehen auf Säulen hoch über dem Boden, um Feuchtigkeit und hungrige Mäuse fernzuhalten. Diesem Zweck dienen auch die großen Steinplatten am oberen Ende der vier Säulen. Mäuse klettern auch senkrechte Flächen hinauf – aber Überhänge umklettern, das können sie nicht. Diesen Kniff kennt man übrigens nicht nur in Spanien: Auch im Wallis in der Schweiz und in einigen Regionen in Norddeutschland stehen die alten Scheunen auf vier Beinen, die oben mit Steinplatten abschließen.

Parkplatz La Regalina: N 43°33'15.7", W 6°22'28.1"

ÜBER NACHT

Gaivota Camping
Der kleine Platz auf der Klippe ist schön angelegt und nur durch die Küstenstraße von der Strandpromenade und dem Sandstrand getrennt. Mit Restaurant und Brötchenservice.
Mitte April bis Mitte Oktober | €€ | N 43°33'44.0", W 7°12'27.0" | www.agaivotacamping.com

38

Playa As Catedrais

Felsen und Bögen im Meer

Eine gute Stunde vor »Baixamar«, Niedrigwasser, an der Playa As Catedrais, beginnt das Spektakel. Die Stände mit Souvenirs werden aufgebaut, ein Auto nach dem anderen rollt auf den Parkplatz auf der Klippe und seine Insassen pilgern hinunter an den Strand. Das Wasser zwischen den riesigen Felsen fließt jetzt zügig ab und auch die hinterste Bucht der Playa ist bereits trockenen Fußes zu erreichen. Hier verstecken sich die besonders faszinierenden hohen Felsbögen, denen der Strand seinen Namen verdankt: Strand der Kathedralen.

Wer etwas früher dran ist und mit nackten Beinen durch das Wasser watet, kann dem allergrößten Andrang entgehen. Steigt das Wasser wieder, heißt es Vorsicht. Die Flut kommt schnell und kann euch dann leicht den Rückweg abschneiden. Die aktuellen Tidezeiten sind an der Infohütte neben der Gaststätte ausgehängt. Wenn euer Timing gar nicht stimmt, erlaubt ein Holzsteg mit mehreren Aussichtspunkten auf der Klippe zumindest einen Blick auf die zerklüftete Küstenlinie und die Felsentürme.

As Catedrais ist ein Besuchermagnet. Von Juli bis September braucht ihr ein kostenloses Ticket, um an den Strand zu kommen. So wird sichergestellt, dass sich nicht mehr als 4800 Menschen pro Tag dort aufhalten. Tickets reserviert ihr online unter ascatedrais.xunta.gal.

Parkplatz: N 43°33'10.2", W 7°09'33.8"

ÜBER NACHT

Camping As Cancelas (Santiago)
In etwa 30 Minuten kann man von hier zur Kathedrale laufen. Die Plätze sind recht klein.
€€ | N 42°53'22.9", W 8°31'28.8" | www.campingascancelas.com

Autocamper Compostela
Schöner Stellplatz nordöstlich von Santiago mit Busverbindung in die Stadt. Duschen und WC vorhanden.
€ | N 42°53'30.6", W 8°30'01.9" | Tel. 0034 628 60 43 83

39

Santiago de Compostela

Buntes Leben am Grab des heiligen Jakobus

Alle wollen nach Santiago – und das schon seit Hunderten von Jahren. Hier endet ein verzweigtes Netz von Wanderwegen, das halb Europa durchzieht: der Jakobsweg. Er ist der bekannteste Pilgerweg Europas und wird unter Eingeweihten nur kurz und bündig »Camino« genannt. Das ursprüngliche Ziel der Pilgernden ist das Grab des Jakobus des Älteren, einem der zwölf Apostel. Um 870 ortete man seine Reliquien mit einer reichlich zweifelhaften Beweisführung in Santiago de Compostela und baute dort eine erste Kirche.

Der große Platz vor der Kathedrale ist auch heute noch der Treffpunkt der Pilgernden mit ihren schweren Rucksäcken. Das Hauptportal der Kirche ist meist geschlossen, aber über einen Seiteneingang ist sie für alle frei zugänglich. Nur wer auch das Kathedralenmuseum besuchen möchte, braucht ein Ticket und zahlt Eintritt. Links am Platz vor dem Hauptportal steht das Hospital de los Reyes Católicos. Es gilt als eine der ältesten Herbergen der Welt. Früher wurden hier die ankommenden Pilger untergebracht, heute ist das historische Gebäude ein Nobelhotel und die Pilgernden übernachten anderswo.

So um die 200.000 sind es, die jedes Jahr zu Fuß oder mit dem Fahrrad in Santiago eintreffen. Im Stadtbild sind sie allgegenwärtig – genau wie die Pilgerunterkünfte und kleine Läden mit Muschelsymbolen, Schmuck und regionalen Spezialitäten. Diese verstecken sich in den aneinandergereihten mehrstöckigen Häusern an den engen Gassen der Altstadt. Es gibt Bäckereien mit verlockendem Angebot und hübsche kleine Restaurants und Cafés mit verträglichem Preisniveau. Santiago ist auch eine Universitätsstadt, sodass in den Gassen zwischen den vielen altehrwürdigen Gebäuden und unzähligen Kirchen viele junge Leute unterwegs sind und die Stadt bunt und lebendig machen.

40

Cabo Finisterre

Der Leuchtturm am Ende der Welt

»Finis terrae«, das Ende der Welt, vermuteten schon die Römer dort, wo am westlichsten Landzipfel der Costa del Morte die letzten Felsen steil ins Meer fallen. Der Kontinent Amerika war noch unentdeckt und die Welt hielt man für eine Scheibe. Finisterre war der Platz, an dem die Sonne im unendlichen Meer versank.

Der Sonnenuntergang über dem weiten Atlantik ist auch heute noch ein Schauspiel, für das viele zum Kap hinausfahren – oder hinauswandern. Der Platz am Leuchtturm ist nämlich auch das Ende des erweiterten Jakobswegs. Der Markierungsstein mit der Aufschrift »km 0,000« ist das Ziel vieler Pilger – über die Kathedrale von Santiago de Compostela hinaus. Das letzte Stück verläuft der Weg neben der

ÜBER NACHT

Stellplatz Cabo Finisterre
Der Parkplatz für Wohnmobile kurz vor dem Leuchtturm ist als Stellplatz akzeptiert. Es ist aber nicht so einfach, einen geraden Platz zu finden.
N 42°53'11.8', W 9°16'19.3"

Stellplatz Fisterra
Wenn ihr Lust auf Bars und Kneipen habt, ist das Dorf Fisterra eine gute Alternative. Der Stellplatz hat Meerblick, liegt aber leider auch direkt an der Straße.
€ | N 42°54'41.2", W 9°15'48.8"

Straße und ein bisschen begleiten wir die Pilgernden zum Ziel. Wir sehen sie bei den letzten Schritten eines langen Weges und treffen sie wieder, wenn sie mit leuchtenden Augen am letzten Wegstein stehen. Wir freuen uns mit, wenn wir ein Handy in die Hand gedrückt kriegen – für dieses eine wichtige Foto nach einem langen, anstrengenden Weg. Am Ziel. Mitreißend.

Ebenso wichtig ist der Platz vor dem Leuchtturm. Hier stehen ein Altar und ein Wanderschuh aus Bronze. Wer noch genug Schwung hat, steigt zum Meer hinunter.

Ohne das Gefühl, am Ziel des langen Weges zu sein, liegt der bessere Aussichtspunkt oberhalb des Leuchtturms. Steigt ihr am hinteren Ende des Wohnmobilparkplatzes die Stufen hinauf, steht ihr auf einem Felsen und guckt von oben aufs Kap. Dort sitzt man meist alleine.

41

Dunas de Corrubedo

Bretterpfad zum wilden Strand

Die Spitze der Halbinsel Barbanza ist ein Naturpark. Häuser sind weit und breit nicht zu sehen, hier gibt es nur Natur. Sie besteht aus einem breiten Sandstrand, einem Dünengürtel und zwei Lagunenseen, die ein wichtiger Lebensraum für Wasservögel sind. Die Lagoa Vixan wird von der Landseite mit Süßwasser gefüllt, das Wasser der Lagoa Carregal kommt dagegen aus dem Meer. An den Lagunen leben unter anderem Krickenten, Große Brachvögel, Löffelenten, Strandläufer und Regenpfeifer.

Zwischen den Seen türmt sich ein Berg aus Sand: die große Wanderdüne. Sie bewegt sich mit einer Geschwindigkeit von zwei bis drei Zentimetern pro Jahr. Ein Bretterpfad zur Düne startet vom Parkplatz bei Olveira. Er endet kurz vor dem Sandberg, der nicht betreten werden darf.
Parkplatz Olveira: N 42°35‘05.4“, W 9°02‘40.5“

ÜBER NACHT

Stellplatz Apartadiño
Guter Stellplatz in ruhiger Lage, ein Stück entfernt von den Dünen nordöstlich von Ribeira. Im Grünen zwischen verstreut liegenden Häusern, 400 Meter zum Strand. Camper-Service, Dusche, WC, Waschmaschine.
Ganzjährig | €€ |
N 42°35‘22.1“, W 8°56‘05.1“ |
www.apartadino.com/camper-park

Auf dem Camiño da Praia

Deutlich spannender fanden wir den zweiten Zugang zum Park. Am südlichen Rand des Schutzgebietes beim Ort O Vilar beginnt am Infozentrum Casa da Costa ein langer, gut angelegter Bretterpfad. Er führt mit tollen Ausblicken durch den Küstenwald und hinunter zum wunderbar wilden Strand, der mit knubbeligen Felsen durchsetzt ist. Am südlichen Rand der Bucht darf man baden, dort befindet sich ein zweiter Parkplatz für Badegäste. Vom Bretterpfad Camiño da Praia führt außerdem ein Abstecher ins Schutzgebiet hinein bis zur Salzwasserlagune Carregal. Wer diesen Weg laufen möchte, sollte das Fernglas nicht vergessen.

Kompletter Weg: 3,5 km, Gehzeit 1 h 30 | GPX
Parkplatz Infozentrum: N 42°33'18.7", W 9°01'38.0"
Parkplatz Strand: N 42°33'08.7", W 9°01'37.5"

42

Monte Santa Trega

Das Keltendorf auf dem heiligen Berg

Der gut 300 Meter hohe Monte Santa Trega liegt gerade noch in Spanien und direkt an der Mündung des Río Miño in den Atlantik. Der Ausblick vom Gipfel ist fantastisch. Er reicht weit ins Flusstal hinein, über die Küste und übers Meer. Diesen besonderen Ort schätzten wohl schon die Kelten, jedenfalls hat man am Hang, wenig unterhalb des Gipfels, die Grundmauern eines großen keltischen Dorfes freigelegt. Über 3000 Menschen sollen im 6. Jahrhundert vor unserer Zeitrechnung hier oben gelebt haben. Die Mauerreste wurden restauriert und zwei der Hütten sind rekonstruiert und mit Dach versehen – so wie sie vor über 2000 Jahren ausgesehen haben könnten.

Vom Parkplatz führt ein Kreuzweg weiter hinauf zum Gipfel und zu einer alten Einsiedelei. Der Ort wirkt leicht skurril. Das beginnt schon damit, dass die Stationen des

ÜBER NACHT

Stellplatz Rio Miño
Kostenloser Parkplatz für Wohnmobile auf einer Wiese hinter dem Flussbadestrand. Im Winter geschlossen, dafür kann man dann auf dem Parkplatz davor direkt am Fluss stehen.
N 41°52'43.3", W 8°51'42.8"

IN DER NÄHE

Wir empfehlen die Anfahrt über die Küstenstraße von Baiona nach A Guarda, die direkt am Meer entlangführt. Auf halbem Weg liegt zwischen Meer und Straße noch das sehenswerte Monasterio de Oia.

Kreuzweges zwar die Form keltischer Hochkreuze haben, aber aus moderner Zeit stammen. Dann führen mehrere Steintreppen auf zwei Felsköpfe. Oben, direkt neben dem Gipfelkreuz, ragt je ein gigantischer Mobilfunkmast in den Himmel. Auf dem linken Gipfel hat man neben der Einsiedelei einen zweiten Parkplatz angelegt. Hier gibt es merkwürdige Souvenirs mit keltischer Symbolik und zwei Restaurants. Ignoriert man das alles und steigt auf den Felsen oberhalb des Parkplatzes, wird der Ausblick noch ein bisschen gigantischer.

Parkplatz am Keltendorf bei N 41°53'29.6", W 8°52'12.1". Für die Fahrt auf den Berg wird eine Gebühr kassiert, die gleichzeitig Parkplatz und Eintritt abdeckt.

CAMPING A LAGOA

Der kleine Campingplatz liegt unterhalb des Ortes Valdoviño, nur wenige Schritte vom Lagunensee und vom langen Sandstrand entfernt. Der Platz selbst wirkt eher wie ein Wohnmobilstellplatz, ist aber mit relativ neuen Sanitäranlagen und einer Bar, die auch im Winter geöffnet bleibt, gut ausgestattet. Zudem ist er einer der wenigen ganzjährig geöffneten Plätze in der Region. ACSI-Tarif.
Ganzjährig | €€ | Valdoviño |
N 43°36'44.7", W 8°09'11.7" | campingalagoa.com

Der separate Wiesenplatz für Vans und Wohnmobile

STELLPLATZ PLAYA PRAGUEIRA

Der Stellplatz befindet sich neben dem Wohnhaus der Besitzerfamilie und ist in Terrassen angelegt. Die vordersten Plätze sind schattig und liegen direkt über einem sehr schönen Sandstrand, fast alle Plätze haben Meerblick. Wir konnten von unserem Platz sogar Delfine beobachten.
Ausstattung: Mini-Sanitäranlage mit Dusche, WC und Waschmaschinen, Stromanschlüsse und eine improvisierte Camper-Station. Die Koordinaten gehören zur Zufahrt, von der es auf einem Feldweg zum Meer hinuntergeht.
Ganzjährig | €€ | N 42°24'37.4", W 8°51'34.6"

Lagunensee und Sandstrand in Valdoviño

CAMPING ANCORADOIRO

Kleiner Campingplatz in Alleinlage am Hochufer über einer unverbauten Bucht. Separater Wiesenplatz für Wohnmobile und Vans rechts an der Zufahrt. Viele Plätze mit Meerblick. Kurzer Fußweg zum langen, naturbelassenen Strand. Unterhalb des Campingplatzes befinden sich ein Restaurant und einige Apartments, die ebenfalls zum Familienbetrieb gehören. Hunde sind auf dem Platz nicht erwünscht.

Mai bis Mitte September | €€–€€€ | Louro |
N 42°45'27.1", W 9°06'44.2" | www.campingancoradoiro.com

Links durchs Tor geht es hinaus zu einem schönen Strand.

Am Atlantik nach Lissabon

Portugals Küste im Norden

Am Atlantik nach Lissabon

Portugals Küste im Norden

Von der Mündung des Rio Minho, so heißt der Grenzfluss zu Spanien in Portugal, zieht sich ein kaum unterbrochener Sandstreifen die Küste hinab. Die Küstenorte liegen oft ein Stück abseits des Meeres, sodass wir in Portugal meist auf wilde, naturbelassene Strände treffen. Erst südlich von Nazaré wird die Küste wieder streckenweise felsig.

Parque Nacional da Peneda-Gerês

Bevor wir am Meer nach Süden fahren, lockt uns ein erster Abstecher ins Landesinnere. Etwa 60 Kilometer von der Küste entfernt liegt direkt an der spanischen Grenze der einzige Nationalpark Portugals. Der Parque Nacional Peneda-Gerês ist bergig und mit einem üppig grünen »Urwald« aus verschiedene Eichenarten, Eukalyptus und Kastanien bewachsen. Auch typische Mittelmeerpflanzen wie der Erdbeerbaum kommen hier vor. Seid ihr zu Fuß im Wald unterwegs, gurgelt und sprudelt überall Wasser. Wasserfälle und einige Badebecken gehören im Sommer zu den beliebtesten Attraktionen im Nationalpark. Im Herbst und Winter wirken die schattig-feuchten Wälder dagegen schnell ein wenig finster und uns lockt ein ganz anderes Badevergnügen noch einmal über die Grenze nach Spanien. Dort gibt es nämlich mehrere heiße Quellen **[› Spot 45]**.

An der Küste in den Süden

Nördlich von Porto ist die Küste wieder dichter besiedelt. Wer abkürzen will, kann die Stadt aus dem Landesinneren bequem auf der A3 an- oder umfahren. Dass Porto nicht unter unseren Spots zu finden ist, hat einen einfachen Grund: Wir finden es zwar spannend, unterwegs auch die eine oder andere größere Stadt zu erkunden, zu viel Stadtluft wird für uns auf einer Reise mit dem Camper aber schnell anstrengend und kostet zudem auch ziemlich viel Zeit. Für uns stand also eine Entscheidung an: Porto oder Lissabon? Wir haben uns für Lissabon entschieden, kennen

N
W
E
S
AUSZEITPLÄTZE
43 | PRAIAS IM NORDEN
44 | CASTELO DE LINDOSO
45 | THERMALQUELLEN BANDE
46 | AVEIRO
47 | NAZARÉ
48 | ÓBIDOS
49 | BUDDHA EDEN
50 | SINTRA
51 | LISSABON
52 | BELEM
Vigo
Valença
CAMINHA
Viana do Castelo
Parque Nacional da Peneda-Gerês
Esposende
Braga
Guimarães
Póvoa de Varzim
Vila Real
Maia
Porto
Lamego
Espinho
Ovar
Estarreja
Aveiro
Viseu
VAGA SPLASH
Tondela
Mondego
Coimbra
Figueira da Foz
Rio Zêzere
Leiria
Tomar
Alcobaça
FOZ DO ARELHO
Entroncamento
Peniche
Ponte de Sor
Torres Vedras
Rio Sorraia
Alverca do Ribatejo
Santa
LISBOA
Montijo
Vendas Novas
Évora
Setúbal

aber auch Portugalreisende, die Porto mit seiner tollen Altstadt, den langen Stränden und der Promenade am Meer und an der Mündung des Douro als das reizvollere Ziel ansehen.

Südlich von Porto folgt der beliebte Badeort Espinho und kurz darauf könnt ihr bei Ovar auf die Nehrung fahren, die die Lagune von Aveiro umschließt. Ihre Lage im verzweigten Kanalsystem der Ria de Aveiro hat der Stadt den Namen »Venedig Portugals« eingetragen. Im flachen Wasser wird Tang abgebaut und gefischt. Besonders schön sind die flachen Holzboote, die dazu über Jahrhunderte verwendet wurden: Die Moliceirus-Boote sind bunt bemalt und werden heute für Ausflugsfahrten eingesetzt. Uns gefällt es gut in Aveiro und auf der vorgelagerten Nehrung mit ihrem langen Sandstrand.

Südlich von Aveiro ist die Küste einsam. Eine lange, schmale Straße in extrem schlechtem Zustand führt durch ein vor einigen Jahren von einem Feuer kahl geschlagenes Gebiet. Wenige Stichstraßen führen zum Atlantik – nicht alle sind asphaltiert. Wir wollen einen Blick auf den völlig einsamen, aber auch etwas ruppigen Zugang zur Praia de Costinha werfen und treffen am Parkplatz auch auf die bei-

DIE BESTE REISEZEIT

Ähnlich wie Nordspanien ist auch der Norden Portugals grün und teilweise recht bergig. Im Winter liegen die Maximaltemperaturen hier ungefähr bei 13 Grad und es regnet sehr häufig. Der statistisch feuchteste Monat ist dabei der November. Das Meer erreicht von Juni bis Oktober badetaugliche Temperaturen über 18 Grad.

Viele Campingplätze im Norden Portugals sind ganzjährig geöffnet. Da es die meisten »Überwinternden« aber noch weiter in den Süden zieht, steht ihr dort im Herbst und Winter in entspannter Atmosphäre und habt meistens sehr viel Platz.

REISE-LITERATUR

Entdeckertouren mit dem Wohnmobil: Portugal (Der Norden)
Auch im Landesinneren ist Portugal ein Traumland für Camper. Stephanie Seufert, die Autorin dieses Reiseführers für Camper, führt euch in ein ursprüngliches Portugal mit hübschen kleinen Orten und an schöne Plätze in der Natur. Ihr könnt mit Blick über einen der Stauseen übernachten und euch im Sommer an vielen schönen Flussbadestellen erfrischen.
Mehr Infos: www.womo.de

den zahmen Füchse, die dort wohl von Campern gefüttert werden. Nach einer langen, anstrengenden Fahrt rollen wir dann mit einem dick eingestaubten Van kurz vor Figueira da Foz auf schlaglochfreien Asphalt zurück – nicht sicher, ob wir diesen Abstecher wiederholen würden. Im Herbst sind auch alle anderen Strände an dieser Küste menschenleer und mit weniger Aufwand erreichbar. Im Sommer könnte das schon anders aussehen …

Wir nähern uns erst der Surferhochburg Peniche, die wir im Vergleich zu Nazaré eher enttäuschend fanden, und dann Lissabon. Dort wählen wir den Campingplatz am nord-westlichen Stadtrand zum Quartier. Von hier ist auch Sintra gut erreichbar. Wer mit dem Boot statt mit dem Bus in die City fahren möchte, entscheidet sich für einen Platz südlich des Tejo.

Badeort im Ringelmuster: Die erste Häuserzeile von Vila Nova auf der Nehrung vor Aveiro hat besonderen Charme.

Bacalhau, Tripas und Pastel de Nata

Unsere erste intensive Begegnung mit der portugiesischen Küche haben wir in Aveiro. Im Fußgängerbereich der Altstadt stehen am Cais dos Botirões die Tische direkt am Kanal, auf dem die bunten Touristenboote vorbeischwimmen – eine Location, die tatsächlich ein bisschen an Venedig erinnert. Wir hangeln uns mit Handy und Übersetzer durch die Speisekarte von Faros Gourmet, versuchen bei der Auswahl Meeresfrüchte und Innereien zu umschiffen, und entscheiden uns spontan für unsere ersten Pastéis de Bacalhau und kleine Pasteten mit Spinat und Käse zur Vorspeise, die sich als ausgesprochen lecker erweisen. Als Hauptgericht gibt es dann etwas mit Tintenfisch.

Dass unsere Wahl nicht viel mit den Calamares zu tun haben würde, die auf den Tisch kommen, wenn man in Deutschland Tintenfisch isst, war uns schon beim Bestellen klar. Wenig später steht ein schwarzes Pfännchen aus Gusseisen vor uns. Acht kleine Chipirones liegen dick gefüllt in einer roten Sauce, die richtig gut schmeckt. Wir entscheiden spontan, dass wir nicht wirklich wissen müssen, was das eigentlich ist, was da in den kleinen Tintenfischen steckt, und lassen uns ein auf den ungewohnten Geschmack. Köstlich.

Tintenfisch, Muscheln, Fisch und Krabben aller Art und Größen – Meeresgetier ist eine der wichtigsten Zutaten der portugiesischen Kochkunst. Auf dem Holzfeuer gebratene Sardinen und der Fischeintopf Caldeirada sind sehr beliebt. Allgegenwärtig ist auch der Bacalhau, Kabeljau, der gehackt zu Fischküchlein verarbeitet wird, die ihr überall im Land als

Vorspeise bekommt. Die Pastéis de Bacalhau sind fast genauso beliebt wie die berühmten Pastéis de Nata, die kleinen Blätterteigkuchen mit süßer Puddingfüllung, die ja schon fast als Synonym für portugiesische Backwaren gelten.

In Aveiro begegnen uns aber noch zwei weitere süße Spezialitäten, die nur hier zubereitet werden: Tripas de Aveiro und Ovos Moles. Ovos Moles werden in Bäckereien als kleine Kuchen oder als Kugeln angeboten und bestehen aus einer süßen Masse aus Eigelb und Zucker, die ein bisschen wie Marzipan schmeckt. Tripas de Aveiro sind so etwas Ähnliches wie Crèpes. Sie werden auf einem geriffelten Eisen gebacken und süß oder herzhaft gefüllt. Dass wir sie gar nicht probiert haben, lag übrigens an ihrem Namen: tripes – Kutteln – sind mir aus Frankreich bekannt. Die bestehen aus Rindermagen und Pansen und bringen und mich derart zum Schaudern, dass wir einen großen Bogen um die Triperia gemacht haben. Der leckere Snack aus Aveiro bekam den irreführenden Namen übrigens wegen seiner Falttechnik, die optisch an einen Darm erinnern soll. Beim nächsten Besuch sind die Tripas gesetzt!

43

Die Praias im Norden

Auf dem Jakobsweg von Strand zu Strand

Südlich der Mündung des Minho, wie der spanische Miño hier heißt, beginnt die portugiesische Küste mit einer Reihe langer, flacher Sandstrände. Direkt im Mündungsdelta habt ihr sogar die Wahl zwischen Flussbadestrand und Atlantikwellen.

Hinter der Küste verläuft ein durchgehender Wanderweg: Es ist schon wieder der Jakobsweg, denn auch aus Portugal pilgern viele Menschen nach Santiago. Den Caminho Português gibt es als Pfad durch das Landesinnere oder, ab Porto, als Küstenweg. Hier oben vor der Grenze führt dessen gut markierte Route von Bucht zu Bucht. Sie ist toll zum Fahrradfahren oder für ausgedehnte Spaziergänge. Es gibt aber auch hinter jedem Strand große Parkplätze, auf denen

ÜBER NACHT

Camping Orbitur Caminha
Gut ausgestatteter, gepflegter Campingplatz der Orbitur-Kette, der im Küstenwald zwischen dem Flussstrand und dem Meer zu finden ist. Engagiertes Team. Fahrradweg in den Ort.
Ganzjährig | €€ |
N 41°52'1.0", W 8°51'43.1" |
www.orbitur.pt

ihr mit einem Van problemlos unterkommt. Außerhalb der Badesaison ist hier auch für Wohnmobile viel Platz.

Gut gefallen haben uns die Praia de Afife, in deren weiter Sandfläche ein glasklares, seichtes Flüsschen mündet. Ein schöner Platz für einen Strandspaziergang ist auch die Praia do Canto Marinho mit ihren vier Bootshäusern und Parkplätzen direkt über dem Strand. Nur zum Baden ist die mit Felsen durchsetzte Bucht weniger geeignet.
Praia Afife: N 41°46'50.5", W 8°52'11.7"
Großer Parkplatz am ruhigeren südlichen Strandende:
N 41°46'17.8", W 8°52'14.6"
Praia do Canto Marinho: N 41°44'4.0", W 8°52'22.1"

44

Castelo de Lindoso

Eine Burg und fünfzig Espigueiros

Die Burg, deren Ruine auf einem Hügel im Dorf Lindoso steht, stammt aus dem 13. Jahrhundert. Sie wurde erbaut, um die Grenze zu Spanien zu sichern, die hier nur noch einen Steinwurf entfernt ist. Ende des 19. Jahrhunderts wurde die Festung aufgegeben und verfiel. Die Ruine ist über eine kleine Zugbrücke frei zugänglich und kann auf einem Vorsprung der Außenmauer einmal umrundet werden. Das Innere der Burg wird restauriert und sollte in naher Zukunft ebenfalls wieder zu besichtigen sein.

Am Hang vor der Ruine stehen über 50 aus Stein gebaute Getreidespeicher. Hier in Portugal nennt man sie Espigueiro. Mit seinen Steinkreuzen auf den Dächern wirkt das Ensemble fast wie ein Friedhof und stiehlt der Burgruine glatt die Show. Die Speicher haben aber den gleichen Zweck wie die Hórreos, denen wir schon in Nordspanien begegnet sind. Sie werden zum Trockenen von Getreide – vorrangig von Mais – verwendet.

Notwendig macht sie das feuchte Klima im Nordwesten der Iberischen Halbinsel. Die hohe Luftfeuchtigkeit lässt

Getreide schnell schimmeln. Die Speicher sind deshalb gut belüftet. Damit keine Tiere durch die Lüftungsöffnungen kommen und die kostbaren Vorräte klauen, sind diese nur schmal. Der Speicher steht außerdem auf Säulen mit einer großen runden Steinplatte am oberen Ende, deren Überhang Mäuse und Ratten kaum überwinden können.

Die Speicher des Dorfes Lindoso sind schon alt. Gebaut hat man sie im 17. und 18. Jahrhundert. Sie werden aber auch heute noch zum Trockenen von Getreide verwendet.
Parkplatz Castello: N 41°51'59.1", W 8°11'56.2"

ÜBER NACHT

Stellplatz Bubaces
Platz am Waldrand etwa 400 Meter entfernt von einer schönen Flussbadestelle und einem Becken mit heißem Thermalwasser.
€ | N 41°51'32.0", W 8°06'20.7"

IN DER NÄHE

Von Lindoso lohnt die Weiterfahrt über den Pass Portela do Homem und durch den Nationalpark Peneda-Gerês zum Stausee Lago Cavado. Die Strecke führt durch einen üppig grünen Urwald mit viel Wasser.

ÜBER NACHT

Offizieller Stellplatz in Bande
Wer offiziell genehmigt stehen will, nutzt den kostenlosen Asphaltplatz am Ortsrand mit Camper-Service, Dusche und WC. Unterhalb am See befinden sich Picknicktische und ein Badeplatz am Seeufer für warme Sommertage. Zehn Minuten Fußweg links am See entlang bringen euch zu den Thermalquellen Os Banos.
N 41°58'18.5", W 7°59'09.2"

45

Heißes Bad am See

Die Thermalquellen von Bande

Das Wasser in dem großen Natursteinbecken hat Badewannentemperatur. An diesem Morgen Anfang November steigen Schwaden von der Wasseroberfläche in die noch kühle Luft auf und lassen die Umgebung im Dunst verschwinden. Die Sonne schiebt sich langsam über die Berge und taucht die Szenerie in goldenes Licht. Magisch.

In den heißen Quellen von Bande badeten schon die Römer. Als man hier 1896 ein Thermalbad errichtete, um das heiße Wasser zu nutzen, fand man Reste der alten römischen Bäder und des benachbarten römischen Lagers. Gut 50 Jahre später versank auch dieses neue Thermalbad im neu angelegten Stausee As Conchas. Die Reste der Thermalbecken haben die Flutung aber recht gut überstanden und sind heute frei nutzbar, wenn das Wasser im See nicht zu hoch steht. Ein heißes Bad unter freiem Himmel!

Ihr habt gleich drei Becken zur Auswahl. Das auf dem Foto ist richtig heiß. Hier sprudelt das Wasser mit 46 Grad aus der Erde. Die beiden anderen Becken sind ein bisschen kühler, sodass man länger im Wasser sitzen kann, ohne dann gesotten und rot wie ein Krebs aus dem Becken zu steigen. Beachtet bitte unbedingt, dass das Verwenden jeglicher Seife in und an den Becken verboten ist.
Parkplatz: N 41°58'46.3", W 7°58'57.0"

Aquis Quervennis

Lauft ihr von den Becken ein kurzes Stück am Seeufer entlang, kommt ihr zu den Mauerresten einer römischen Villa und eines Lagers. Der Grundriss des von einem Graben umgebenen Lagers war fast quadratisch und flankiert von vier Türmen. Hier war eine Legion mit etwa 600 Soldaten stationiert, vermutlich, um die Vía Nova zwischen den Städten Brácara (Braga) und Astúrica (Astorga) zu bewachen.

46

Portugals Venedig

Kanäle und Gassen in Aveiro

Aveiro mit Venedig zu vergleichen – das ist vielleicht ein bisschen gewagt. Das Stadtzentrum mit seinen Kanälen ist doch recht überschaubar. Die Rundfahrt mit den kunstvoll bunt bemalten Moliceirus-Booten durch die Kanäle zur Lagune Ria de Aveiro gehört trotzdem zum obligatorischen Touristenprogramm. Darüber hinaus hat Aveiro seinen ganz eigenen Charme.

In den schmalen Gassen und auf jeder Plaza des alten Fischerviertels stehen Tische auf der Straße. Es gibt Salz aus den Salinen von Aveiro, nach Zimt duftende Tripas und aus einem kleinen Laden wehen die sanft-klagenden Töne des Fado. Unser Lieblingsplatz sind die netten Restaurants am Canal de Botrõe. Auf dem kurzen Wasserlauf tuckern immer wieder Moliceirus zum Anleger. Die schönen Boote mit dem hochgezogenen Bug haben einen flachen Boden

ÜBER NACHT

Der als Startpunkt angegebene Parkplatz in Aveiro ist auch ein Stellplatz für Wohnmobile. Wir empfehlen aber unbedingt, von Aveiro auf die Nehrung von Costa Nova zu fahren. Dort ist es sehr viel schöner.

Stellplatz Vaga Splash

Der Platz liegt direkt hinter der Düne neben einem Wasserpark. Die Sandbank davor zieht sich über die gesamte Nehrung. Freundlicher Empfang und nette Atmosphäre.
Camper-Service, WC, Dusche, Strom.
€ | N 40°32'58.9", W 8°46'19.9"

und wenig Tiefgang, damit sie in der flachen Lagune nicht aufsetzen. Früher wurden sie eingesetzt, um Seegras und Seetang zu sammeln, den man als Dünger verwendete. Diese Geschäftsidee erfand man im 16. Jahrhundert, als eine große Katastrophe die Existenz der Stadt bedrohte.

Ursprünglich war Aveiro ein wichtiger Seehafen – bis zum Jahr 1575. Ein heftiger Wintersturm hob damals eine Sandbank an und blockierte den Hafen. So entstanden die Ria de Aveiro und die Nehrung vor der Küste, deren sandgesäumte Meerseite heute ein beliebtes Badeziel ist. Im charmanten Badeort Costa Nova tragen selbst die Häuser stilechte Seefahrerringel. Mal quer, mal längs, mal groß mal klein – die erste Häuserreihe ist ein witziger Anblick.
Parkplatz Aveiro: N 40°38'38.4", W 8°39'32.6"

47

Die Wellen von Nazaré

Surfspot der Extreme

Wer sich fürs Surfen interessiert, kennt wahrscheinlich die kleine Stadt Nazaré. In den Wintermonaten treffen sich hier an der portugiesischen Atlantikküste die besten Surfer der Welt. In dieser Zeit rollen nördlich der Stadt bei den passenden Wetterbedingungen gewaltige Riesenwellen an die Praia do Norte. Bis zu dreißig Meter wurden hier bereits gemessen. Sie bilden sich durch einen tief eingeschnittenen Unterwassercanyon vor der Küste und gelten als die höchsten surfbaren Wellen der Welt.

Zwischen der Praia do Norte und der Stadt Nazaré ragt ein lang gezogener Felsen weit ins Meer hinein. Obendrauf stehen die Häuser des alten Stadtteils Sitio, von dem eine schmale Straße zur Spitze des Felsens führt. Dort thront das Fort São Miguel Acanjo, und von hier aus hat man einen besonders guten Blick auf die anrollenden Wellen.

Zuerst sieht man die Jet-Ski-Fahrer, ohne die hier niemand surfen kann. Ihre Souveränität in den Wellen beeindruckt. Geschickt steuern sie ihre Wasser-Quads zwischen den Wogen hindurch und machen sich aus dem Staub, wenn ein Gigant anrollt. Sie ziehen die Surfenden an die beste Position – und nach einem rasanten Ritt auf der Welle auch meistens wieder aus dem Wasser. Sie bieten den sicheren Rahmen, der das Surfen in den Monsterwellen überhaupt

»Harmlose« Wellen an einem sonnigen Tag im November

erst möglich macht. Wer hier surft, braucht mehr als ein bisschen Mut.

Bei unserem Besuch an einem sonnigen, windstillen Tag im November waren die Wellen etwa zehn Meter hoch. Die Wucht des Wassers war auch so schon unglaublich und sehr beeindruckend. Winzig klein schwammen die Surfenden in riesigen Wasserwänden. Immer wieder stand einer auf zum rasanten Ritt auf einer Welle.

Eine Runde zwischen Strand und Stadt

Im Zentrum von Sitio darf man einen Camper nicht parken. Es gibt aber einen Parkplatz am Stadtrand, von dem ihr den Aussichtsplatz am Fort São Miguel gut erreichen könnt. Geht ihr zuerst in Richtung Strand und dann hinauf zum Fort, könnt ihr eine Runde laufen – mit Rückkehr durch die Oberstadt mit Einkehrmöglichkeiten, einer schönen Kirche und grandiosem Blick auf den unteren Ortsteil.
3 km, Gehzeit 1 h | GPX | Parkplatz: N 39°36′27.0″, W 9°04′41.7″. Übernachten wird toleriert. Leider ist das Tor am Parkplatz manchmal verschlossen.

ÜBER NACHT

Camping Orbitur Valado
Einfacher naturbelassener Platz im Pinienwald, etwa zwei Kilometer vom Ort Nazaré entfernt, zum Teil sandig. Es gibt eine Busverbindung.
Ganzjährig | €€ | N 39°35′52.4″, W 9°03′21.8″ | www.orbitur.pt

ÜBER NACHT

Stellplatz Obidós
Ebener Schotterplatz hinter dem Pkw-Parkplatz. In perfekter Lage am Ortsrand und neben dem langen Aquädukt. Kurzer Fußweg zum Stadttor und zu den Restaurants im Dorf. Camper-Service. Nutzung des Platzes tagsüber kostenlos.
€ | N 39°21’22.6“, W 9°09’23.7“

48

Das Dorf der Bücher

Ein Bummel durch die Gassen von Óbidos

Wir schreiben nicht nur Bücher, wir lieben sie auch. Dass Bücher und Geschichten in Óbidos zwischen so lebenswichtigen Dingen wie Sardinen und Biogemüse liegen – oder auf dem Altar der alten Kirche Igreja de São Tiago auf Käufer warten, finden wir wunderbar und durchaus angemessen. Das Projekt heißt »Literarische Stadt« ist eine Initiative, die die Stadtverwaltung von Óbidos zusammen mit einer Buchhandlung ins Leben gerufen hat, um das Lesen zu fördern. Dazu gehören auch Konzerte und Lesungen.

Darüber hinaus ist der hübsche kleine Ort mit seinen weiß gekalkten Häusern, gepflasterten Gassen, verschnörkelten Straßenlaternen und einer intakten Stadtmauer das perfekte Ziel für einen angenehmen »Stadt«bummel. Seine Infrastruktur mit Läden voller Kunsthandwerk und regionalen Spezialitäten, Cafés und Restaurants ist durchaus touristisch, aber auch nicht zu sehr. Hier ist auch in der Nebensaison einiges los und vor der Stadtmauer parken meist auch einige Reisebusse.

Ein kleines Abenteuer ist der Aufstieg über eine der Steintreppen auf die Stadtmauer. Dort könnt ihr auf einem Sims entlanglaufen – knapp einen Meter breit und völlig ungesichert. Auf der einen Seite befindet sich die Mauer, auf der andern geht es etliche Meter senkrecht hinab. Am nördlichen Ende der Mauer ragen die Wände des gut restaurierten maurischen Castelo auf, in dem heute ein Hotel untergebracht ist.

Burg und Dorf machte der portugiesische König Dinis im Jahr 1282 seiner Frau Isabel zum Geschenk. Bis 1834 blieb er persönlicher Besitz der Königinnen von Portugal, die ihre schützende Hand über das hübsche Dorf hielten. Seitdem trägt Obidós einen zweiten Namen: »Casa das Rainhas«, Haus der Königinnen.

49

Buddhas, Kunst und wilde Tiere

Magische Welten im Buddha Eden

Auf dem riesigen Gelände der Quinta dos Loridos bei Bombarral befindet sich der größte asiatische Park Europas – wobei eigentlich nur das ursprüngliche Zentrum asiatisch geprägt ist. Rund um die große Treppe sammeln sich mehrere überlebensgroße Buddhafiguren, die der Besitzer des Parks in China anfertigen ließ. Joe Berardo ist ein bekannter portugiesischer Geschäftsmann und ein passionierter Kunstsammler. Ein Teil seiner Sammlung wird in Lissabon in einem eigenen Museum präsentiert. Den »Buddha Eden Park« gab er 2001 in Auftrag, um gegen die Sprengung der uralten Buddha-Statuen von Bamiyan in Afghanistan durch die Taliban zu protestieren.

Streift ihr weiter durch die Anlage, gibt es überall etwas zu entdecken. Allein schon die Horden von kleinen Mönchen aus Stein, von denen jeder ganz individuell in Statur, Gestik und Gesichtsausdruck ist, sorgen für beste Unterhaltung.

ÜBER NACHT

Vom Park ist der empfehlenswerte Stellplatz von Óbidos **[› Seite 166]** schnell erreicht. Ein gute Alternative ist unser Auszeitplatz Foz do Arelho am Ufer der Lagoa de Óbidos an der Küste.
[› Seite 182]

Sie baden im Wasserfall, beten, träumen, haben Visionen oder popeln in der Nase.

Etwas weiter am Rand der Anlage treffen wir auf unser persönliches Highlight im Park. Hier tummeln sich Elefantenhorden, Nashörner, Affen, Giraffen und Kraniche. Ein ganzer Zoo, überlebensgroß und kunstvoll aus Metall gefertigt. Sie stehen zwischen Palmen und am Ufer des Teiches, in dem sich, wie in allen Wasserbecken der Anlage, große Gruppen gut gefütterter Koi-Karpfen tummeln.

Hinter den Tieren beginnt dann ein großer Bambushain, durch den sich ein Bretterpfad schlängelt. Am Wegrand versteckt sich ausdrucksvolle Kunst aus Afrika. Der Park ist so groß, dass ihr tatsächlich mehrere Stunden braucht, um alles anzusehen. Der einzige Flop war unsere Einkehr im Café des Parks. Packt lieber einen Snack ein und setzt euch für eine Pause an einen schönen Platz.
€, N 39°16'31.0", W 9°08'22.1" | Der Park hat keine Website, die Öffnungszeiten sind aber online zu finden.

ÜBER NACHT

In Sintra gibt es leider keinen Stellplatz mehr. Der nächste Platz befindet sich in Mafra. Alternativ kann man morgens auch aus dem 30 Kilometer entfernten Ericeira anreisen. Sehr bequem ist auch die Anreise mit der Bahn vom Campingplatz in Lissabon – eine gute Lösung für alle die, mit großem Wohnmobil unterwegs sind.

Stellplatz Mafra
Asphaltplatz in ruhiger Lage am Ortsrand, Camper-Service.
N 38°56'01.5", W 9°19'34.8"

Stellplatz 4WD Solitaire Lodge
Zweckmäßiger Platz bei Pero Pinheiro mit Sanitäranlagen in einem Gewerbegebiet. Straße sehr nah. Etwa 10 Kilometer von Sintra entfernt.
€ | N 38°50'58.5", W 9°19'16.8" | 4wdsolitaire.com

50

Märchen aus 1001 Nacht

Der Palácio Nacional da Pena und das Castelo dos Mouros in Sintra

Der Wald auf dem Monte da Lua wächst dicht wie ein Urwald. Baumriesen recken ihre Äste in den Himmel, Wasser sprudelt über dicke Steine in kleine Tümpel, Felsen und Steinmauern sind dicht mit Moos bedeckt. Hier in den Bergen westlich der Stadt verbrachten die Aristokraten aus Lissabon im 19. Jahrhundert ihre Sommer. So stehen im kleinen Ort Sintra heute etliche prunkvolle Paläste.

Die beiden spektakulärsten Bauwerke sind jedoch oberhalb des Ortes auf dem Berggipfel platziert. Am Palast von Pena mit seinem bunten Stilmix vergangener Epochen verquirlt mit maurischen Elementen scheiden sich die Geister. Da fällt schon auch mal das Wort »kitschig«. Uns hat das verspielte Bauwerk gut gefallen. Viel älter ist die benachbarte Festung. Sie stammt aus der Zeit der maurischen Herrschaft im 8. und 9. Jahrhundert. Eine gigantische Mauer zieht sich von Turm zu Turm auf einen Felsen hinauf. Lage und Aussicht sind spektakulär – wenn ihr nicht, wie wir, einen der gar nicht so seltenen Tage erwischt, an denen der komplette Berg im Nebel versinkt. Er wirkt so noch ein bisschen mystischer, im Wald kann man die Feen spüren und Trolle fast grinsen sehen – aber mit der Aussicht ist es dann nicht weit her.

Das bunte Schloss, der üppig grüne Park und das maurische Kastell – wir verdanken ihre Existenz Ferdinand von Sachsen-Coburg, dem Gemahl der portugiesischen Königin Maria II. Er liebte die Kunst und war fasziniert von Sintra und dem Monte da Lua. 1838 kaufte er den Berg und die beiden Ruinen auf seiner Spitze: Das alte maurische Kastell war in schlechten Zustand und auf dem Nachbargipfel standen die Grundmauern eines ehemaligen Klosters. Das verheerende Erdbeben von 1755, das fast die ganze Stadt

Lissabon in Schutt und Asche legte, hatte auch hier ganze Arbeit geleistet. Der Berg selbst war Weideland und weitgehend kahl gefressen. Aus eigenen Mitteln ließ Ferdinand II. den Palast bauen, den Park anlegen und die Ruine des Castelo dos Mouros instandsetzen – allzu streng hielt man sich dabei nicht ans historische Vorbild. Die Ruine des Castelos sollte vor allem ein Ort der Entspannung werden.

So spektakulär die beiden Bauwerke auch sind, sie sind längst nicht alles, was es in Sintra zu sehen gibt. Nach einem Bummel durchs historische Ortszentrum sind auch noch die Quinta da Regaleira und der Palácio Nacional de Sintra zu Fuß zu erreichen. Sie gehören zum UNESCO-Welterbe, wie auch der etwas weiter außerhalb des Ortes liegende Palast von Monserrate. Noch weiter in den Bergen steht das uralte Felsenkloster der Capuchos.

Quinta da Regaleira

Der Palast wurde 1910 fertiggestellt. Das Gebäude ist üppig mit Türmchen, Ornamenten, Stuckfiguren und Wasserspeiern geschmückt. Rund um das Haus spazieren wir durch einen großzügigen Park mit Seen, Grotten, Brunnen, Brücken, einer Kapelle und unterirdischen Tunnelsystemen. Beeindruckend ist auch der schneckenförmige Gang, der sich im Inneren des Brunnenturmes hinaufschraubt.

Palácio Nacional de Sintra

Zwei konisch zulaufende Türme machen den Palast unverkennbar. Es handelt sich um die Schornsteine der Palastküche, mit der die königliche Familie versorgt wurde, wenn sie sich in Sintra befand. König Diniz erbaute hier im 15. Jahrhundert die erste Sommerresidenz. Seitdem wurde der Palast von vielen Königsfamilien bewohnt, die ihn mehrfach umbauen ließen. Die Räume sind heute in verschiedenen Stilrichtungen eingerichtet und können besichtigt werden.

Palácio de Monserrate

Das Herrenhaus in orientalischem Stil erinnert ein wenig an das indische Taj Mahal. Rund um den Palast begeistert ein naturnah angelegter Park mit Pflanzen aus aller Welt. Gewundene Wege führen zu Ruinen, Wasserfällen und kleinen Teichen.

Convento dos Capuchos

Im Convent in den Bergen von Sintra lebten Franziskaner ein einfaches Leben nahe an der Natur. Die Zellen und Räume des ehemaligen Klosters sind aus Stein gemauert und teilweise tief in den Fels gebaut, sodass das Kloster förmlich mit der Landschaft verwächst. Isoliert sind die Höhlen mit Kork. Direkt vor dem Kloster befindet sich ein Eselgehege. Hier werden nach vorheriger Anmeldung auch Wanderungen mit Esel angeboten: www.reservadeburros.com.

Praktische Infos für euren Besuch

Wir sind aus dem Ort mit dem Bus hinauf zum Palácio Nacional de Pena gefahren und haben uns damit den steilen Aufstieg zur Burg erspart. Vom Palast kann man dann durch den Park zur Straße hinabsteigen und von dort wieder zum Castelo dos Mouros hinauf. Vom Castelo führt dann ein gepflasterter Weg (1,4 km) zurück ins historische Zentrum. Für dieses Programm waren wir mit Besichtigung von Palast und Burgruine gut vier Stunden unterwegs. | ❶
Tickets gibt es vor Ort (am Palast zeitweise lange Schlangen) oder online. Wir fanden die Orientierung vor Ort nicht so einfach und haben euch eine Karte und die wichtigsten Infos zusammengestellt, die ihr über den Code links abrufen könnt.

Tickets: www.parquesdesintra.pt

ÜBER NACHT

Lisboa Camping
Weitläufiger Platz im Grünen am nordwestlichen Rand von Lissabon. Nahe an mehreren großen Straßen, aber im hinteren Teil erstaunlich ruhig. Gute Busverbindung in die Innenstadt (etwa 45 Minuten).

Ganzjährig | €€ | Estrada da Circunvalação, Lissabon | N 38°43′32.4″, W 9°12′16.7″ | lisboacamping.com

Weitere Infos zu Campingplätzen und der Anfahrt mit Bus und Boot im Online-Bereich des Buches (QR-Code auf Seite 175).

51

Lissabon

Die Stadt auf sieben Hügeln

Egal ob ihr mit dem Bus oder mit dem Fährboot kommt: Am besten startet ihr einen Rundgang durch Lissabon am Ufer des Tejo an der Praca do Commercio. Hier gibt es auch ein Büro der Info »Ask me Lisboa«. Wenn ihr ein Lisboa-Ticket kaufen wollt oder eine Karte braucht, seid ihr hier an der richtigen Stelle. Ihr befindet euch hier in der Baixa, der Unterstadt. Dieses Stadtviertel wurde beim großen Erdbeben 1755 komplett zerstört und anschließend auf dem Reißbrett neu geplant und erbaut. Um euch herum untergliedern mehrere Hügel das Stadtzentrum. Links geht es hinauf zum Bairro Alto, rechts unterhalb der Burganlage ist die Alfama zu finden.

Wegen der großen Höhenunterschiede sind viele der Straßen in Lissabon richtig steil. Deshalb gibt es außer der uralten Straßenbahn mit ihren Holzfenstern unter den öffentlichen Verkehrsmitteln noch andere ungewöhnliche »Fahrzeuge«. Das bekannteste ist der schmiedeeiserne »Elevador da Santa Justa« mit integrierter Aussichtsplattform. Zur Stoßzeit ringelt sich die Schlange der Wartenden allerdings gleich mehrfach um den Turmfuß. Wenn ihr nicht warten wollt, gibt es Alternativen: Außer dem 1902 erbauten Aufzug fahren auch noch zwei Standseilbahnen von der Baixa hinauf und auch zu Fuß müsst ihr euch beim Aufstieg nicht allzu sehr anstrengen.

Hinauf nach Chiado und ins Bairro Alto

Eine Etage höher in der Oberstadt gehört die Kirchenruine des Covento do Carmo zu den besonders beliebten Spots. Sie wurde nach dem Erdbeben vor fast 300 Jahren nie wieder ganz aufgebaut. In ihrem Inneren ist ein kleines archäologisches Museum mit Fundstücken aus verschiedenen Regionen der Welt eingerichtet. Lohnender fanden wir den Spaziergang zum Miradouro de São Pedro de Alcântara,

von dem man das komplette Stadtzentrum überblickt. Oberhalb des Chiado schließt das Bairro Alto an, dessen Ursprünge bis ins Mittelalter zurückreichen, da die Häuser vom Erdbeben verschont blieben. Es gilt als das Viertel mit dem besten Nachtleben der Stadt. Hier befinden sich auch viele ausgezeichnete Restaurants.

Tram 28

Wer ihr jetzt langsam eure Füße spürt, wird es Zeit für eine Fahrt mit der historischen Straßenbahn. Die östliche Endstation der berühmten Linie 28E liegt gar nicht weit entfernt in der Nähe des Rossio. Dort werden immer so viele Fahrgäste in die Wagen gelassen, wie Sitzplätze vorhanden sind. Wer später zusteigt, muss fast immer stehen. In einem großem Bogen ruckelt die elektrisch angetriebene Bahn dann durch schmalste Straßen in den Stadtteil Alfama, wo sich das Aussteigen noch einmal lohnt.

Die Alfama und der Fado

Die Alfama liegt unterhalb des Castelo de São Jorge aus dem 11. Jahrhundert. Sie ist der älteste Teil der Stadt. Einige Straßen zwischen den teilweise stark renovierungsbedürftigen Häusern sind so schmal, dass zwei Fahrzeuge keinesfalls aneinander vorbeikommen. Die Trambahn 28E fährt zu allen wichtigen Spots des Viertels – zum Beispiel zum Castelo de São Jorge und zum beliebten Aussichtspunkt Portas do Sol.

In vielen Kneipen in der Alfama wird am Abend Fado gespielt. Ganz unten, kurz bevor das Ufer des Tejo wieder erreicht ist, treffen wir auf das Fado-Museum.

Fado – das heißt Schicksal. Der Fado spielt eine tragende Rolle in der portugiesischen Kultur. Er handelt meist von Liebe, Schmerz und Sehnsucht nach einer besseren Welt und verwendet viele Elemente arabischer Musik. Besonders intensiv geprägt hat ihn die Fadista Amália Rodrigues, die Königin des Fado, deren Tod im Jahr 1999 im ganzen Land betrauert wurde. Eine modernere Interpretin, deren Musik wir sehr mögen, ist Mariza.

LX Factory

Im Stadtteil Alcântara haben sich in den Gebäuden einer aufgegebenen Textilfabrik kleine Läden, Restaurants und Bars etabliert. Die coole Location mit ihren tollen Graffitis ist voll im Trend und abends immer gut besucht. Am Sonntagvormittag findet auf dem Gelände (Rua Rodrigues de Faria 103) ein Flohmarkt statt. lxfactory.com

Hippotrips

Der Moment, in dem die gelben Amphibien-Busse am Doca do bom Sucesso von der Straße in den Tejo platschen, ist spektakulär – nicht nur, aber besonders, wenn ihr im Bus sitzt. Eine Stadtrundfahrt mit Hippotrips dürfte die ungewöhnlichste Sightseeingtour Lissabons sein. www.hippotrip.com

ÜBER NACHT

Lisboa Camping

Weitläufiger Platz im Grünen am nordwestlichen Rand von Lissabon. Nahe an mehreren großen Straßen, aber im hinteren Teil erstaunlich ruhig.

Ganzjährig | €€ | Estrada da Circunvalação, Lissabon | N 38°43'32.4", W 9°12'16.7" | lisboacamping.com

IN DER NÄHE

Die Bäckerei Pastel de Belém, die das portugiesische Nationalgebäck erfunden haben soll, befindet sich nicht weit vom Kloster entfernt und ist perfekt für eine Pause. Für Entspannung im Grünen stünde in Belém auch noch der hübsche Botanische Garten zur Wahl. Für Pferdefans empfiehlt sich ein Besuch in der portugiesischen Hofreitschule.

52

Besuch in Belém

Highlights in der Vorstadt

Torre de Belém

Zwei der wichtigsten Sehenswürdigkeiten von Lissabon sind im Vorort Belém zu finden. Belém war ursprünglich das Viertel der Seefahrer. Hier befanden sich die Werften und der Hafen von Lissabon und von hier liefen die Handelsschiffe nach Indien und Amerika aus. 1515 erbaute man zwei Türme im flachen Wasser der Flussmündung, die gleichzeitig als Wach- und Signaltürme dienten. Der südliche Turm fiel dem großen Erdbeben von 1755 zum Opfer. Der Turm von Belém steht heute noch und erinnert an Portugals Zeit als große Seefahrernation. Dazu passt auch der Nashornkopf an der Nordwestseite des Turmes. Vorbild für das Kunstwerk war das allererste Panzernashorn, das man je in Europa gesehen hat. Der portugiesische Kaufmann Afonso de Albuquerque brachte es im Jahr 1515 aus Indien mit.

Mosteiro dos Jéronimos

Der Überseehandel brachte viel Geld in die Stadt, und wo Überfluss herrscht, entstehen oft besonders prunkvolle Gebäude. Das Kloster in Belém ist eines der bedeutendsten Bauwerke der Manuelinik – einer portugiesischen Variante der Spätgotik, die nach König Manuel I. benannt wurde. Den Grundstein legte der König persönlich – im Januar 1502. Fertig wurde das Kloster erst 70 Jahre später. Besonders eindrucksvoll sind der reich mit filigranen Ornamenten und Figuren verzierte Kreuzgang, die Hallenkirche mit ihren beinahe filigran wirkenden Säulen und das Südportal, das ihr auch ohne Eintrittskarte und Warteschlange betrachten könnt. In der Kirche steht der Sarkophag des berühmten Seefahrers Vasco da Gama. Wer das Kloster von innen sehen möchte, sollte früh kommen oder viel Geduld mitbringen. Die Schlange vor dem Eingang ist zu jeder Jahreszeit fast so beeindruckend wie das Gebäude selbst.

CAMPING ORBITUR CAMINHA

Komfortabler, gepflegter Campingplatz der Orbitur-Kette, der im Küstenwald zwischen dem Flussstrand des Minho und dem Meer liegt. Engagiertes, freundliches Team. Gut ausgestattet mit den Standards wie Waschmaschinen und einem Camper-Service, aber auch mit Restaurant, Bar und kleinem Laden. Ein Fahrradweg führt zum nahen Ort Caminha.
Ganzjährig | €€ | Foz do Minho, Caminha |
N 41°52'1.0", W 8°51'43.1" | www.orbitur.pt

Nur die Düne trennt die Stellplätze vom langen Sandstrand.

PARQUE DE AUTOCARAVANAS FOZ DO ARELHO

Schön gelegener Platz direkt an der Lagune von Óbidos. In der ersten Reihe steht man direkt hinter dem Lagunen-Strand, ist der Platz voll belegt, wird es allerdings recht eng. Camper-Service, sehr einfache Duschen und ein WC, Strom nicht an allen Plätzen. Kurzer Fußweg zum Ort mit Restaurants.
Ganzjährig | € | Lagoa de Óbidos, Foz do Arelho |
N 39°25'43.1", W 9°13'12.2"

So schön sind die Strände im Norden nahe der Mündung des Rio Minho.

STELLPLATZ VAGA SPLASH

Schöner Platz direkt hinter der Düne an der Nehrung vor der Laguna Ria de Aveiro. Der Sandstrand davor ist kilometerlang und wild, ein Bohlenweg auf der Düne erleichtert den Spaziergang. Der Empfang ist freundlich, die Stimmung gut. Es ist alles da, was man braucht, Dusche und WC des zugehörigen Schwimmbads können genutzt werden. Der Ort Costa Nova mit guter Infrastruktur ist mit dem Fahrrad problemlos erreichbar. Eine Strandbar in den Dünen gibt es auch.

Ganzjährig | €–€€ | Rua do Labrego, Gafanha da Boa Hora | N 40°32′58.9″, W 8°46′19.9″ | www.vagasplash.com

Der Stellplatz liegt in der Mündung des Arelho und direkt am Wasser.

Die schönsten Strände Europas?

Alentejo und Algarve

Die schönsten Strände Europas?

Alentejo und Algarve

Ganz sicher sind wir da nicht. Wir kennen schließlich die Strände auf Sardinien und Korsika, die bildhübschen Buchten in Schottland und Irland und die rauen Ostseestrände im Baltikum. Aber zu den schönsten Stränden Europas gehören sie ganz bestimmt – die wilden Sandstrände des Alentejo und die mit roten Felsen gerahmten Bilderbuchbuchten der Algarve. Gegensätzlicher als diese können Strände kaum sein.

Während die Sandstrände der Felsenalgarve oft relativ geschützt zwischen den roten Klippen liegen und dicht mit Häusern hinterbaut sind, gehören die Buchten des Alentejo zu einem der wildesten und unberührtesten Küstenabschnitte Europas. Die Brandung trifft hier ungebremst und mit großer Wucht auf hohe Felsen und breite Sandstrände. Die Küste ist kaum hinterbaut und einige der traumhaft schönen Buchten sind nur zu Fuß über den Fischerweg erreichbar. Der Weitwanderweg führt immer am Meer entlang von Porto Covo bis nach Lagos und eignet sich natürlich auch gut für kürzere Wanderungen an der wilden Küste.

Verbote für Camper

Das komplette Küstengebiet des Alentejo steht unter Naturschutz und gehört zum Schutzgebiet Natura 2000. Das heißt auch, dass das Übernachten im Camper auf allen Parkplätzen am Meer verboten ist. Da das in der Vergangenheit von viel zu vielen ignoriert wurde, hat die GNR (Guarda Nacional Republicana) in den letzten Jahren hart durchgegriffen – zuerst an der Algarve, jetzt auch im Alentejo. Leider wurden dabei nicht nur dicke Strafzettel für Wildcampen verteilt. An vielen Stränden im Alentejo hat man »das Kind mit dem Bade ausgeschüttet« und die Parkplätze

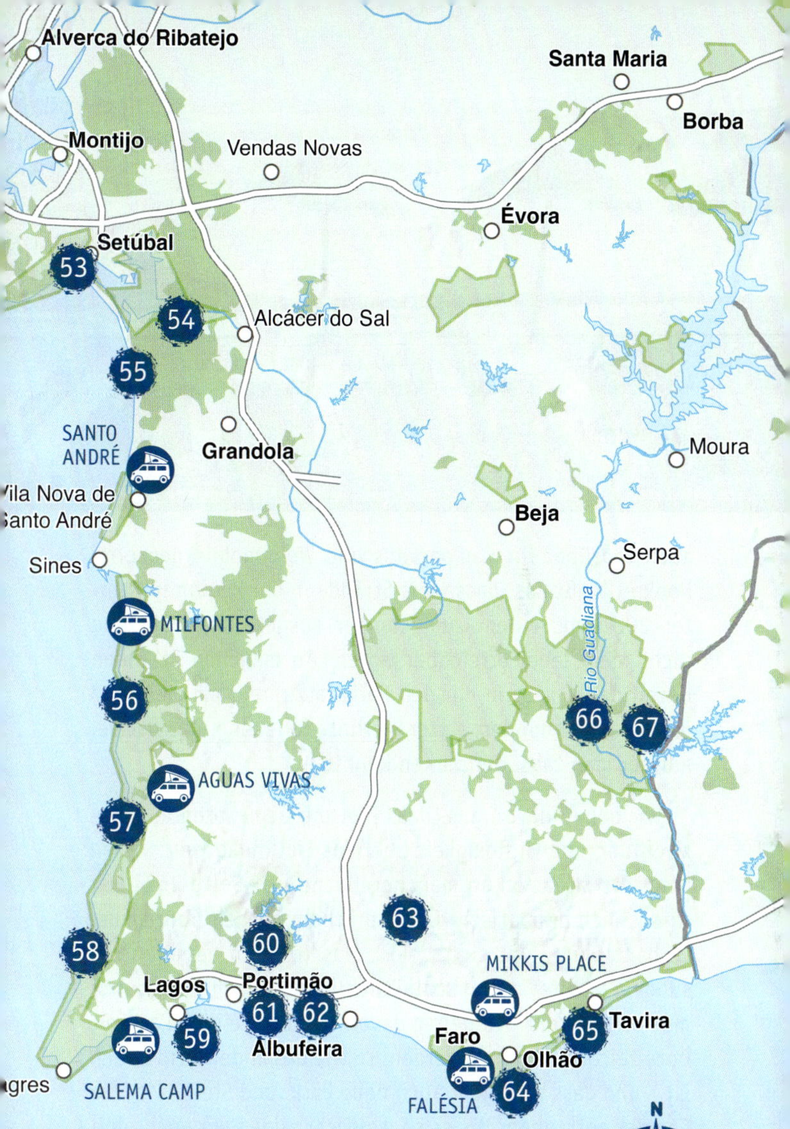

53 | SÉTUBAL
54 | PORTO PALAFITICO
55 | PRAIA DA GALÉ-FONTAINHAS
56 | FISCHERWEG
57 | PRAIA DE ODECEIXE MAR
58 | CARRAPATAIRA
59 | PONTA DA PIEDADE
60 | SILVES
61 | ALGAR SECO
62 | NOSSA SENHORA DA ROCHA
63 | ALTE
64 | RIA FORMOSA
65 | ILHA DO TAVIRA
66 | MÉRTOLA
67 | SÃO DOMINGOS

AUSZEITPLÄTZE

Im Winter ist die Strandbar von Almograve nur am Wochenende geöffnet.

auch tagsüber für Campervans und Wohnmobile gesperrt. Konkret heißt das, dass viele Strände in der Region im Winter 2022 mit einem zum Camper ausgebauten Fahrzeug nicht mehr legal erreichbar waren. An manchen Stränden betraf das immerhin nur den Parkplatz direkt am Meer und es gab einige hundert Meter im Hinterland eine Alternative, auf der man tagsüber parken konnte.

Wir gehen davon aus, dass hier die Gemeinden aus Verzweiflung und Hilflosigkeit über das Ziel hinausgeschossen sind. Die Situation an manchen Buchten [› Seite 367] war tatsächlich dramatisch. In Gesprächen mit dem Tourismusverband wurde uns signalisiert, dass man an besseren Lösungen arbeitet, denn schließlich braucht man den Tourismus im Alentejo. Wir gehen davon aus, dass einige Parkverbote zeitlich begrenzt werden, so wie das andernorts üblich ist – und dass vielleicht auch neue Park- und Stellplätze für Camper entstehen. Bis es so weit ist, zeigen wir euch einige Stellen, an denen ihr auch im Alentejo weiterhin ans Meer kommt und diesen tollen Küstenabschnitt erleben könnt, ohne einen Strafzettel zu riskieren.

Noch eine Entwicklung finden wir wirklich spannend: Nachdem man an der Algarve und im Alentejo kaum mehr Freistehen kann, sind neue kleine Plätze auf Bauernhöfen und an Privathäusern [› Seite 365] entstanden, die mit ihrer persönlichen Atmosphäre eine gute Alternative sind, wenn ihr normale Campingplätze nicht besonders mögt. Sie liegen immer im Hinterland und häufig muss man sich vor-

DIE BESTE REISEZEIT

Die Algarve ist die wärmste Region Portugals und deshalb sehr beliebt zum Überwintern. An der sanften Praia da Falesia waren auch Ende November noch Menschen im Wasser. An der Algarve und am südlichen Rand des Alentejo ist der Winter Campersaison. Zwar sind in den Küstenorten die Hotels verwaist und die meisten Restaurants geschlossen – Camperstellplätze und Campingplätze sind aber oft voll belegt. Stellplätze direkt am Meer gibt es hier im Süden übrigens kaum.

REISE-LITERATUR

Entdeckertouren mit dem Wohnmobil Portugal (Der Süden)
Der zweite Band der WOMO-Reihe für den Süden Portugals ist perfekt, wenn ihr längere Zeit im Süden verbringen und dabei Algarve und Alentejo auch abseits der Küste intensiver kennenlernen wollt. Neben Stellplätzen und Campingplätzen findet ihr im Buch auch kleine Wanderungen, viele sehenswerte Orte, Flussbadestellen und weitere Plätze, an denen ihr gut an die Küste kommt.
Mehr Infos: www.womo.de

her anmelden. Dafür bekommt ihr oft gute Tipps für Unternehmungen und Kontakte zu Locals. An der Algarve gibt es auf engem Raum viel zu sehen. So sind die Wege nicht weit und die Region lässt sich auch von einem oder mehreren charmanten Basisquartieren aus gut erforschen.

An der Felsenalgarve ist die Küste relativ dicht bebaut. Um an die tollen Strände mit den roten Felsen zu kommen, müsst ihr fast immer zuerst durch einen Ort. Fast alle Buchten sind über schmale Straßen erreichbar, sodass ihr die Küste auch ganz gut mit dem Fahrrad erkunden könnt, wodurch sich Parkprobleme erledigen, denn auch an der Algarve gibt es viele Verbotsschilder für Wohnmobile.

Entspannter wird die Situation östlich von Faro. Hier endet die Felsenküste und wird zu einem buchtenreichen Feuchtgebiet mit vorgelagerten Inselchen, dem Parc Natural Ria Formosa. Auf der Meerseite der Inseln liegen lange, schöne Sandstrände, die im Sommer per Fährboot erreichbar sind. Im Winter kann man Bootstouren durch das Wassersystem der Ria buchen. Die stillen Wasserbecken eignen sich aber durchaus auch zum Paddeln.

53

Mercado do Livramento

Vom Hafen zur Markthalle in Sétubal

Dorade, Thunfisch, Oktopus, Makrele, Sardine, Lachs und viele andere Fische, deren Namen wir nicht kennen, werden in der historischen Markthalle von Sétubal auf großen Tischen präsentiert. Am Nachbarstand liegen Langusten und Krebse in großen Körben. Noch ein paar Tische weiter stapelt sich frisches Obst und Gemüse. Es gibt Backwaren, Oliven, Käse und Fleisch. In der großen roten Markthalle von Sétubal versorgen sich die Einwohner der Stadt und der umliegenden Gemeinden mit frischen Lebensmitteln und für uns wird hier das Einkaufen zum kleinen Erlebnis.
Markthalle geöffnet Dienstag bis Sonntag 7 – 14 Uhr |
Av. Luisa Iodi 163

Anschließend lockt eine Einkehr in einem der Cafés an der Praça do Bocage im nahen Stadtzentrum. Der eindrucksvolle, von alten Häusern umgebene Platz verdankt seinen Namen dem Mann auf der zehn Meter hohen Säule in seiner Mitte: Manuel Maria Barbosa du Bocage war einer der größten Dichter Portugals und er wurde im Jahr 1756 in Sétubal geboren.

Wer Fisch essen möchte, ist in den Restaurants am Hafen richtig. Sétubal ist eines der größten gewerblichen Fischereizentren in Portugal und in der Bucht sind auch große Frachtschiffe zu sehen. Das Umfeld der Stadt ist industriell geprägt und hat einen recht rauen Charme, im Fischereihafen am westlichen Ortsrand liegen aber vor allem bunte Fischerboote. Hier ankern auch die Schiffe, die mit Gästen aufs Wasser hinausfahren. In der durch die lang gezogene Halbinsel Troja geschützten Flussmündung leben nämlich Delfine, die man auf Ausflugsfahrten beobachten kann.
Dolphin Watching und Bootstouren: www.dolphinbay.pt | www.sadoemotion.pt | www.greendolphinsailing.com

ÜBER NACHT

Ecoparque Do Outão
Kleine Idylle mit Top-Sanitäranlagen und Stellplätzen am Ufer des Sado. Ein Restaurant befindet sich am kleinen Strand gleich nebenan. Leider ist aber die nahe Straße gut hörbar und eine Fabrik ganz in der Nähe.
€ | N 38°30′10.4″ W 8°55′42.4″
ecoparquesetubal.com

IN DER NÄHE

Vogelschutzgebiet und Gezeitenmühle
An der Moinho da Mare de Mourisco, einer Gezeitenmühle im Mündungsdelta des Sado, führen Holzstege zu Plätzen, von denen man Wasservögel bei ihrer Futtersuche im Watt beobachten kann. In der Mühle gibt es ein Café.
N 38°31′42.6″, W 8°48′17.4″

54

Porto Palafitico

Der Fischerhafen von Carrascaira

Im ausgedehnten Delta des Sado sind die Gezeiten deutlich zu spüren. Wo bei Flut die Wellen schwappen, ist bei Ebbe nur noch schlammiger Meeresboden zu sehen. Hier finden die vielen Wasservögel im Delta ihr Futter: Reiher, Austernfischer, Säbelschnäbler und viele andere Arten sind hier zu entdecken. Besonders gut beobachten könnt ihr sie auf der anderen Seite des Deltas an der Gezeitenmühle »Moinho da Mare de Mourisco« **[› Seite 191]**.

Der wechselnde Wasserstand ist die Lebensgrundlage des Ökosystems in der Lagune. Für die Menschen aus den Dörfern am Flussufer, die vom Fischfang leben, ist er dagegen eine Herausforderung. Bei Ebbe liegen ihre ankernden

ÜBER NACHT

Stellplatz Comporta
Kostenlos nutzbarer Stellplatz der Gemeinde auf einer großen Schotterfläche am Ortsrand. Gepflegtes WC und Camper-Service. Spielplatz benachbart. Zehn Minuten mit dem Fahrrad zum schönen Strand. Wohnmobilverbot auf dem Strandparkplatz.
N 38°22'40.8", W 8°47'09.2"

Boote unerreichbar weit draußen im Schlick. Um jederzeit zu ihren Booten zu kommen, bauten die Muschelfischer von Carrascaira lange Stege mit hohen Stelzenbeinen. Dazu verwendete man einfachste Materialien, gerne auch Aussortiertes und Müll.

Inzwischen hat man einen zentralen, stabilen Steg errichtet, auf dem auch Menschen sicher laufen, die nicht den lang trainierten Gleichgewichtssinn der Einheimischen mitbringen. Nur die Wege zu den Booten sind in ihrem ursprünglichen improvisierten Zustand. Vor dem Hafen, der weiterhin für den Fischfang genutzt wird, gibt es einen kleinen lehmigen Parkplatz für neugierige Gäste.
Parkplatz: N 38°24'46.2", W 8°45'22.9"

55

Praia da Galé-Fontainhas

Gut verstecktes Kleinod an einer wilden Küste

Vom Parkplatz in der kleinen Ansiedlung neben dem geschlossenen Campingplatz Praia de Galé schlüpfen wir auf einem schmalen Weg links neben den Häusern hindurch und folgen einem Bretterweg zu einer langen Holztreppe. Weit unter uns rauscht das Meer. Die Treppe windet sich durch eine wild zerklüftete Steilwand hinunter zu einem langen, wilden Sandstrand. Wind, Salz und Wasser haben hier eine Zauberwelt aus rötlich-gelben Zinnen in den weichen Stein gefressen. Endlich unten angekommen sehen wir, dass die Klippen nicht nur rund um unsere Treppe so ungewöhnlich aussehen.

Der Badestrand trägt eine blaue Flagge für gute Wasserqualität und ist im Sommer überwacht, denn die Strömungen sind hier nicht ungefährlich. Die durchschnittlichen Wassertemperaturen werden auch für den Sommer nur mit

ÜBER NACHT

Alentejo Litoral Caravan Park
Einfacher privater Stellplatz im Hinterland auf einer Wiese an einem Bauernhof mit Tieren. Sympathischer Besitzer, einfache Sanitäranlagen, wenig Schatten. Es gibt frische Eier und Brot zu kaufen.
Ganzjährig | €–€€ |
N 38°06'44.1", W 8°46'10.9"

knapp 18 Grad angegeben. Die Praia Galé-Fontainhas bleibt also auch im Hochsommer ein wildes, ungezähmtes Badeparadies.

Bei unserem Besuch im November rollten die Wellen mit Wucht an die Küste. Der endlos scheinende Sandstreifen war menschenleer. Der perfekte Platz zum Sitzen und Wellen gucken, für ein ausgedehntes Picknick oder einen langen Strandspaziergang.

Parkplatz am Strandzugang N 38°12'22.1, W 8°46'23.1" (vor dem Campingplatz nach rechts abbiegen und durch die Wohnsiedlung in Richtung Meer fahren).

ÜBER NACHT

Camping Villa Park Zambujeira
Gepflegter Campingplatz mit Seewasserpool und Jacuzzi. Am Rand des sympathischen Badeortes Zambujeira do Mar. Im Ort viele Restaurants und ein schöner Sandstrand.
€€ | N 37°31'32.0", W 8°46'31.0"
www.campingzambujeira.com

IN DER NÄHE

Von Almograve könnt ihr zum Cabo Sardão weiterfahren. Hier steht ein schöner Leuchtturm und es gibt mehrere Aussichtspunkte. Auch hier lohnt es, dem Fischerweg ein Stück in Richtung Süden zu folgen.
N 37°35'51.8", W 8°48'57.3"

56

Dunas do Almograve

Eine Wanderrunde auf dem Fischerweg

Im Alentejo liegt die einsamste und wildeste Küstenregion Portugals. Zu Fuß könnt ihr diesen Küstenabschnitt komplett erleben, denn der Weitwanderweg »Rota Vicentina«, der Fischerweg, führt von Porto Covo bis Lagos immer ganz nahe am Meer entlang. Er streift dabei etliche Strandparkplätze, sodass ihr der grün-blauen Markierung an vielen Stellen ein Stück folgen könnt, um mehr von der Küste zu erleben. Außer der Basisstrecke sind aber auch einige Rundwege markiert – zum Beispiel diese tolle Runde in den Dünen von Almograve.

Der Rundweg von Almograve

Wir parken am Ortseingang von Almograve und folgen der Straße durch das Dorf bis zum Strand. Am Ende des Parkplatzes treffen wir auf die grün-blaue Markierung des Fischerwegs (Rota Vicentina) und die rot-gelbe unserer Wanderrunde. Diesen folgen wir rechts auf der Klippe entlang. Unter uns liegen immer wieder Buchten, von denen wir aber nur die Erste durchqueren. Bei Flut kann das zur kleinen Herausforderung werden, denn wir müssen dabei einen Bach furten, der hier ins Meer mündet. Nach gut vier Kilometern führt am Ende der langen Sandbucht Praia do Brejo Largo eine Treppe zum Strand hinunter. Hier verlässt der Rundweg die Küste. Es geht erst an einer Weide entlang, dann schlängelt sich der gut markierte Pfad durch einen kleinen Urwald. Nur den letzten Kilometer laufen wir auf einem breiten Fahrweg zurück nach Almograve.

Wanderung: 8,5 km, ↓↑ 50 m, 3 Stunden | GPX
Straße vom Dorf zum Strand und Strandparkplatz für Camper gesperrt.

Weitere markierte Wanderrunden auf dem Fischerweg findet ihr unter www.rotavicentina.com.

57

Praia do Odeceixe Mar

Süßwasser oder Salzwasser?

An der Costa Vicentina reiht sich ein beeindruckender Strand an den nächsten. Die meisten sind eingerahmt von hohen Klippen und häufig mündet dort, wo es weite Sandflächen gibt, auch noch ein Fluss ins Meer.

So ist es auch in Odeceixe. Das sympathische Dorf mit seinen weißen Häusern befindet sich einige Kilometer vom Meer entfernt. Von dort führt eine schmale Straße zum Atlantik und zu einer kleinen Ansiedlung mit Ferienhäusern und Cafés. Mit einem Camper müsst ihr kurz vor den ersten Häusern der Strandsiedlung links hinauf. Dort befindet sich ein großer Parkplatz mit Meerblick, den ihr tagsüber nutzen dürft. Von dort seid ihr in wenigen Minuten an der Treppe zum gut geschützten Sandstrand, an dem man im Meer oder im Fluss baden kann, was Odeceixe besonders attraktiv macht. In der Badesaison ist hier einiges los.
Parkplatz: N 37°26'17.1" W 8°47'52.1"

ÜBER NACHT

Stellplatz Aguas Vivas
Einfach, aber liebevoll ausgestatteter Platz in privater Hand. Stellplätze auf zwei Terrassen unterhalb eines Wohnhauses. Dusche, WC und improvisierter Camper-Service.
€ | N 37°29'48.4", W 8°42'59.2"
www.aguas-vivas-do-alwin.com

Praia da Amoreira

Ebenfalls gut erreichbar ist der schöne Strand an der Mündung des Ribeira de Aljezur. Die Zufahrt führt nördlich des Flusses bis zu einem Parkplatz, der 400 Meter vom Strand entfernt liegt. Auch hier könnt ihr tagsüber legal euren Camper parken und dem kurzen Fußweg zum Meer folgen. Der Strand zieht sich weit in die geschützte Flussmündung hinein.
Parkplatz: N 37°21′00.8″ W 8°50′23.5″

Einen Besuch lohnt auch das nahe Städtchen Aljezur. Hier gibt es viele kleine Läden, darunter auch einen Bioladen und eine sehr gute Bäckerei, die unter anderem auch glutenfreien Kuchen anbietet.

ÜBER NACHT

Camper Park Francelho on Wheels
Gut ausgestatteter privater Stellplatz, ein Stück von der Küste entfernt, kein Schatten. Camper-Service und Strom vorhanden. WLAN inklusive.
Ganzjährig | €€ |
N 37°13‘09.4“, W 8°47‘31.1“ |
www.francelhonwheels.com

58

Die Praias do Carrapateira

Eine Wüste am Meer

Carrapateira ist bei Surfenden wohlbekannt. Wer mit dem Brett in die Wellen will, denkt dabei jedoch meist an die Praia do Amado südlich des Dorfes. Etwas weiter nördlich an der Mündung des Flüsschens Ribeira da Carrapateira liegt die Praia da Bordeira, ein faszinierender Ort für Fans wilder Natur. Die über drei Kilometer lange Bucht liegt in einem breiten Tal zwischen zwei Felsriegeln. Ein kleiner Fluss schlängelt sich zum Meer und versickert hinter den Dünen in einer Lagune. Die Sandfläche zieht sich weit ins Land hinein und wirkt einfach endlos. Flache Sanddünen werden vom Wind vorangetrieben und wandern so ganz langsam über den Strand.

Besonders eindrucksvoll ist der Weg zum Strand, wenn ihr zum zweiten Parkplatz oben auf der Klippe fahrt. Von hier führt ein langer Holzsteg zum Aussichtspunkt auf dem Cabo Pontal, dem Felsen am südlichen Rand der Bucht. Ein weiterer Pfad führt hinunter zum Meer, wo ihr mit nackten Füßen durch die Brandung laufen könnt. Der Strand fällt nur sanft ab und die Wellen rollen flach ans Ufer. Im Sommer könnt ihr hier auch baden.

Der Klippenweg von Carrapateira

Folgt ihr dem Fischerweg vom Parkplatz auf der Klippe links an der Küste entlang, zweigen dort immer wieder Holzstege ab, die zu spektakulären Aussichtsplätzen auf den Klippen führen. Zu sehen gibt es nicht nur die schroffe Felsenlandschaft und mächtig spritzende Wellen, in den Klippen verstecken sich auch die Reste des alten Fischerhafens von Carrapateira. Wenn eure Kondition ausreicht, könnt ihr dem Küstenweg folgen bis zur Praia Amado.

Parkplatz: N 37°11′46.7″, W 8°54′27.0″.

Hier waren Camper tagsüber erlaubt, am unteren Parkplatz nicht. An der Praia Amado sind beide Parkplätze für »autocaravanas« tabu – leider auch tagsüber.

59

Ponta da Piedade

Die Felsenküste von Lagos

Rote Felsnadeln, ausgefressene Steilwände, Steinbögen und tief in das Gestein eingegrabene Höhlen – die Küste an der Ponta da Piedade ist quasi der Inbegriff dessen, was wir uns vorstellen, wenn der Name »Algarve« fällt. Der spektakuläre Küstenabschnitt versteckt sich hinter dem Häusermeer von Lagos, das ihr erst einmal durchqueren müsst, um hierher zu kommen.

Links neben dem Leuchtturm führt eine Treppe hinunter zum Wasser. Im Sommer legen hier unten die Boote an, mit denen ihr die Klippen auch vom Meer aus sehen könnt, was sicher der spannendste Blickwinkel ist. Bootstouren entlang der Küste kann man außerdem auch im Hafen in Lagos buchen. Bei ruhigem Meer sind Kajak oder SUP eine gute Alternative, um die Küste vom Wasser zu erforschen. Es gibt dazu auch geführte Touren. Im Winter ist die Brandung aber meist zu heftig.
kiteschoolportugal.com | www.nowhere2far.com

Auch am Leuchtturm an der Ponta Piedade treffet ihr noch einmal auf die Markierungen des Fischerweges, der in Lagos endet. In Richtung Westen führt der Weg auf einem langen Holzsteg entlang. Etliche Abstecher zur Klippe ermöglichen den Blick über die Küste. Ihr könnt dem Weg bis zum Ende des »Boardwalk« oder noch ein Stück weiter bis zum langen Sandstrand am Porto do Mós folgen.

Wanderung bis zum Strand Porto do Mós: 5 km, ↓↑ 70 m, Gehzeit 2 h | GPX | Parkplatz N 37°04′57.3″ W 8°40′12.3. Auf dem Parkplatz am Leuchtturm sind Camper verboten, es gibt aber Plätze davor am Straßenrand.

ÜBER NACHT

Camping Da Trinidade, Lagos
Einfacher Platz nahe am Zentrum in der Estrada da Ponta da Piedade 1.
Ganzjährig | € | N 37°5′40.9″, W 8°40′18.4″, keine Website.

Figueira Caravan Park
20 Kilometer von Lagos entfernt, nahe der Straße, mit WC und Dusche.
Ganzjährig | € | N 37°04′23.2″, W 8°50′43.1″ | www.figueiracaravanpark.com

60

Silves

Die Hauptstadt der Mauren

Vom Castelo da Silves, dessen rote Steinmauern schon von Weitem zu sehen sind, lenkten die Mauren über 300 Jahre die Geschicke der Algarve. Xelb war damals der Name der Stadt und die Region hieß auf Arabisch »al-Garb«, der Westen. Das riesige Umayyadische Reich umfasste neben der Algarve und Spanien auch Tunesien, Ägypten, Jordanien und den Libanon.

1189 fiel die Stadt an Herrschende christlichen Glaubens zurück und dort, wo einst die Moschee stand, wurde eine Kathedrale erbaut. Sie steht etwas unterhalb des Castelo dos Mouros und hat mit dem Bauwerk aus dem 13. Jahrhundert nicht mehr viel gemein. Auch vom maurischen Glanz ist im Ort nicht allzu viel übrig geblieben. Silves ist heute

ÜBER NACHT

Stellplatz Parque do Castelo Silves
Gepflegter Schotterplatz am Stadtrand, angelegt in zwei Ebenen und engagiert betreut von zwei Frauen, die sich auf vielen Sprachen unterhalten können. Dusche, aber kein WC. Aldi benachbart, kurzer Fußweg zum Castelo und von dort in die Altstadt.
€ | N 37°11'36.8", W 8°26'09.2"

ein hübsches, entspanntes und sehr portugiesisches Städtchen auf dem Land.

Unterhalb von Burg und Kathedrale könnt ihr ein Gewirr von schmalen Gassen durchstreifen, in denen viele gemütliche Cafés und Restaurants zu finden sind. Im Zentrum des Ortes befindet sich die Markthalle, in der jeden Vormittag frische Produkte aus der Region angeboten werden. Ganz unten am Ufer des Arade auf der Praca al-Mutamid erinnert ein großer Brunnen mit lebensgroßen Figuren an die Glanzzeit von Silves unter dem Maurenherrscher Al Muthamid.

Das Haus der Störche

Nicht nur Touristen zieht es im Winter nach Silves. An der Algarve überwintern Hunderte von Störchen. In Silves gibt es etliche Nester an verschiedenen Stellen in der Stadt. An der Rua Gago Coutinho haben die Störche von Silves sogar ein eigenes Haus. Die Ruine ist von einer Mauer umgeben und alle Tore sind fest verschlossen. Einige Nester sind aber auch von außen zu sehen und überall lugen neugierige Störche über die Mauer.

ÜBER NACHT

Stellplatz Parchal
Gut betreuter Platz mit nettem Besitzer. Eher zweckmäßig als schön, aber recht zentral von der Lage. Bahnlinie benachbart.
€ | N 37°08'18.2" W 8°31'09.8"

IN DER NÄHE

Sand City Lagoa
Im nahen Lagoa entstehen im Sommer auf einem Gelände an der N 215 Sandskulpturen. Sie sind dort bis in den Herbst hinein zu sehen.
€€ | sandcity.pt

61

Algar Seco

Der Klippenweg von Carvoeiro

An der Küste vor dem ehemaligen Fischerort Carvoeiro ragt noch einmal eine besonders malerische Felsformation aus dem Meer. Auch dieser Abschnitt der Küste ist durch einen Bretterpfad auf Stelzen erschlossen. Anders als in Lagos führen vom »Carvoeiro Boardwalk« aber auch Treppen hinunter in die roten Felsen zu den Höhlen und kleinen Bögen im roten Sandstein.

Es lohnt sich, jeden Winkel zu erkunden, denn oft kommt man weiter, als auf den ersten Blick zu sehen ist: Ein tief eingekerbter Pfad führt durch einen Steinbogen, taucht plötzlich ab in einen kurzen Tunnel und ihr findet euch auf der anderen Seite auf einem Felsplateau wieder, das vorher nicht zu erahnen war. An der Felsformation »Algar Seco« am östlichen Ende des Boardwalks hat man auch eine einladende Bar in die Felsen gebaut. In der Nebensaison öffnet sie am Nachmittag. Algar Seco gehört zu den spektakulärsten Steinformationen an der Felsenalgarve.

Den Parkplatz an der beschilderten Zufahrt könnt ihr nur nutzen, wenn ihr einen Camper im Bulliformat fahrt. Für Wohnmobile ist die Zufahrt verboten und ihr müsst etwas weiter außerhalb parken.
Formation Algar Seco: N 37°05'38.6", W 8°27'59.4"
Parkplatz im Ort: N 37°5'55.68", W 8°28'6.6"
Parkplatz Fußballplatz: N 37°05'44.8", W 8°27'51.9"

Algar de Benagil

Von Carvoairo, und von vielen anderen Orten, fahren auch Boote zur nahen Höhle Algar de Benagil, die nur vom Wasser zu erreichen ist. Am einfachsten geht das von der Praia de Benagil. Hier starten bei ruhiger Brandung auch geführte Touren mit SUP oder Kajak. Die Höhle liegt 100 Meter vom Strand entfernt in der Steilküste.
SUP-Tour zur Höhle: bluexperiences.pt

62

Nossa Senhora da Rocha

Kleine Kirche am Meer

Westlich der weißen Hochhaussiedlungen von Armaçao de Pêra versteckt sich ein zauberhafter Ort. Hier steht auf einem weit ins Meer ragenden Felssporn eine kleine weiße Kapelle. Nossa Senhora da Rocha wurde von Fischerfamilien auf den Mauerresten einer alten Ruine erbaut. Dort, wo der Altar steht, sind noch einige Säulen des älteren Gebäudes zu sehen, das auf das 6. oder 7. Jahrhundert datiert wird.

Der kleinere Strand auf der östlichen Seite, die Praia Nova, wurde früher als gut geschützter Hafen genutzt. Westlich der Kapelle seht ihr die längere Praia da Senhora da Rocha. Eine Treppe führt vom Küstenweg hinunter in die windgeschützte Bucht, die selbst an warmen Tagen im Herbst noch zum Baden einlädt.

Anders als bei Carvoeiro gibt es an der Kapelle direkt vor dem Fahrverbot für Wohnmobile einen großen Parkplatz.

Der Ort eignet sich also auch als Startpunkt, um die Küste zu Fuß oder mit dem Fahrrad zu erkunden.
Parkplatz: N 37°05'55.1", W 8°23'15.0"

Auf dem Küstenweg

Folgt ihr von der Kapelle dem Küstenweg nach Westen, reiht sich unter euch ein schöner Strand an den anderen. Etwa 3,5 Kilometer sind es zur Praia da Marinha mit tollen Felsformationen, nach gut fünf Kilometern ist die Praia de Benagil erreicht. Die Küste ist in diesem Bereich nicht hinterbaut, was die Wanderung besonders reizvoll macht.
bis zu 11 km, Gehzeit bis 4 Stunden | GPX

ÜBER NACHT

Algarve Camping Car Park
Etwa 1,5 Kilometer vom Strand entfernt im Grünen und oberhalb der Stadt gelegen. Liebevoll minimalistisch angelegt. WC, Dusche und Camper-Service vorhanden.
€ | N 37°6'47.16", W 8°22'22.7" | algarvecampingcarpark.pt

ÜBER NACHT

Camperstop Messines
Ruhiger Platz etwa sechs Kilometer nördlich vom Nachbarort Messines. Freundliche, familiäre Atmosphäre.
€ | N 37°16'41.5", W 8°14'30.4"

63

An den Quellen von Alte

Dorfidylle am Fluss

An heißen Sommertagen ist Alte eine Oase. An den beiden Quellen des Riberia do Alte sind dann die Picknicktische unter den Schatten spendenden Bäumen gut besetzt und auch die Strandbar an der großen Quelle ist geöffnet. Im Sommer wird das Wasser wohl zeitweise zu einer Praia Fluvial gestaut – einem Flussbad. Im Herbst fließt nur ein Rinnsal durch das betonierte Becken und auch weiter unten an der Fonte Pequena, der kleinen Quelle, baden nur die Enten. Diese machen auch gerne mal einen Ausflug durch die gepflasterten Gassen des Dorfes, in denen es beschaulich zugeht. Ein kleiner Laden mit Seifen aus Olivenöl und eine Handvoll Restaurants und Cafés – das war's. Sucht euch einen gemütlichen Platz und lasst Alte wirken. Aus eigener Erfahrung empfehlen können wir dazu das BiciArte Café unten an der Straße. Ihr erkennt es am Fahrrad über der Tür. Tapas und Kuchen sind vorzüglich.

Baden am Queda do Vigario

Seid ihr im Frühsommer in Alte, lohnt auch der kurze Weg vom Parkplatz am Friedhof hinunter zum Wasserfall mit Badegumpe. Später im Jahr tröpfelt die Kaskade meist nur noch über den Felsen.

64

Olhão und die Ria Formosa

Naturpark aus kleinen Inseln

Olhão ist beides: eine kleine Industriestadt und ein attraktiver Urlaubsort. Gleich neben dem großen Fischereihafen mit seinen großen Hallen, in denen der Fang in Konserven verpackt wird, liegt das Ortszentrum mit einer breiten Promenade hinter dem Freizeithafen. Hier stehen auch die beiden roten Markthallen – eine für Obst, Gemüse, Käse und Fleisch, in der anderen werden Meeresfrüchte und Fisch angeboten. Nach dem Einkauf gehört ein Kaffee an der Promenade einfach dazu. Wer Hunger hat, findet in der Häuserzeile hinter dem Markt viele Restaurants.

Im Freizeithafen ankern auch die Ausflugsboote und Wassertaxis, die euch hinaus in die Lagunen des Nationalparks Ria Formosa bringen. Olhão liegt nämlich nicht direkt am Meer. Fünf lang gezogene Sandinseln schützen die Küste zwischen Faro und Tavira. Sie heißen Ilha da Barreta, Ilha da Culatra, Ilha da Armora, Ilha de Tavira und Ilha de Cabanas. Vier davon können nur mit dem Boot erreicht werden. Im Sommer sind die endlos langen Strände der Inseln ein Badeparadies. Die Lagune mit ihrem Labyrinth aus Sümpfen, Kanälen, Wattenmeer und kleinen Inseln bildet

ÜBER NACHT

Camping Olhão
Großer Platz, nahe am Naturpark Ria Formosa und etwa 2,5 Kilometer vom Freizeithafen von Olhão entfernt.
Ganzjährig | € | Pinheiros de Marim, Olhão | N 37°02'06.7", W 7°49'20.3"

IN DER NÄHE

Die Lagune mit dem Kajak
Geführte Touren mit Kajak oder SUP durch die Ria Formosa oder Verleih der Ausrüstung bieten an:
mariosup.wixsite.com/mariosup
www.rootskayak.com

dagegen ein wichtiges Schutzgebiet für Zugvögel. Von Olhão starten auch Boote zum Birdwatching oder zur Rundfahrt durch die Lagune.

Zu Fuß im Naturpark Ria Formosa

Am östlichen Ortsrand von Olhão befindet sich ein kleiner Naturpark mit einer Süßwasser- und zwei Salzwasserlagunen, in denen man neben Reihern und kleineren Watvögeln auch Flamingos beobachten kann. Ein Lehrpfad führt durch den Park, zu einer alten Gezeitenmühle und einmal rund um die Lagunen.

Lehrpfad: 3 km, Gehzeit 1 Stunde | GPX

€ | Naturparkzentrum: N 37°01'58.6, W 7°49'18.8"

65

Badestrand und Ankerfriedhof

Mit der Schmalspurbahn auf die Ilha de Tavira

Die Ilha de Tavira ist die einzige der Inseln im Naturpark Ria Formosa, die für Fußgänger über einen Damm und eine Brücke erreichbar ist. Wenn ihr nicht zu Fuß gehen wollt, könnt ihr auch in die Schmalspurbahn steigen. Die Bahnstrecke wurde erbaut, um die Familien zu versorgen, die ursprünglich auf dem Inselchen ansässig waren und von der Thunfisch-Fischerei lebten. Die Siedlung wurde 1964 aufgegeben. Mit dem Aufkommen des industriellen Fischfangs schrumpfte der Thunfischbestand rapide und die Küstenfischer mit ihren kleinen Booten konnten von ihrem Fang nicht mehr leben. Heute ist der Rote Thun in den Gewässern der Algarve so gut wie ausgerottet.

ÜBER NACHT

Algarve Motorhome Park Tavira
Gut ausgestattet, etwa ein Kilometer vom Stadtzentrum entfernt.
€ | N 37°07'57.7", W 7°37'52.0" | algarvemotorhomepark.com

Parque de Campismo Fuzeta
Kleiner Platz nahe am Ort und am Strand. Dafür nicht unbedingt naturnah.
€€ | N 37°03'10.0", W 7°44'41.4' | uf-moncarapacho-fuseta.pt

In den ehemaligen Fischerhütten sind jetzt ein Restaurant und eine Snack-Bar zu finden und der Zug transportiert nun Touristen statt Thunfisch. Zwischen Meer und Fischerhäusern stecken über 200 Anker im Sand und rosten malerisch vor sich hin. Einst dienten sie zum Befestigen der Thunfischnetze. Bevor die Fischer die Insel verließen, zogen sie die Anker an Land, wo sie als Mahnmal an die Geschichte der Insel und die Ausrottung des Thunfischs an der Algarve erinnern.

Kostenlose Parkplätze an der Uferstraße. Großer kostenpflichtiger Parkplatz: N 37°05'34.1", W 7°40'34.9".

Die Altstadt von Tavira

Tavira war lange Zeit eine bedeutende Handelsstadt mit einem großem Flusshafen am Gilhão. Thunfisch, Wein und Salz waren die Waren, die über das Mittelmeer und nach Afrika verschifft wurden. Die Villen, die reiche Händlerfamilien im 16. Jahrhundert bauten, ein maurisches Kastell und viele alte Kirchen machen Taviras Altstadt heute ganz besonders stimmungsvoll.

66

Mértola

Festung der Mauren

Seine Blütezeit hatte Mértola zur Zeit der maurischen Herrschaft in Portugal. Aus dieser Zeit stammen auch die meisten Gebäude im alten Teil des Dorfes, das gut gesichert mit einer massiven Stadtmauer auf einem Hügel zwischen dem Rio Guadiana und dem einmündenden Flüsschen Oeiras thront. Eine lange Treppe führt vom Flussufer hinauf zum seltsam geformten Uhrenturm, der noch aus römischer Zeit stammt. Oben stehen prächtige Häuser mit weitem Blick über die Stadtmauer in das Flusstal.

ÜBER NACHT

Parkplatz am Fluss
Mértola hat keinen echten Stellplatz für Wohnmobile, Parken ohne Campingverhalten wird jedoch unten am Fluss für eine Nacht toleriert – das ergab unsere Anfrage bei der Tourismusinformation.
N 37°38'17.2", W 7°39'43.5"

MAURISCHES FESTIVAL

In jedem Jahr mit ungerader Jahreszahl findet im Mai in Mértola das Festival Islamico statt. Beim großen Straßenmarkt mit arabischem Essen, Livemusik und Tanz füllen sich die engen Gassen der alten maurischen Stadt mit buntem Leben.
www.festivalislamicodemertola.com

Lauft ihr immer an der Mauer entlang, könnt ihr, nun etwas abseits des Flusses, durch die immer steiler werdende Gassen hinauf zur Burg steigen. Besonders urig wirkt die Siedlung aus geduckten weißen Häuschen direkt unterhalb der Burgmauer. An ihrem Ende befinden sich der Zugang zur Burgruine und die Ingreja Matiz, die ungewöhnliche Pfarrkirche von Mértola. Nach der Reconquista wurde hier die Moschee zur Kirche umgewidmet. Man baute zwar ein neues Portal und ergänzte einen Glockenturm, der Grundaufbau des Gebäudes ist jedoch unverändert und auch die Türen zeigen unverkennbar maurische Formen.

Azenhas do Guadiana

Am östlichen Rand der Stadt liegt unten am Fluss ein ungewöhnlicher Picknick- und Badeplatz an den Azenhas do Guadiana. Hier stehen mehrere alte Wassermühlen, die über Steindämme erreichbar sind, im aufgestauten Fluss. Zwei Inselchen mit Picknicktisch laden zu einer entspannten Pause am Wasser ein.

67

Kupfer, Gold und Schwefel

Die verlassene Mine von São Domingos

Die ersten Menschen, die in São Domingos nach Kupfer, Gold und Silber schürften, gehörten der phönizischen Kultur an. Unter römischer Herrschaft erreichten die Stollen später bis zu 40 Meter Tiefe. Die Ruinen, die ihr heute hier seht, gehören zur Mine der britischen Sabina Holding, die 1966 nach über 100 Betriebsjahren geschlossen, aber nicht rückgebaut wurde. Auch die britische Firma baute hier Eisenerz ab, aus dem Schwefel, Zink und Kupfer gewonnen wurde.

Die ehemaligen Häuser der Kumpel oben im Ort sind auch heute noch bewohnt, von der Mine stehen neben einer mit Wasser gefüllten Grube nur noch Ruinen. São Domingos ist ein klassischer Lost Place, der frei erkundet werden kann. Die Piste zu den weiter abseits liegenden Gebäuden darf außerhalb der Saison auch befahren werden. Das zentrale Gebäude und den säurehaltigen See »Lagoa àcida« erreicht man in fünf Minuten von einem Parkplatz im Dorf.

Zuerst treffen wir dabei auf die Tunnel der Bahn, die das abgebaute Erz und Pyrit zum Flusshafen transportierte, dann auf die dachlosen Hallen der Werkstätten. Weiter hinten ragt das Gerippe eines Förderturmes über die Bäume.

Der See und auch der Wasserlauf, der durch das Tal fließt, schillern in allen Farben. So ungewöhnlich das auch aussehen mag, für die Region ist es ein echtes Problem. Die im Boden zurückgebliebenen Sulfate, die für die Farben verantwortlich sind, werden bei Regenfällen aus dem Boden in den nahen Fluss Chança gespült und fließen so weiter in den Rio Guadiana – mit fatalen Folgen für die Trinkwasserversorgung und auch für die Umwelt in der Region.
Parkplatz im Dorf: N 37°40'17.7", W 7°29'46.1"

ÜBER NACHT

Stellplatz Pomarão
Ebener Schotterplatz am Flussufer unterhalb des Dorfes Pomarão direkt an der spanischen Grenze. Hier wurden früher die Erze aus der Mine São Domingos auf Flussschiffe geladen und zum Meer transportiert. Der Platz ist nicht als Camper-Stellplatz beschildert, hat aber eine einfache Entsorgung für Chemietoiletten und ist gut besucht und etabliert. Im Ort gibt es ein Café und eine Gaststätte.
N 37°33'21.9", W 7°31'32.2"

CAMPING LAGOA DE SANTO ANDRÉ

Einfach ausgestatteter Campingplatz in absolut ruhiger Lage. Stellplätze mit Blick über die Lagune von Santo André, leider steht aber ein Zaun dazwischen. 1,2 Kilometer Fußweg zum Meer mit Bademöglichkeit in der Lagune und im Atlantik plus Strandbar. Die Sanitäranlagen sind etwas älter, waren aber sauber. Separate Platzteile für Dauercamper und Reisende. Freie Platzwahl in der Nebensaison.
Ganzjährig | €–€€ | Lagoa de Santo André |
N 38°06'34.0", W 8°47'14.0"

Praia do Malhão: Felsen unterteilen die Bucht in mehrere kleine Strände.

STELLPLATZ AGUAS VIVAS

Privater Stellplatz neben dem Wohnhaus eines sehr sympathischen und gastfreundlichen deutsch-portugiesischen Paares. Einfach, aber liebevoll ausgestattet mit Dusche, WC und Ausguss fürs Chemie-WC. Kleiner Grill- und Chillplatz mit Hängematte. Die Stellplätze liegen auf zwei geschotterten Terrassen und man steht bei voller Belegung relativ eng, was aber auch für Kontakt und eine familiäre Atmosphäre sorgt.
Ganzjährig | € | Sao Teotonio | N 37°29'48.4", W 8°42'59.2" |
Tel. 0035 1937422685 | www.aguas-vivas-do-alwin.com

Viel Platz, ruhige Lage in der Natur und Ausblick auf die Lagune. Perfek

CAMPING ORBITUR SITAVA MILFONTES

Komfortabler Campingplatz der Orbitur-Kette in ruhiger Alleinlage im lichten Uferwald unter Pinien. In der Saison gut ausgestattet mit Restaurant und Pool. Fußweg vom unteren Platzende zu den wilden, malerisch mit Felsen durchsetzten Sandbuchten der Praia do Malhão etwa 800 Meter (auf dem Strandparkplatz sind Wohnmobile verboten).

Ganzjährig | €€ | Vila Nova de Milfontes |
N 37°46'47.6", W 8°47'01.2" | www.orbitur.pt

Treffpunkt der Camper auf dem Stellplatz Aguas Vivas.

MIKKIS PLACE TO STAY

Stellplatz mit alternativem Charme in einer weitläufigen Gartenanlage mit tollem Naturpool. Die ursprüngliche Besitzerin hat hier ein fantasievoll gestaltetes kleines Reich geschaffen, in dem es an vielen Ecken hübsche Details zu entdecken gibt – allerdings setzt sich in manchen Winkeln auch das kreative Chaos durch. Duschen und Toiletten sind vorhanden. Bar mit gemütlicher Leseecke. Man bekommt Burger und kleine Gerichte.
Ganzjährig | €€ | N 37°07'41.9", W 8°19'21.4" |
mikki-place-to-stay.com

Fantasievoll gestylt: Holzkunst an der Rezeption des Salema Camps

ALGARVE MOTORHOMEPARK FALÉSIA

Gut ausgestatteter, funktioneller, schön angelegter Platz nicht weit von einem tollen Sandstrand. Im Winter ist der Platz meist ausgebucht, auf der Website kann man nachschauen, wie viele Plätze noch frei sind. Direkt benachbart gibt es inzwischen einen zweiten Stellplatz auf einer etwas öden Schotterfläche. Aber auch von hier aus kommt man zu Fuß zum Strand.
Ganzjährig | €€ | R. do Pinhal 2, Albufeira |
N 37°05'25.0", W 8°09'37.0" | algarvemotorhomepark.com

Einige Stellplätze liegen direkt am schönen Badeteich.

SALEMA ECO CAMP SURF & NATURE

Sehr weitläufiger Campingplatz auf einem bewaldeten Hügel oberhalb des sympathischen Dorfes Salema. Der Platz liegt einen guten Kilometer vom Meer entfernt. Enge Zufahrt und viele Stellplätze zwischen Bäumen, die eher für Vans geeignet sind als für größere Wohnmobile. Die Plätze im Eingangsbereich sind sehr schattig, schöner steht man oben auf dem Berg. Gute Sanitäranlagen, Co-Workingspace und fantasievoll angelegter Spielplatz am Restaurant.

Ganzjährig | €€ | Praia da Salema |
N 37°04'30.0", W 8°49'51.9" | www.salemaecocamp.com

Die windgeschützte Praia Falesia ist vom Stellplatz zu Fuß zu erreichen.

Weiße Dörfer und weiße Pferde

Unsere Reise durch Andalusien

Weiße Dörfer und weiße Pferde

Unsere Reise durch Andalusien

Auf Andalusien haben wir uns wirklich sehr gefreut. Urige Dörfer aus weißen Steinwürfeln, eine weite, wilde Berglandschaft, große Naturparks und der besondere Charme des maurischen Erbes, der schon einen Hauch Afrika auf den südlichsten Zipfel der Iberischen Halbinsel wehen lässt. Spannend!

Über die Grenze rollen wir dann südlich der portugiesischen Stadt Mértola, also ein gutes Stück von der Küste entfernt. Hier begegnen wir noch einmal dem »leeren Spanien«. Den Begriff prägte der Schriftsteller und Journalist Sergio del Molino, der mit seinem Buch über den Kontrast zwischen dicht besiedelter Küste und den weiten, menschen-

AUSZEITPLÄTZE

68 | MUELLE DE LAS CARABELAS
69 | EL ACEBUCHE
70 | EL ROCIO
71 | REITSCHULE JEREZ
72 | CÁDIZ
73 | TARIFA
74 | CASARES
75 | RONDA
76 | SETENIL DE LAS BODEGAS
77 | CAMINITO DEL REY
78 | EL TORCAL
79 | ALHAMBRA
80 | GUADIX
81 | TABERNAS
82 | CABO DE GATA

leeren Landschaften im Landesinneren in Spanien eine lebhafte Diskussion in Gang setzte. Die Landflucht in Spanien ist krass: Etwa 75 Prozent der Bevölkerung leben rund um Madrid und in den Küstenregionen. Im Rest des Landes sterben die Dörfer und nur in Lappland und einigen Teilen Finnlands leben noch weniger Menschen als im leeren Zentrum der Iberischen Halbinsel.

Eine Ahnung von dem, was gemeint ist, bekommt ihr schnell, wenn ihr euch auch nur wenige Kilometer von der Küste entfernt und in das bergige Hinterland vordringt. Wir tun das bei Marbella und noch einmal bei Granada, um dort die Alhambra zu besuchen. An der Sierra Nevada hindern uns die weiß gezuckerten Gipfel daran, die schmale Straße zu wählen, die am Südhang des Gebirges entlangführt. Stolze 3482 Meter misst der Mulhacén, der höchste Gipfel der Sierra. Wir entscheiden uns für die gut ausgebaute Schnellstraße im Norden und genießen die Fahrt vor der eindrucksvollen Bergkulisse.

Abendstimmung am Strand von Agua Amarga

Zuerst geht es für uns aber von Mértola zurück ans Meer und mitten hinein in das Industriegebiet am Hafen von Huelva. Ein kleiner Kulturschock, von dem wir uns an der Costa de la Luz erholen. An diesem Küstenabschnitt, der noch am Atlantik liegt, befinden sich die ursprünglichsten Strände Südspaniens. Auch hier gibt es viele Badeorte, das Meer ist aber nicht überall hinterbaut. Besonders schön ist der Strand zwischen dem weißen Dorf Conil de la Frontera und der Stadt Tarifa, die den südlichsten Punkt der Iberischen Halbinsel markiert.

Östlich von Tarifa beginnt hinter der Meerenge von Gibraltar das Mittelmeer und das Sommer-Badespektakel an der Costa del Sol – für uns ein Grund, die Küste vorübergehend zu verlassen. Wir folgen auf unserem Weg nach Ronda ein Stück der »Ruta de los Pueblos Blancos«, die 19 weiße Dörfer verbindet, deren weiß gekalkte Fassaden an die maurische Vergangenheit Andalusiens erinnern.

DIE BESTE REISEZEIT

Andalusien ist *das* Ziel für alle, die es im Winter möglichst warm haben wollen, ohne gleich nach Afrika überzusetzen. Die Temperaturen bleiben hier meist zweistellig und liegen an schönen Tagen so um die 20 Grad. Andalusien ist außerdem wahrscheinlich die einzige Küstenregion Europas, in der es Stellplätze gibt, die nur im Winter geöffnet sind. Einige davon liegen direkt am Meer und oft gibt es dort keinen Schatten. Im Winter ist das so genau richtig, im Sommer, wenn die Temperaturen oft über 40 Grad steigen, wäre es nicht auszuhalten. Die meisten Campingplätze sind deshalb ziemlich schattig. Macht außerdem nicht den gleichen Fehler wie wir und fahrt weiter auf der Suche nach einem schöneren Strand. Wenn ihr direkt aus Portugal kommt, sind die ersten Strände Andalusiens ein wenig enttäuschend. Portugals Küste ist einfach schwer zu toppen.

REISE-LITERATUR

Mit dem Wohnmobil nach Andalusien

Wer längere Zeit in Andalusien verbringen möchte, findet in diesem Buch viele weitere Stellplätze und Ausflugstipps, auch abseits der Küste. Mehr Infos: www.womo.de

Wildnisfeeling am Cabo de Gata

Ganz anders kommt dann die Küste am Cabo de Gata daher, für uns ein besonderes Highlight in Andalusien. Mit der Wüste von Tabernas gehört der Naturpark zu den trockensten und heißesten Winkeln Spaniens. Statistisch gesehen regnet es hier an maximal 77 Tagen im Jahr. Die Landschaft ist vulkanisch geprägt und so karg, dass man sich fühlt wie in einer anderen Welt.

Verlässt man den Naturpark, macht man rund um Almería schnell Bekanntschaft mit dem »Mare Plastico«. Hier wachsen unter der heißen Sonne Andalusiens unter hässlichen Plastikplanendächern die Tomaten, die wir in ganz Europa auch noch im Winter im Supermarkt kaufen können.

Im Landesinneren nördlich der Sierra Nevada

68

Muelle de las Carabelas

Die Flotte des Christoph Kolumbus

Drei große Holzschiffe ankern im Hafen vor dem Botanischen Garten von Huelva. In der Mitte liegt die dreimastige Santa Maria, daneben zwei kleinere Caravellen: die Pinta und die Niña.

Die Santa Maria war das Flaggschiff der kleinen Flotte, mit der Christoph Kolumbus im Jahr 1492 als erster Europäer der Neuzeit eine kleine Insel der Bahamas und damit den Kontinent Amerika erreichte. Einen guten Monat segelten die drei Schiffe des Verbandes von Huelva in Richtung Westen, um einen Seeweg für den Handel mit Indien zu suchen. Nach drei Wochen drohte die Mannschaft mit Meuterei. Die Reise ins Ungewisse machte einfach zu viel Angst. Ein Vogel am Horizont, der die Nähe von Land verkündete, rettete die Moral und den Erfolg der waghalsigen Expedition, die in Spanien durchaus umstritten war.

ÜBER NACHT

Stellplatz Gibraleón La Lobera
Kostenloser umzäunter Parkplatz mit Camper-Station. Enge Zufahrt.
N 37°22'19.5", W 6°57'46.9"

Weiter weg, aber netter:
Alternative Camper Park Nirvana
Kleiner privater Platz auf dem Land mit Rock'n' Roll-Bar und guter Stimmung. Dusche, WC, Camper-Service.
€€ | N 37°17'20.6", W 7°19'26.5"
www.casaruralnirvana.com

Dass er bei seinen Expeditionen gar nicht Westindien, sondern einen neuen Kontinent betrat, hat Kolumbus selbst vermutlich nicht mehr erfahren. Auch wenn Seefahrer der Wikinger wohl schon gut 500 Jahre früher auf den Kontinent im Westen stießen, gilt Christoph Kolumbus heute als der Entdecker Amerikas.

Die drei Boote, die in Huelva besichtigt werden können, wurden zum 500. Jahrestag der »Entdeckung Amerikas« originalgetreu nachgebaut. Verglichen mit heutigen Schiffen wirken sie wie Nussschalen, auf deren gewölbtem Deck und steilen Treppen man leicht ins Rutschen gerät. Dass die Lebensbedingungen auf hoher See nicht einfach waren, ist an Bord der drei Schiffe gut nachfühlbar.
Parkplatz: N 37°12'36.2", W 6°55'34.4"

69

El Acebuche

Fußwege durch den Doñana-Nationalpark

Der Doñana-Nationalpark ist eines der größten Vogelschutzgebiete Europas und eine wichtige Station für Zugvögel auf ihrem Weg nach Afrika. Im ausgedehnten Feuchtgebiet, das sich von der Mündung des Flusses Guadalquivir weit ins Landesinnere zieht, finden sie Schutz und Nahrung. In den trockenen Gebieten des Parks leben außerdem verwilderte Pferde und eine der letzten großen Populationen des iberischen Pardelluchses.

An der Küste schirmt ein breiter Sandgürtel mit bis zu 40 Meter hohen Wanderdünen den Nationalpark vom Meer ab. Dahinter folgen die Cotos, eine durch Pinien und Sträucher geprägte hügelige Landschaft. Dazwischen sind die Marismas der Lebensraum für Wasservögel wie Löffelreiher, Stelzenläufer und Flamingos. Marismas sind Salzmarschen, die vom Meer mit Wasser versorgt werden. Es gibt oder gab im Park aber auch etliche Süßwasserteiche.

ÜBER NACHT

Im Nationalpark ist Freistehen verboten. Wir empfehlen zur Übernachtung den Campingplatz in El Rocío.

Camping La Aldea, El Rocío
Zweckmäßiger Platz am Ortsrand von El Rocío. Camper-Service, ACSI-Rabatt in der Nebensaison.
€€ | N 37°08'30.8", W 6°29'23.4"
campinglaaldea.com

Infozentrum El Acebuche

Vom Infozentrum bei Matalascanas führen zwei beschilderte Wege über Bretterpfade (je 4–5 Kilometer) durch den Pinienwald zu Beobachtungsplätzen an einer Lagune. Diese ist nach heißen Sommern aber oft trocken. Schließt ihr euch einer Führung an, kommt ihr auch an einen Beobachtungsplatz, an dem man Luchse sichten kann. In Acebuche können außerdem auch Touren mit dem Allradbus durch den Naturpark gebucht werden.

Parkplatz Infozentrum: N 37°02'42.2", W 6°34'00.1"

Paradies in Gefahr

Schon seit Jahren fällt der Grundwasserspiegel im Nationalpark, weil für den lukrativen Anbau von Erdbeeren illegale Brunnen gebohrt werden. Und auch die Touristenorte an der Küste verbrauchen viel Wasser. Im heißen Sommer 2022 fielen zum ersten Mal alle Lagunen im Park trocken. Erst Ende Dezember war wieder etwas Wasser in den Seen. Ob die Feuchtgebiete für immer verloren sind, ist derzeit noch nicht abzusehen.

70

Wallfahrt nach El Rocío

Die Paloma Blanca und das Dorf der Pferde

Das Dorf El Rocío und die weiten Sumpfwiesen der Doñana sind untrennbar miteinander verbunden. In den Dörfern der Region werden Pferde gezüchtet. Man nennt sie Marismeños, denn sie leben frei in den Salzmarschen, den Marismas. Etwa 900 sind im Nationalpark zu Hause, dazu etwa 300 Fohlen. Rund um das Dorf halten fast alle einige Pferde, denn die Straßen von El Rocío sind sandig, der perfekte Untergrund für Pferdehufe. Mit einem Auto tut man sich hier deutlich schwerer. Pferdekutschen, Mulis und Reiter sind im Ortsbild allgegenwärtig. Überall im Dorf gibt es Holzbalken, an denen die Tiere angebunden werden können. Das hat El Rocío den touristischen Ruf als »Westerndorf« eingetragen. Mit dem Wilden Westen hat die ungewöhnliche Ansiedlung aber eigentlich wenig zu tun.

ÜBER NACHT

Camping La Aldea, El Rocío
Zweckmäßiger Platz am Ortsrand von El Rocío. Camper-Service, ACSI-Rabatt in der Nebensaison.
€€ | N 37°08'30.8", W 6°29'23.4"
campinglaaldea.com

IN DER NÄHE

Auch von El Rocío werden Touren mit dem Allrad-Bus in den Nationalpark angeboten. Fußwege führen vom Infozentrum La Rocina zum Charco de la Boca, an dem wir eine große Gruppe Flamingos beobachten konnten.

El Rocío ist ein Wallfahrtsort. Das wichtigste Gebäude im Dorf ist die Ermita del Rocío, die große weiße Wallfahrtskirche am zentralen Sandplatz. Verehrt wird hier die »Paloma Blanca«, eine Marienstatue. An den breiten Sandstraßen stehen viele reich verzierte Häuser. Sie gehören den »Hermanas«, religösen Gemeinschaften aus allen Regionen Spaniens. Die meiste Zeit des Jahres stehen diese Häuser leer. Nur an Pfingsten zur »Romeria« ziehen alle Bruderschaften auf jahrhundertealten Pilgerpfaden nach El Rocío zur weißen Madonna. Die meisten kommen zu Fuß oder zu Pferd. In den sonst eher stillen Straßen von El Rocío feiern dann Tausende von Menschen.

Parkplatz El Rocio: N 37°07'53.3", W 6°29'14.2"

Saca de las Yeguas

Das zweite große Ereignis in El Rocío hat mit den Pferden zu tun, die im Dorf gezüchtet werden. Jedes Jahr im Juni durchkämmen Reiter die Sümpfe und treiben die Stuten und ihre Fohlen ins Dorf. Die Fohlen werden markiert und Tiere für den Verkauf ausgesucht. Der Höhepunkt des Spektakels ist der Moment, wenn die Yegüerizos, die Cowboys der Marisma, die riesige Herde zur Wallfahrtskirche Ermita del Rocío treiben. Dort erhalten die Pferde den Segen der Madonna, dann geht es zurück ins freie Leben in den Sümpfen – bis zum nächsten Jahr.

71

Tanz der Pferde

Die Königlich-Andalusische Reitschule in Jerez de la Frontera

Zehn weiße Hengste traben durch die Reithalle der Real Escuela Andaluza del Arte Ecuestre. Sie werfen die Beine, schweben förmlich über dem Boden, drehen sich auf der Stelle. Bei der Show, die mehrmals in der Woche stattfindet, zeigen die Reitprofis der Schule, wie die Doma Classica, die Klassische Dressur, in Perfektion aussieht. Piaffe, Passage, der spanische Schritt, aber auch Figuren der »Hohen Schule« wie Capriole und Kurbette – bei den Pferden und Reitern von Jerez sieht das aus wie ein spielerischer Tanz: Leicht, flüssig und elegant.

ÜBER NACHT

Stellplatz Jerez de la Frontera
Mitten im Gewerbegebiet zwischen den großen Supermärkten, aber mit allem, was man braucht, einschließlich einem Laden mit Campingbedarf. Nachts erstaunlich ruhig. Gepflegte Dusche, WC, Camper-Service.
€€ | N 36°41'30.7", W 6°09'34.1"
camperandvan.es

Wer die Real Escuela an einem normalen Arbeitstag besucht, bekommt einen spannenden Blick hinter die Kulissen und eine Ahnung davon, wie viel Arbeit und Erfahrung hinter diesen Vorführungen steckt. Die Shows sind nämlich nur eine Aufgabe der 17 Reitprofis der Schule, zu denen übrigens bisher nur eine einzige Frau gehört. Genauso wichtig ist es, den Nachwuchs auszubilden – den Zweibeinigen und auch den Vierbeinigen. Über 100 Pferde stehen in den Ställen von Jerez.

So wird in der Reithalle an showfreien Tagen konzentriert gearbeitet. Meist trainieren mehrere Reiter und Reiterinnen gleichzeitig. Die Lernenden erkennt ihr an den grünen Shirts, die Ausbildenden an den blauen – und an der Perfektion und der Leichtigkeit, mit der sie im Sattel sitzen.

Training findet an Wochentagen zwischen 10 und 13 Uhr statt und zu diesen Zeiten könnt ihr die Schule auch besuchen. Zuerst bekommt ihr eine Führung durch Sattelkammer und Stallungen. Ein kleines Museum informiert über die Geschichte des Pferdes und der Klassischen Reitkunst. Anschließend dürft ihr beim Training zusehen. Egal ob ihr zur Show wollt oder lieber zum Training: Am besten reserviert ihr rechtzeitig vorher online.

Parkplatz in der Nähe: N 36°41'43.54", W 6°08'16.1"
€€ | www.realescuela.org

72

Cádiz

Weiße Stadt im Meer

Cádiz ist fast von Wasser umgeben – nur eine schmale Landbrücke verbindet die Halbinsel mit dem Festland. Diesen ungewöhnlichen Platz wussten die Menschen schon früh zu schätzen: Cádiz gilt als eine der ältesten Hafenstädte Europas. Kolumbus startete von hier aus seine zweite Reise nach »Westindien«. So wurde Cádiz zum wichtigsten Hafen für den Handel mit Schätzen aus dem neu entdeckten Kontinent. Die Stadt kam schnell zu Reichtum und wurde bald zum präferierten Hafen der andalusischen Hauptstadt Sevilla. Die meisten der schönen Villen in der Altstadt stammen aus dieser Zeit.

Wer heute durch die alte Stadt streift, spaziert durch ein ausgedehntes Labyrinth von schmalen Gassen mit kleinen Läden und Restaurants. Überall gibt es etwas zu gucken – oder etwas Leckeres zu essen. Ein Tourismusmagnet im alten Zentrum ist die neue Kathedrale mit ihrer goldenen Kuppel. Im Eintritt sind ein Besuch im Kathedralenmuseum

und der Aufstieg auf den Uhrturm inbegriffen. Die nahe Catedral Vieja, die alte Kathedrale aus dem 13. Jahrhundert, könnt ihr kostenlos besuchen. Wer eine Pause von Asphalt und Stadtrummel braucht, findet in den Parkanlagen in Cádiz kleine grüne Oasen. Besonders idyllisch chillt ihr auf den Bänken in den Jardines Clara Campoamor.

Zum Meer hin schützt eine Seemauer mit mehreren Castillos die Stadt – vor der Brandung, aber früher auch vor Angreifern. Zwischen dem Castillo de Santa Catalina und dem Castillo de San Sébastian erstreckt sich vor pittoresker Kulisse die hübsche Sandbucht »La Caleta« – der Stadtstrand von Cádiz. Mitten im Sand steht auf Stelzen das Balneario, ein stilvolles historisches Kurbad, das schon in den 1920er-Jahren sonnenhungrige Gäste nach Cádiz lockte. Ein Badeziel ist die Stadt auch heute noch. Längere, allerdings häufig windige Sandstrände findet ihr an der Nehrung, die Cádiz mit dem Festland verbindet.

ÜBER NACHT

Camping Playa las Dunas
El Puerto de Santa Maria
Günstig gelegener Platz: Sowohl zur Fähre nach Cádiz als auch zum Strand ist es nicht weit. ACSI-Rabatt.
€€ | N 36°35'15.0", W 6°14'27.0"
www.lasdunascamping.com

ANFAHRT PER BOOT

Der Campingplatz liegt nahe am Hafen von El Puerto de Santa Maria. Von dort setzen Katamarane etwa stündlich nach Cádiz über. Bequemer kann man die »Stadt im Meer« kaum besuchen.

ÜBER NACHT

Área de Autocaravanas Tarifa
Zweckmäßig und praktisch für den Besuch von Tarifa. Großer Schotterplatz nahe an der Altstadt und wenige Meter vom Strand und den Strandbars entfernt.
Camper-Service. Kein Strom.
€ | N 36°01'03.7", W 5°36'39.6"

WHALE WATCHING

Wenn euch Tierschutz wichtig ist, sucht eure Tour nicht nur nach dem Preis aus. Besonders empfehlenswert sind die Beobachtungsfahrten der Stiftung Firmm. Sie werden von Meeresbiolog*innen geleitet, für die das Wohl der Delfine an erster Stelle steht. www.firmm.org

73

»Easy Going« in Tarifa

Coole Surferlocation am Ende Europas

Auf der kleinen Halbinsel am Stadtrand von Tarifa steht ihr am südlichsten Spot des europäischen Festlands. Auf der Ostseite des Dammes badet ihr im Mittelmeer, auf der anderen Seite rauscht der Atlantik. Vom Hafen könnt ihr nach Tanger hinübersehen und zu den Bergen des marokkanischen Rifgebirges. Afrika. Nirgendwo sonst liegen die Kontinente näher beieinander. Eine gute Stunde braucht das Fährschiff hinüber, die Ausflugsboote sind deutlich schneller – das lohnt auch für einen Tagesausflug. Aus dem Hafen von Tarifa fahren aber nicht nur Boote nach Afrika: In der Meerenge leben Delfine und Wale. Selbst Finnwale werden immer wieder gesichtet. Whalewatching-Touren könnt ihr am Hafen buchen.

Wer lieber an Land und in Europa bleibt, verbummelt die Zeit am schönsten in einer der lässigen Strandbars am breiten, endlos langen Traumstrand, der weit über den Ort hinausreicht. Hier sitzt ihr mit Blick auf das Meer. Auch außerhalb der Badesaison sind fast immer einige Surfende in den Atlantikwellen. Ist genug Wind, sausen hier die Profis mit ihren Kites über das Wasser. Ebenso cool sind die Cafés, Bars und kleinen Läden in den verschachtelten Gassen der Altstadt. Tarifa liegt voll im Trend. Hier ist auch in der Nebensaison noch was los.

74

Das Dorf der Geier

Casares und die Sierra Crestellina

Casares gehört zu den Pueblos Blancos, den weißen Dörfern im bergigen Hinterland Andalusiens. Seine weiß gekalkten Häuser gruppieren sich unterhalb der schroffen Felswände der Sierra Crestellina, in der eine große Kolonie Gänsegeier gute Lebensbedingungen findet. So kreisen über Casares immer wieder große Gruppen der riesigen Vögel. Man kann sie auch vom Stellplatz beobachten, der ein Stück oberhalb des Dorfes liegt. Von hier aus sieht man auch hinüber zum Burgberg. Dort sind die ältesten und engsten Gassen von Casares zu finden – und ein grandioser Aussichtspunkt mit Fernblick in alle Richtungen. Oben auf dem Felsen stand einmal eine maurische Burg, um die später auch das Dorf entstand.

Vom Stellplatz zur Burgruine kommt ihr am besten zu Fuß. Wer hinüberschaut, ahnt es schon: Der Besuch von Casares ist eine kleine Bergtour. Erst geht es hinunter ins

ÜBER NACHT

Stellplatz Casares
Kleiner kostenloser Stellplatz mit Picknicktischen, an der Tourismusinformation vor dem Ort. Entsorgungsschacht hinter dem Haus rechts und Wasserhahn am Haus.
N 36°26′45.9″, W 5°16′41.8″

Dorf, dann wieder hinauf zur Burg. Die Straßen sind megasteil, der Platz auf dem Burgberg ist einfach toll. Die Aussichtspunkte verteilen sich rund um den Felsgipfel. Auf der einen Seite schaut ihr bis an die Küste, während gegenüber die schroffen Berge der Sierra Crestellina liegen. Der Gegensatz könnte kaum größer sein: unten am Meer die dicht bebaute Costa del Sol, auf der anderen Seite ein Naturschutzgebiet, über dem die Gänsegeier ihre Runden drehen. Es gibt hier oben auch ein Restaurant, das aber nicht jeden Tag geöffnet ist. Es wäre auf den Aussichtsterrassen aber auch viel Platz für ein entspanntes Picknick.

Wer den Geiern näher kommen möchte, kann die Sierra Crestellina auch auf Wanderwegen durchstreifen. Mehr erfahrt ihr in der Tourismusinfo, direkt am links angegebenen Parkplatz für Wohnmobile.

75

Ronda

Ein Dorf am Abgrund

Die Häuser der beiden alten Stadtviertel von Ronda stehen hoch oben auf einem Felsen. Le Ciudad heißt die alte maurische Stadt, El Mercadillo nennt man den etwas neueren Teil des Ortes. Zwischen beiden gähnt ein fast 100 Meter tiefer »Höllenschlund«. Die Schlucht, »El Tajo« genannt, wird von drei Brücken überspannt. Beeindruckend ist vor allem die Ponte Nuevo, deren Stützfüße weit hinunter in den Abgrund reichen. Die Ponte Viejo, die alte Brücke, ist deutlich niedriger. Dazwischen kleben die Gärten »Jardines de Cuenca« in der Steilwand. Von ihren Terrassen habt ihr einen guten Blick in den Abgrund.

Im alten Stadtviertel La Ciudad spaziert ihr durch enge Gassen zwischen weißen Mauern, bis ihr die Kirche Santa Maria la Mayor erreicht. Am benachbarten Palacio de Mondragón führt dann ein Weg hinunter zum zweiten Mirador. Von hier aus ist der Blick auf die Ponte Nuevo am spektakulärsten.

Berühmt ist Ronda außerdem für den Stierkampf. Drei Generationen der hier ansässigen Familie Romero entwickelten die Escuela Rondeña, nach der heute noch in spanischen Arenen gekämpft wird. Die im 18. Jahrhundert errichtete Arena »Plaza de Toros« steht im Stadtteil El Mercadillo. Heute ist hier ein Stierkampf-Museum untergebracht. Auch wenn euch der Hunger plagt, sucht ihr am besten im neueren Stadtteil nördlich der Brücken. In den Fußgängerstraßen von El Mercandillo gibt es Cafés und Restaurants in großer Auswahl.
Parkplatz am Ortsrand: N 36°44'31.2", W 5°09'33.2"

ÜBER NACHT

Stellplatz Ronda
Gepflegter, vollständig ausgestatteter Stellplatz neben dem Campingplatz El Sur. In ruhiger, grüner Lage süd-westlich der Stadt. Nach Ronda sind es etwa zwei Kilometer. Dusche, WC, Camper-Service. Anmeldung am Campingplatz.
€€ | N 36°43’19.2“, W 5°10’19.5“
www.campingelsur.com

76

Setenil de las Bodegas

Das Felsendorf

Das weiße Dorf Setenil klebt förmlich an einer Felswand. Oben auf dem Felsen ragt die Ruine einer maurischen Burg in den wolkigen Himmel, unterhalb staffeln sich weiß gekalkte Häuser am Hang. Einige von ihnen wurden direkt in die Felswand gebaut und sind halb Haus und halb Höhle. So sehen wir das Dorf vom Aussichtspunkt Mirador del Carmen, der sich neben der kleinen weißen Ermita mit dem gleichen Namen befindet.

Von hier aus könnt ihr auch schon die schmale weiße Steinbrücke entdecken, die über den Rio Trejo führt. Von der Brücke geht es steil hinauf durch die ultraschmale Cala Herreia bis zu einigen Restaurants. Wer noch weiter aufwärts steigt, steht bald vor dem Castillo von Setenil.

ÜBER NACHT

Camping Nogalejo
Gepflegter kleiner Campingplatz am Ortsrand, gutes Restaurant.
€€ | N 36°52′10.9″ W 5°10′00.4″
www.campingelnogalejo.es

Die ungewöhnlichste Straße findet ihr jedoch unten am Flussufer: Hier hat man ein Reihe urige Häuser direkt unter den weit überhängenden Felsen gebaut. Im Sommer und an Wochenenden stehen davor die Tische der Restaurants mitten auf der Straße. Hierher kommen auch Spanier aus der Umgebung gerne zum Essen. Setenil lebt vor allem vom Tagestourismus.

Nur die Bodegas (Weinkeller), die der Name des Ortes verspricht, werdet ihr im Dorf vergeblich suchen. Seit die Reblaus die Weinberge heimsuchte, baut man um Setenil lieber Oliven an. Ausgedehnte Plantagen prägen die hügelige Landschaft östlich des Dorfes. Olivenöl direkt vom Erzeuger könnt ebenfalls im Dorf kaufen.
Parkplatz am östlichen Dorfrand: N 36°51'45.2", W 5°10'14.2"

ÜBER NACHT

Stellplatz Casa La Paz
Schöner, sehr kleiner Stellplatz in toller Lage mitten in den Bergen. Freundliche Atmosphäre, Pool, Sanitäranlagen, Camper-Service. Restaurant und Bar sind zu Fuß erreichbar. €€€ | N 36°54'13.7", W 4°44'44.5" | Telefonische Anfrage unter 0034 621 332 811 | casalapazelchorro.com

77

Caminito del Rey

Auf dem Königspfad durch den Desfiladero de los Gaitanes

Ein Bretterpfad führt in bis zu 100 Metern Höhe durch die schmale Schlucht, die der Guadalhorce zwischen schroffe Felsen gefressen hat: der Caminito del Rey. Ursprünglich wurde er gebaut, um Baumaterial für eine Talsperre durch das unwegsame Gelände zu transportieren. Die Staudämme Gaitanes und El Chorro versorgten die Dörfer der Region mit Strom und Wasser und sie konnten über den Caminito gewartet werden. Aber auch die Bevölkerung schätzte den bequemen Steg durch die Schlucht – für den Weg zur Arbeit oder zur Schule. Nachts war der Pfad sogar beleuchtet.

Schon lange führt eine Straße von einer Seite der Schlucht auf die andere. Der Bretterpfad wurde nicht mehr gebraucht und verfiel. Das Holz verfaulte und nur die rostigen Halterungen blieben zurück. Die abenteuerlichen Reste des Weges hoch oben in der Felswand zogen tollkühne Kletterer magisch an. Nachdem hier mehrere Menschen ums Leben kamen, wurde der Zugang im Jahr 2001 gesperrt. Zu diesem Zeitpunkt galt der Caminito del Rey als der gefährlichste Wanderweg der Welt.

Seit 2015 ist der Königspfad wieder begehbar. Zwei Meter über dem alten Steg hat man einen neuen angelegt – stabil und gut gesichert, sodass hier alle gefahrlos in luftiger Höhe durch die grandiose Schlucht marschieren können. Der Einstieg befindet sich auf der Nordseite bei El Kiosko, der Ausstieg in El Chorro. Für die Fahrt dazwischen gibt es einen Shuttlebus. Die spektakuläre Wanderung ist so beliebt, dass ihr eure Tickets für den Weg im Sommer oft mehrere Wochen im Voraus reservieren müsst. Die teureren geführten Touren sind nicht ganz so schnell vergriffen.

7,7 km, Gehzeit 3–4 Stunden | Tickets unter www.caminitodelrey.info und getyourguide.de
Parkplatz Südseite (El Chorro): N 36°54′22.3″, W 4°45′36.8″

78

El Torcal de Antequera

Wunderwelt aus Stein

Schon die Fahrt auf den Berg durch die zerklüfteten Kalksteinfelsen ist beeindruckend. Im Sommer fährt vom Parkplatz an der Nationalstraße ein Shuttlebus, außerhalb der Saison dürft ihr euch selbst auf den Weg machen. Kurve um Kurve bringt euch eine schmale Straße immer höher. Oben trefft ihr auf einen großen Parkplatz und ein Infozentrum mit Shop und Snack-Bar.

Zwei schmale Wanderwege führen vom Parkplatz in die Steinwelt von El Torcal. Der längere ist gelb markiert und mit knapp drei Kilometern gut zu machen. Da es »über Stock und Stein«, über Felsen und durch Engpässe geht, sind die dafür angegebenen zwei Stunden Gehzeit tatsächlich nur wenig übertrieben.

Wir wandern mitten hinein in die Steinwelt, die von Wind und Regen aus dem Karst geschliffen wurde. Einige Felsen sehen aus, als seien sie aus riesigen Stein-

ÜBER NACHT

Stellplätze Antequera
Kostenloser, sehr zweckmäßiger Platz mit Camper-Service am Sportplatz und nahe an der Straße.
N 37°01'17.1", W 4°34'19.3"

Schöner, nur halboffiziell und ohne jede Ausstattung steht man auf einem Schotterplatz oberhalb des Dorfes mit Blick auf die Zitadelle von Antequera.
N 37°0'39.4", W 4°33'44.9"

platten gestapelt, andere türmen sich zu knubbeligen Spitzen. Der gelb markierte Weg zieht einen großen Bogen durch das ganze Gebiet und durchquert dabei auch einen Engpass, der so schmal ist, dass man gerade so hindurchschlüpfen kann.

Obwohl die Landschaft so karg wirkt, sind in den Felsen von El Torcal auch einige Säugetiere zu Hause. Zeitweise schickt man hier Schafe auf die Weide, wir entdecken aber in der Nähe des Infozentrums auch einige Steinböcke auf den Felsen. In den Felswänden haben außerdem Gänsegeier ihre Nistplätze. Die großen Vögel könnt ihr immer wieder über dem Felsmassiv kreisen sehen.

Große Runde: 3 km, ↓↑ 40 m, Gehzeit 2 Stunden | GPX
Parkplatz am Infozentrum: N 36°57'12.4", W 4°32'38.9"

79

Zauberwelt Alhambra

Granadas maurischer Palast

Betrachtet man die Gebäude der Alhambra von außen, wirken sie rau und kantig. Erst der Blick ins Innere enthüllt, warum diese Festung so berühmt ist. Besonders eindrucksvoll sind dabei die Paläste der Nasriden. Bunte Azulejos und grazile, fein und kunstvoll gearbeitete Steinreliefs machen sie zu einem ganz besonderen Ort. Wie das Werk eines detailverliebten Zuckerbäckers wirken die Kapitelle der schlanken Säulen – nur sind sie nicht aus Zuckerguss.

Einen krassen Kontrast zu den Palästen bildet die Alcazaba, die maurische Wehranlage an der Spitze der Burg, mit ihren trutzigen Mauern. Von ihren Aussichtsterrassen über-

ÜBER NACHT

Área Camper El Cortijo
Zweckmäßiger Platz, gut für den Besuch von Granada, aber direkt an einer befahrenen Straße, die man deutlich hört. Sanitär im Aufbau, Restaurant nebenan, Camper-Service.
Ganzjährig | €€ |
N 37°8'48.0", W 3°34'56.7" |
areacamperelcortijo.com

Stellplatz Alhambra
Auf dem Parkplatz hinter der Alhambra (erreichbar von der Autobahn ohne Fahrt durch die Stadt) darf man auch übernachten. Die Parkgebühr ist im Winter schon teuer, im Sommerhalbjahr verlangt man einen astronomischen Stundentarif. Trotzdem perfekt zum Besuch der Alhambra.
€€€€ | GPS N 37°10'18.1", W 3°34'45.7"

blickt man die ganze Stadt. Anschließend lohnt unbedingt ein Bummel durch die Gärten des oberhalb gelegenen Sommerpalastes. Von hier habt ihr die Burganlage gut im Blick. Aber auch auf den Wegen gibt es einiges zu entdecken. Kaum ein Stein liegt zufällig an seinem Platz. Kunstvolle Muster und wilde Gestalten aus einfachen Kieselsteinen beleben die Parkanlage. Überall fließt und sprudelt Wasser, was im Sommer für Kühlung sorgt.

Praktische Tipps für den Besuch

Etwa zwei Millionen Menschen besuchen jedes Jahr die Alhambra. Das erfordert Organisation. Den Besuch in den Nasridenpalästen müsst ihr für einen genauen Zeitpunkt buchen. Der Rest der Anlage kann dann vorher oder nachher erkundet werden. Auch im Winter sind die Tickets oft mehrere Tage im Voraus vergriffen. Zur Buchung empfiehlt es sich, die offizielle Seite zu nutzen. Das normale Ticket inklusive Nasridenpaläste kostet etwa 14 Euro. Ihr findet bei der Onlinesuche zuerst Führungen, die sehr viel teurer sind. tickets.alhambra-patronato.es

ÜBER NACHT

Stellplatz Guadix
Zweckmäßiger Übernachtungsplatz am Stadtrand neben einer großen Schotterfläche, auf der am Wochenende oft Märkte stattfinden. Kein Schatten, Camper-Service und öffentliche Toilette am Platz. Restaurants im nahen Stadtzentrum.
N 37°18'14.6", W 3°08'00.7"

80

Die Höhlenhäuser von Guadix

Wohnen unter der Erde

Höhlenwohnungen gibt es an vielen Orten in Spanien. Ihr größter Vorteil ist die konstante Innentemperatur zwischen 18 und 20 Grad, die sowohl im Sommer als auch im Winter einen gut temperierten Wohnraum bietet. Einige Höhlenwohnungen, zum Beispiel die in Arguedas, sind komplett in den Fels gebaut. Bei den Häusern in Setenil hat man einen Felsüberhang mit einer zusätzlichen Mauer versehen, um einen abgeschlossenen Wohnraum zu schaffen.

Hier in Guadix verstecken sich die Höhlen in den braunen Hügeln, die die Landschaft rund um das Dorf so eigentümlich machen. Sie sind ausgehöhlt wie Termitenbauten. Der weiche vulkanische Stein lässt sich gut bearbeiten und die meisten Wohnhöhlen sind nicht natürlichen Ursprungs. Sie wurden in den Fels gegraben. Dass sich unterhalb eines Hügels ein Haus befindet, erkennt man oft zuerst am weiß gekalkten Schornstein. Diese ragen wie kleine Antennen aus der Erde. Der Eingang zum Höhlenhaus ist dann oft nur mit einer Mauer versehen, manchmal gibt es aber auch Anbauten vor der Höhle. Manche »Cuevas« wirken gepflegt und wohnlich, andere sind in wirklich schlechtem Zustand.

In Guadix sind viele der Höhlenhäuser auch heute noch bewohnt. Etwa 4000 Menschen sind in der Höhlen-Siedlung im Süden der Stadt zu Hause. Dort gibt es auch ein kleines Museum, eine Aussichtsplattform und mehrere Höhlenhäuser, die besichtigt werden können. Unterhalb des »Barrio de las Cuevas«, des Höhlenviertels, liegt das ganz normale Guadix mit geschäftigen Straßen, einer maurischen Burg und einem Wohnmobilparkplatz am Stadtrand. Mit einem kleinen Van könnt ihr in der Nähe des Museums parken, größere Fahrzeuge lasst ihr besser am Stellplatz. Von dort sind es knapp zwei Kilometer bis zum Museum.
Höhlenmuseum: N 37°17‘40.4“, W 3°08‘32.6“

81

Die Wüste von Tabernas

Spaniens »Wilder Westen«

Tiefe Canyons und zerfurchte Felswände, staubige Pisten und eine wirklich karge Vegetation. Die rauen Hügel von Tabernas sind die einzige echte Wüste in Europa. Nur selten fällt hier Regen vom Himmel und im Sommer brennt die Sonne unbarmherzig vom oft wolkenlosen Himmel. Die Landschaft erinnert so sehr an den »Wilden Westen« der USA, dass hier viele der bekannten Westernfilme gedreht wurden.

Von den dafür erbauten Kulissen sind drei weiterhin gelegentlich im Einsatz. Werden sie nicht zum Drehen gebraucht, inszeniert man hier großes Tourismus-Westernspektakel mit Cancan-Tänzerinnen im Salon und Schießereien auf der Straße. Am aufwendigsten zelebriert das Dorf Oasys Mini Hollywood seine Showeinlagen. Hier gibt es auch noch einen Zoo, der allerdings wegen seiner zu kleinen Gehege kritisiert wird, und im Sommer ein Schwimmbad mit Rutschen. Fast ebenso groß ist das Fort Bravo, das

sich auf Westernshows mit Pferden spezialisiert hat. Das Western Leone, ehemals Drehort des Filmes »Spiel mir das Lied vom Tod«, ist die kleinste der drei Anlagen und wohl schon sehr in die Jahre gekommen.

Wenn ihr Wüste mit weniger Spektakel vorzieht, könnt ihr gegenüber dem Mini-Hollywood ein Stück dem mit Pfosten markierten Rundweg »Ruta Circular de Western Leone« folgen. Er führt euch hinunter in einen trockenen Canyon und nahe der Autobahn zurück zum Parkplatz.
Kompletter Rundweg: 9 km, Gehzeit 3 h, ↓↑100 m | GPX
Startpunkt: N 37°01'16.9", W 2°26'05.2", kein Schatten!

ÜBER NACHT

Stellplatz Route 66
Platz noch im Bau, aber in schöner Lage. Nur für autarke Fahrzeuge.
€ | N 37°04'22.1", W 2°21'33.1"

Stellplatz Little Texas
Schön angelegter und gut ausgestatteter Platz mit Pool, Sanitäranlagen, Camper-Service. Strom inklusive.
€€ | N 37°05'42.7", W 2°17'17.2"
littletexastabernas.com

ÜBER NACHT

Übernachten im Camper ist überall im Naturpark verboten, es gibt aber mehrere Stell- und Campingplätze.

Cabo de Gata Camper Park
Liebevoll gestaltetes und üppig bepflanztes Gelände. Nahe an der Straße und umgeben von Gewächshäusern. 7 Kilometer nach San José. Einfaches Sanitärhäuschen, Camper-Service.

Ganzjährig | €€ | N 36°48'59.3", W 2°08'57.1" | cabogatacamper.com

Camping Los Escullos
Gepflegte, gut ausgestattete Anlage, 1,5 Kilometer entfernt von der schönen Bucht Playa Escullos mit bizarren Kalksteinformationen. ACSI-Rabatt.

Ganzjährig | €€ – €€€ | N 36°48'11.4", W 2°04'43.9" www.losesculloscabodegata.com

82

Cabo de Gata

Vulkanlandschaft am Meer

Parque Natural de Cabo de Gata-Níjar, lautet der volle Name des Naturparks. Wer jetzt die Verbindung zu »Gata«, der Katze, sucht ist allerdings auf dem Holzweg. Kap des Achats (spanisch agata) wäre die richtige Übersetzung. Bei den vielen spitz zulaufenden Hügeln im Park handelt es sich nämlich um lang erloschene Vulkane, und Vulkangestein enthält viele Mineralien. Kupferkies, Alkalifeldspat, Gold, Jaspis und Achat wurden am Cabo de Gata abgebaut.

Dass die Landschaft so karg ist, hat aber noch einen anderen Grund. Es regnet kaum auf der Landspitze. In der Region um Almería zählt man über das Jahr die meisten Sonnenstunden in Spanien und nur rund 25 Tage mit Regen. Mit diesen Bedingungen kommen nur wenige Pflanzen zurecht. Einige Dattelpalmen halten sich an feuchteren Stellen, dazu die buschigen kleinen Zwergpalmen und Agaven. Die Vegetation ähnelt der in der Randzone der Sahara. So fühlt man sich im Naturpark wie in einer anderen Welt.

An der weitgehend felsigen Küste verstecken sich mehrere lange Sandbuchten, die mit zu den schönsten Stränden Andalusiens gehören. Eine holprige Piste führt vom Leuchtturm Cabo de Gata zum Dorf San José und zu Parkplätzen hinter einigen Stränden. Andere können nur zu Fuß erreicht werden.

Faro de Cabo de Gata

Am westlichen Zipfel des Parks säumt ein langer, schmaler Sandstrand die Küste bis zum Ort Almadraba mit seinen großen Salinen, durch die im Sommer häufig Flamingos staksen. Hier kann man tagsüber direkt hinter dem Strand parken. Vom Ort schraubt sich die Straße über einen Hügel und hinauf zum Leuchtturm mit Weitblick über die Küste.

San José und die Playa Genovese

San José ist der größte Ort im Naturpark und er wächst stetig weiter hinein in die Hügel – Naturpark hin oder her. Aus dem Ort führt ein Fußweg zur langen, wilden Playa Genovese. Am hinteren Ende der Bucht wird die Landschaft besonders urig – hier ist noch gut zu sehen, wie die Lava vor Millionen von Jahren ins Meer lief. Sogar einige Blubberlöcher könnt ihr entdecken. Wer trittsicher und schwindelfrei ist, kann dem blau-weiß markierten Küstenweg zur noch gut zwei Kilometer entfernten Cala Principe folgen. Alternativ

führt von San José die bereits erwähnte Piste zu den Stränden und weiter bis zum Leuchtturm. Sie ist zugelassen für Fahrzeuge bis 2,30 Meter Breite und zeitweise mautpflichtig.

Goldfieber in Rodalquilar

Rodalquilar erlebte seinen Goldrausch Anfang des 20. Jahrhunderts. Als das Goldvorkommen erschöpft war, wurde in der Mine zuerst Blei und Zink abgebaut, dann wurde sie verlassen. Die bröckelnden Gebäude blieben stehen und sind heute sind ein beliebter »Lost Place«. Einige der verfallenden Häuser der Minenarbeiter wurden auch restauriert. In einem davon befindet sich die Naturparkinfo. Ein Wanderweg führt durch das Minengelände zum Kloster Cortijo del Fraile, das Drehort für mehrere Filme war.

Playa de los Muertos

Die breite Sandbucht ist auf einem 500 Meter langen Fußweg von der Straße erreichbar und gilt ebenfalls als Traumstrand, was sich beim Blick vom Aussichtspunkt relativiert. Schaut man auf die andere Seite der Landzunge, stört die große Zementfabrik direkt an der Grenze des Naturparks die Idylle empfindlich.

SANLÚCAR AC PARKING

Der Stellplatz ist mit sehr einfachen Sanitäranlagen ausgestattet und punktet mit großen Plätzen und einem engagierten Betreiber. Er liegt an der Mündung des Gualdaquir nur wenige Schritte vom Meer entfernt. Baden ist wegen der scharfen Felsen aber kaum möglich. Der nette Badeort Chipiona ist mit dem Fahrrad erreichbar. In Sanlúcar werden Ausflüge per Boot in den Donãna-Nationalpark angeboten.
Ganzjährig | €€ | Camino de la Reyerta, Sanlúcar de Barrameda | N 36°45'42.8", W 6°23'44.4"

Playa El Palmar: einer der schönsten Strände an der Costa de la Luz

STELLPLATZ AGUA AMARGA, CABO DE GATA

Ebene Schotterfläche unter Palmen und vor einer roten Felswand. Der Platz liegt am Ortsrand etwa 200 Meter entfernt von der hübschen Sandbucht des sympathischen Ortes Agua Amarga. Dort gibt es auch zwei Strandbars, die aber im Dezember geschlossen sind. Morgens kommt ein Bäckerwagen auf den Platz, ein kleiner Supermarkt ist zu Fuß erreichbar. Das Sanitärhäuschen ist frisch renoviert.
Ganzjährig | €€ | C. Depósito, Agua Amarga | N 36°56'26.9", W 1°56'12.7"

Große Plätze unter Palmen machen den Platz in Sanlúcar attraktiv.

ÁREA AUTOCARAVANAS EL PALMAR

Großer Stellplatz auf einer ebenen Schotterfläche ohne Schatten. Freundliche Leitung und gute Ausstattung mit Strom, WC und Dusche. Sein großes Plus ist die Nähe zum tollen Strand von El Palmar. Der endlos lange, kaum hinterbaute Sandstreifen ist auch bei Surfern sehr beliebt. An der Strandstraße werden Boards verliehen und es gibt auch einige Bars und Restaurants, die nicht nur in der Sommersaison geöffnet sind.

Ganzjährig | €€–€€€ | P.º Maritimo, S/N, Vejer de la Frontera | N 36°13'42.2", W 6°03'58.1" | parkingcaravanaselpalmar.com

Agua Amarga: nahe am Strand und an einem sympathischen Dorf

Spaniens Ostküste

Costa Cálida, Costa Blanca und Costa Dorada

FARO

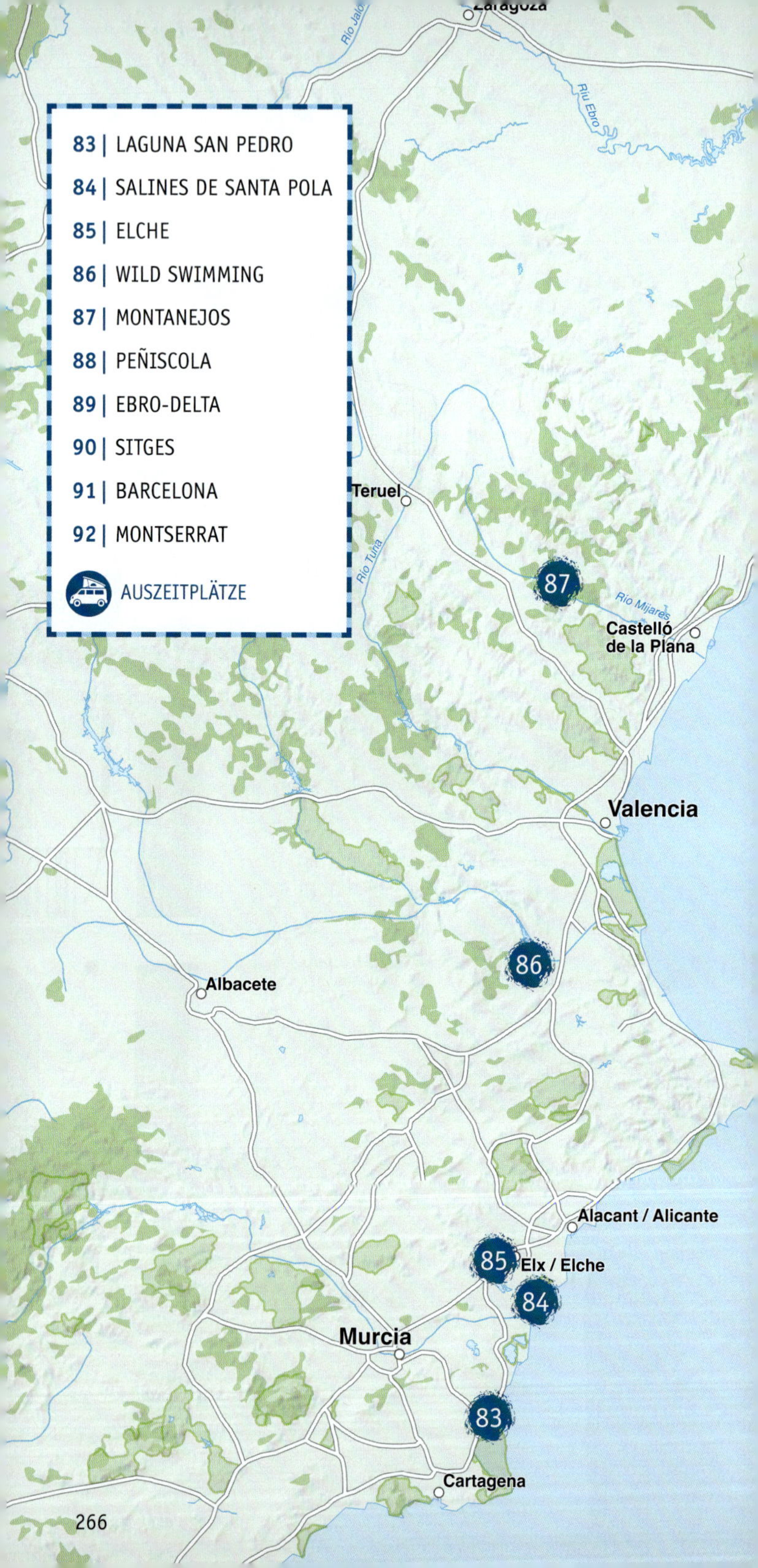
83 | LAGUNA SAN PEDRO
84 | SALINES DE SANTA POLA
85 | ELCHE
86 | WILD SWIMMING
87 | MONTANEJOS
88 | PEÑISCOLA
89 | EBRO-DELTA
90 | SITGES
91 | BARCELONA
92 | MONTSERRAT
AUSZEITPLÄTZE
Riu Ebro
Teruel
Río Turia
87
Río Mijares
Castelló de la Plana
Valencia
86
Albacete
Alacant / Alicante
85
Elx / Elche
84
Murcia
83
Cartagena

Spaniens Ostküste

Costa Cálida, Costa Blanca und Costa Dorada

Der Ruf der spanischen Ostküste ist nicht der allerbeste. Hotelburgen und Pauschaltourismus mit dem Credo »billig in die Sonne« haben den Ruf der Region und tatsächlich auch der Schönheit ihrer Küste schwer geschadet. Trotzdem haben wir hier auf der Rückfahrt gen Norden eine richtig gute Zeit. Jenseits der Badesaison geht es auch am Meer entspannt zu und wenige Kilometer im Hinterland könnt ihr Plätze entdecken, die wirklich etwas Besonderes sind. Unser persönliches Highlight sind die Flamingos – und ein Bad in kristallklarem, lauen Wasser zwischen hohen Felswänden. Im Dezember wohlgemerkt. Unser Fazit: Die Mittelmeerküste Spaniens »off season« können wir durchaus empfehlen!

Flamingo-Spektakel

Flamingos lieben das Mittelmeer. Hier gibt es viele der flachen Salzwasserlagunen, in denen sie reichlich Futter finden. Auch die flachen Wasserbecken der Salinen sind ein Flamingoparadies. Die rosa Vögel sind absolute Nahrungsspezialisten, die nur die winzigen Organismen des Planktons fressen, den sie mit ihrem Schnabel aus dem Wasser filtern. Kleinkrebse, Insektenlarven, kleinere Weichtiere und Ringelwürmer gehören dabei zu ihrer Beute. Ansonsten können im stark alkalischen Wasser fast keine Tiere überleben. Jun-

Elche im Dezember – mit vielen Palmen und Orangenbäumen voller Früchte.

ge Flamingos haben weißes Gefieder. Rosa färbt es sich erst mit der Zeit und durch die Aufnahme von Carotiniden mit der Nahrung. Ein gut genährter, starker Flamingo ist intensiv gefärbt. In Stresszeiten bleichen die Vögel aus. So sieht man Flamingoeltern die Strapazen der Brutzeit wohl tatsächlich an – sie verlieren einen Teil ihrer rosa Farbe. Unser bester Spot zur Beobachtung der Vögel liegt übrigens im Ebro-Delta, wo sie sich im Winter in großen Gruppen im flachen Wasser tummeln.

Lagunen und Salinen

Rosa sind an der Mittelmeerküste nicht nur die Flamingos. Eigentlich hatten wir auch die »Lagunas rosas« von Torreviejo auf unserer Liste. Wir trafen dort aber auf einen ganz normalen See – von »rosa« keine Spur. Kräftig gefärbt sind dafür einige Salinenbecken in Santa Pola. Quietschrosa. Warum? Genau das wollen wir wissen. Die Antwort: Zwei kleine Lebewesen im Mittelmeerwasser sind für die Farbe verantwortlich. Winzige Salinenkrebse und die Alge Dunaliella Salina, von der die Krebse leben. Steigt die Salzkonzentration im Wasser, sterben die Krebse ab und die Algen vermehren sich rasant. Dunaliella Salina bildet dann im stark salzhaltigen Wasser besonders viel Beta-Carotin, das die Algen und damit auch das Wasser rosa färbt. Regnet es längere Zeit, wie das bei unserem Besuch im Dezember der Fall ist, sinkt die Salzkonzentration in den Lagunen, die Krebse vermehren sich, fressen die Algen und das Wasser

DIE BESTE REISEZEIT

Die Gegend rund um Murcia und Alicante gehört zu den Gebieten Spaniens, in denen viele Wohnmobilisten überwintern. Deshalb sind die meisten Stellplätze auch im Winter gut belegt oder manchmal auch ausgebucht. Weiter im Norden sind die Winter deutlich kühler und es ist entsprechend ruhiger. Dafür schließen die meisten Campingplätze bereits Ende Oktober.

REISE-LITERATUR

Infos über die lange Ostküste Spaniens findet ihr in diesen beiden Büchern:

Entdeckertouren mit dem Wohnmobil: Katalonien
Gut versteckte stille Plätze an der Costa Brava und schöne Spots im Hinterland Kataloniens könnt ihr mit diesem Band der WOMO-Reihe entdecken.

Entdeckertouren mit dem Wohnmobil: Zentralspanien (Der Osten)
Hier gibt es die richtigen Infos für weitere Ausflüge ins Landesinnere und zum genaueren Erforschen der Küste zwischen Peñiscola und Cartagena.

Mehr Infos: www.womo.de

färbt sich wieder blau. So verstehen wir dann auch, warum wir in Torrevieja an einem ganz normalen See standen. Statt der berühmten »Laguna rosa« erforschen wir dann die vielen kleineren Lagunen und Salinen in der Umgebung. Jede ist ein bisschen anders. Und dann ist da noch dieser Ort mit dem lustigen Namen: Elche – oder Elx auf Valencianisch. Da soll es einen riesigen Palmenhain geben und unsere Neugier ist geweckt.

Barcelona und das Kloster Montserrat

Barcelona mit dem Camper – so richtig gut funktioniert das nicht. Im Stadtbereich gibt es weder Camping- noch Stellplatz, sodass ihr die Stadt nur mit einer längeren Anfahrt im Bus erreicht. Die besten Plätze dazu liegen südlich von Barcelona. Mehr als einen oder zwei Tage Barcelona-Schnuppern sind so aber kaum zu machen. Sagrada Familia, Parc Güell und ein Bummel durch die Altstadt: Das muss reichen für den ersten Eindruck.

Spannend wird es noch einmal im Nordwesten der Stadt. Dort verstecken sich zwei Klöster in den Bergen – eines wohlbekannt **[› Spot 92]**, das andere nicht. Sant Miquel del Fai ist ein kleiner Geheimtipp. Und weil das Kloster im Felsen erst im Frühjahr 2023 frisch renoviert wieder für Gäste öffnet, fehlt der Spot auch hier im Buch, was wir sehr bedauern ...

Die Federn junger Flamingos sind weiß ...

83

Schlammbad und Flamingos

Die Lagune von San Pedro del Pinatar

Am nördlichen Ufer des Mar Menor zieht sich eine lange, gepflegte Promenade zwischen der Lagune und den Salinen von San Pedro in Richtung Mittelmeer. Hier tummeln sich bei Badewetter viele Menschen in Badekleidung. Schaut ihr genauer hin, sehen sie recht merkwürdig aus. Grauschwarz – aber mit verdächtig weißen Rändern um die Augen. Es ist Schlamm, der überall an den Körpern klebt.

Das Mar Menor, die größte Salzwasserlagune an der spanischen Küste, ist nur durch einen schmalen Zufluss mit dem Mittelmeer verbunden. Durch die starke Sonneneinstrahlung verdunstet viel Wasser und die Lagune hat einen besonders hohen Salzgehalt. Der Schlamm, der sich am Nordende sammelt, enthält einen hohen Prozentsatz an Mineralien und wird zur Thalasso-Therapie eingesetzt. Besonders gut helfen soll er bei Hauterkrankungen und Rheuma.

ÜBER NACHT

Camper Park La Ribera
Perfekt ausgestatteter Riesenplatz auf Schotter. Kein Schatten. Die Dusche ist inklusive und richtig heiß. Vor Ort können deutsche Gasflaschen nachgefüllt werden. Die Baños de Lodo sind mit dem Rad erreichbar (5 km). Durch die nahe Straße und einen Militärflughafen nicht ganz so ruhig.
€ | N 37°48'14.7", W 0°48'57.1" | camperparklaribera.com

In den Baños de Lodo am Ortsrand von San Pedro del Pinatar führen Holzstege ins flache Wasser. Den Schlamm holt man mit einem Gefäß hinauf, um sich anschließend auf der Plattform des Stegs von oben bis unten einzureiben. Ist die Schicht getrocknet, wird sie im Wasser wieder abgespült und die kostenlose Schlammtherapie ist beendet.
Kleiner Parkplatz an den Baños de Lodo:
N 37°49'14.7'', W 0°46'34.5''

Bei unserem Besuch an einem regnerischen Tag im Dezember zieht es niemanden ins Wasser – uns auch nicht. Aber die Salinen lohnen auch ohne Schlammbad einen Besuch. Der nördliche Zipfel der Nehrung, die das Mar Menor vom Mittelmeer trennt, lässt sich perfekt mit dem Fahrrad erkunden. Von den Baños kann man der Promenade bis zur weißen Windmühle »Molino de La Calcetera« folgen. In den umliegenden flachen Seen halten sich fast immer Flamingos auf. Auch andere Wasservögel sind zu entdecken.

An den Salinen gibt es Parkplätze. Von dort könnt ihr den Naturpark gut zu Fuß erkunden. Einige Wege führen zu Vogel-Beobachtungsplätzen und Bretterpfade durch die Dünen zum Meer. Die Becken im hinteren Bereich der Saline sind leuchtend rosa. Die seltsam wirkende Farbe entsteht nur in extrem salzhaltigem Wasser. Verantwortlich sind Mikroalgen, die sich in der Salzlake schnell vermehren. Sie speichern Beta-Karotin und färben das Wasser rosa.
Parkplatz Salinen: N 37°50'00.0'', W 0°46'00.1'' und
N 37°49'24.8'', W 0°45'39.9''

84

Salines de Santa Pola

Zwischen Salzpfannen und dem Meer

Auch die Salinen von Santa Pola sind ein Refugium für Flamingos. Um die 8000 »Flamenc«, wie sie auf Spanisch heißen, sollen in den Salinen ihr Futter finden. Dazu kommen Säbelschnäbler, Stelzenläufer, Ruderenten, Reiher und Wiesenweihen. Zusammen mit den etwas weiter im Hinterland liegenden, Süßwasser führenden Feuchtgebieten von El Hondo (auch El Fondo) und dem zwischen Salinen und Meer liegenden Dünengürtel bietet das Schutzgebiet der »Albufera de Elche« eine ungewöhnliche Vielfalt an Landschaften. Hier finden viele Arten ein Zuhause und auch für Zugvögel ist das Gebiet ein wichtiger Rastplatz.

Die Salinen im Schutzgebiet werden wie überall bewirtschaftet und so gilt Santa Pola als Beispiel einer gelungenen Koexistenz zwischen Naturschutz und wirtschaftlichen Interessen.

Rundweg durch die Dünen

Vom Parkplatz an den Salinen schlängelt sich ein einladender Sandpfad durch den Dünengürtel bis zu einem Aussichtsturm, von dem man die Wasserbecken gut überblicken kann. Hier ist außerdem einer der Dämme zwischen den Salzbecken begehbar. In der anderen Richtung kommen wir über einen Bretterpfad zur Küste und zu einem schmalen, wilden Sandstrand. Geht ihr hier nach rechts, seht ihr schon weit vorne die ersten Häuser von El Pinet. Hier trefft ihr auf eine kleine, im Sommer bewachte Bucht und auf die Straße, die euch zurück zum Parkplatz bringt.

2,5 km, Gehzeit 1 h | GPX
Parkplatz: N 38°9'12.2", W 0°37'48.7"

ÜBER NACHT

Camper Park El Pinet Playa
Große Schotterfläche 1,5 Kilometer vom Meer entfernt. Meist gut besucht. Dusche, WC und Camper-Service vorhanden.
€ | N 38°09'04.7", W 0°38'32.2"

IN DER NÄHE

Parc Natural El Fondo
Naturpark an einem Süßwassersee. Schöner Rundweg über einen Steg durch den Teich. Wir haben hier neben Blesshühnern und anderen Entenarten auch Flamingos gesehen.
N 38°11'16.1", W 0°47'27.8"

ÜBER NACHT

Stellplatz Casa Ronach

Privater, gut ausgestatteter Platz mit sechs Stellplätzen und kleinem Pool südlich von Elche. Freundliche, engagierte Gastgeber. Camper-Service, Dusche und WC vorhanden. Nur mit Reservierung!

€€ | N 38°10'10.8", W 0°46'40.7" | Tel. +32 476 96 79 73

IN DER NÄHE

Parc Natural El Fondo

Naturpark an einem Süßwassersee. Schöner Rundweg über einen Steg durch den Teich. Wir haben hier neben Blesshühnern und anderen Entenarten auch Flamingos gesehen.

N 38°11'16.1", W 0°47'27.8

85

Elche und die Palmen

Ein ungewöhnlicher Stadtpark

Wie sind wir eigentlich nach Elche gekommen? Zuerst war es der lustige Name, der uns neugierig nachlesen ließ. Dann zog uns der riesige Palmenhain in die Stadt. Einmal angekommen, haben wir immer mehr Spannendes entdeckt. Elche ist wirklich sympathisch, finden wir.

Etwa 11.000 Palmen stehen heute im Ort. Einige der großen Dattelpalmen sind bereits über 300 Jahre alt. Seit dem Jahr 2000 gehört der Palmeral von Elche zum UNESCO-Weltkulturerbe. Angelegt wurde er schon in maurischer Zeit – zu einem ganz praktischen Zweck: der Produktion von Datteln. Sein Bewässerungssystem, das heute noch in Betrieb ist, gab der maurische Stadtherr Abd ar-Rahman I in Auftrag. Im 18. Jahrhundert haben in Elche gut 200.000 Dattelpalmen gestanden.

Heute wachsen die Palmen überall verteilt in der Stadt. Ein gelb-weiß markierter zehn Kilometer langer Rundweg führt durch die verschiedenen Bereiche des Palmerals | ℹ. Besonders lohnenswert finden wir die gepflegte Parkanlage im Zentrum, von der man dann gleich in die ersten belebten Gassen mit Cafés und Restaurants purzelt: durchaus willkommen nach dem Spaziergang unter Palmen.

Hier am südlichen Ende des Parks ist auch die prunkvolle Basílica de Santa María zu finden. Sie ersetzte im 17. Jahrhundert die Moschee, die einst an dieser Stelle stand. Gegenüber vervollständigt der maurische Palacio de Altamira aus dem 15. Jahrhundert das stilvolle Ensemble.

Parken ist nicht ganz einfach im Zentrum von Elche. Mit einem Van bis fünf Meter Länge könnt ihr es auf dem Parkplatz Candalix, N 38°16'14.2", W 0°41'42.2", versuchen. Weitere Plätze gibt es an der Universität, zum Beispiel bei N 38°16'28.9", W 0°41'14.6".

Wild Swimming

Flussstrände in Anna und Bolbaite

Anna und Bolbaite gehören zu den acht Ortschaften der Region Canal de Navarrés, einem kleinen Tourismusgebiet, in dem Wasser eine wichtigste Rolle spielt. Neben dem hübschen Badesee von Playamonte, der Albufera von Anna mit Picknickplätzen und Gaststätten am Ufer, sind es vor allem die Flüsse der Region, die für ungewöhnliche Badestellen sorgen. Das Wasser dieser drei Badestellen ist glasklar und schimmert auch bei bedecktem Himmel blau-grün.

Playa de Bolbaite

In der Schlucht, die die beiden Ortsteile von Bolbaite trennt, sprudelt der Rio Sellent in mehreren Stufen hinab in einen aufgestauten See zwischen hohen Felswänden. Auf der einen Seite geht es sanft hinein, hinten bei der Brücke ist das Wasser tief genug zum Schwimmen. Der beste Zu-

ÜBER NACHT

Camping Chella Natura
Winziger Farm-Camping mit wenigen Stellplätzen in einem Olivenhain.
September bis Juni | €€ |
N 39°02'01.6", W 0°41'06.5" |
www.chellanatura.com

Camping Playamonte
Großes, neues, gut ausgestattetes Campinggelände in ruhiger Lage. Teilweise noch im Bau.
€€ | N 39°05'05.6", W 0°41'54.0" |
www.campingplayamonte.com

Stellplatz Bicorp
Einfacher Stellplatz der Gemeinde an den Sportplätzen und am Schwimmbad von Bicorp.
Ganzjährig | € |
N 39°07'58.8", W 0°47'25.3"

gang zur Badestelle befindet sich an der Umgehungsstraße westlich des Dorfes – dort wo das Graffiti an der Wand zu sehen ist. Es führt aber auch ein Weg aus dem Dorf hinunter.
Parkplatz N 39°03'41.6", W 0°40'34.7"

Gorgo de la Escalera

Eine lange Treppe mit vielen Stufen bringt euch vom Parkplatz in Anna hinunter in die Schlucht, die der Rio de Anna zwischen die Felsen gefressen hat. Das lang gezogene Badebecken endet an einer Felsstufe, von der Wasserfall Salto de Gorgo hinabstürzt. Schlucht und Wasserfall sind Teil des schönen Rundwanderweges »La Ruta de las 3 Cascadas«, der auch am See »Albufera de Anna« vorbeiführt.
Wanderung: Gehzeit 2 h, 5,7 km, ↓↑70 m | GPX
Parkplatz: N 39°01'00.1", W 0°38'34.8" oder Parken im Ort

Los Charcos de Quesa

Diesen Platz haben wir erst später entdeckt und noch nicht selbst besucht. Westlich von Queso bildet der Rio Grande mehrere große, fast kreisrunde Becken, in denen im Sommer gebadet wird.
Charcos: N 39°05'22.8", W 0°46'59.2"

ÜBER NACHT

Camping La Granja
Kleiner rustikaler Bergcamping oberhalb von Montanejos. Steile Einfahrt, Camper-Service. Wer keine Ausstattung braucht, kann auch vor dem Platz stehen.
€€ | N 40°03'50.9", W 0°31'23.3"

PRAKTISCHE INFOS

Im Sommer ist die Fuente de los Baños gut besucht. Der Parkplatz ist dann kostenpflichtig, für das Bad zahlt ihr zusätzlich Eintritt. Im Winter ist das Tickethäuschen geschlossen und die Parkuhr verschwindet in einem Metallkäfig.

87

Ausflug in die Berge

Zur Thermalquelle von Montanejos

Wer mehr von der Region Valencia sehen möchte als die dicht bebaute Küste, folgt uns auf eine kleine Rundfahrt durch die fast unbesiedelten Berge im Hinterland. Unser Ziel ist das Dorf Montanejos mit seinen warmen Quellen. Fahrt ihr auf der A-23 bis Jérica, dann nach Montejanos und anschließend über die CV-20 zurück nach Onda, braucht ihr für die landschaftlich reizvolle Strecke gute zwei Stunden.

Fuente de los Baños

Die Quelle von Montanejos hat das ganze Jahr eine konstante Temperatur. Moderate 25 Grad sind es – im Sommer fast schon zu warm, an einem Dezembertag bei grauem Himmel und frischen zehn Grad Außentemperatur ist das Bad im türkisblauen See aber doch eine kleine Challenge. Wir stehen etwas unschlüssig am Ufer, tauchen vorsichtig die Hände ins Wasser und schütteln uns bei der Idee, die dicken Jacken gegen einen Badeanzug zu tauschen.

Dann kommen sie: drei Frauen aus Großbritannien. Eine Mutter mit ihren beiden Töchtern. Sie steigen todesmutig ins kristallblaue Becken. Ja klar, Britinnen kennen und können kaltes Wasser – aber sie kommen gar nicht wieder hinaus. »If you are inside, it's great«, ergibt unsere vorsichtige Nachfrage. Also probieren wir es selbst. Und um es vorwegzunehmen: »Yes, it is!«

Am wärmsten ist das mit Steinen gerahmte Becken direkt an der Quelle, aber auch der Rest des Sees ist nicht kalt. Dort, wo man stehen kann, fühlt sich der Sand unter den Füßen warm an. Seid ihr einmal drin im Wasser, schwimmt unbedingt auch in die Schlucht hinein. Der Platz zwischen den hohen Wänden ist gigantisch. Hinter der ersten Kurve befindet sich links in der Felswand eine Höhle.
Parkplatz: N 40°04'29.5", W 0°31'48.4"

ÜBER NACHT

Stellplatz Peñiscola
Ebener Schotterplatz, ruhig gelegen am Stadtrand, 1,5 km zur Altstadt. Camper-Service, Dusche und WC. Zufahrt zwischen 9 und 21 Uhr möglich. Nettes Personal.
€€ | N 40°21'59.7", E 0°23'48.0"

88

Peñiscola

Das schöne Erbe der Mauren

Der Kontrast ist krass. Die urige Altstadt von Peñiscola thront auf einem Felsen über dem meistens tiefblauen Meer. 300 Sonnentage im Jahr verspricht die Statistik. Die Folgen sind optisch wenig attraktiv. Steigt ihr durch das alte Stadttor hinauf zum Kastell, überblickt ihr spätestens von dort den fünf Kilometer langen und eigentlich bildhübschen Strand von Peñiscola – gesäumt wird er allerdings von Hochhäusern und hässlichen Hotels.

Die Altstadt auf dem Felsen ist dagegen die perfekte Idylle. Das Kastell wurde Ende des 13. Jahrhunderts von Tempelrittern auf den Mauern einer älteren maurischen Festung erbaut. Maurisch wirkt auch der Rest der alten Ansiedlung. Weiße Häuser mit blauen Fensterrahmen und Türen drängen sich dicht aneinander. Dazwischen bleiben nur schmale Gassen. Einige der Balkone sind von unten mit Azulejos, bunten Kacheln, geschmückt. Cool gestylte Bars und Restaurants machen Lust zum Bleiben.

Im Sommer platzt Alt-Peñiscola aus allen Nähten, außerhalb der Saison ist es ein Genuss, durch die Gassen zu schlendern, immer neue Winkel zu entdecken, über das Meer zu gucken und in der Mittagssonne einen Kaffee mit Meerblick zu trinken.

89

Das Ebro-Delta

Vogelparadies mit viel Wasser

Das Spektakel ist ohrenbetäubend. Dabei ist es nur eine kleine Gruppe Flamingos, die unter stetigem Krakeelen unermüdlich durch die Lagune la Tancada marschiert. Sie drehen die Köpfe zackig nach rechts und nach links, senken und heben den Kopf, spreizen die Flügel und rollen gleich darauf den Hals ein, sodass sie wie ein Federball auf Beinen im Wasser stehen. Das Ganze wirkt wie ein Tanz, die einzelnen Gruppen bewegen sich beinahe synchron. Hin – und wieder zurück. Ab und zu wird ein Artgenosse kreischend verscheucht, dann wieder finden sich zwei Flamingos, stecken die Schnäbel zusammen und verschlingen ihre Hälse. Wer am schönsten tanzt, wird sich dieses Jahr fortpflanzen. Ende Dezember sind unsere Flamingos allerdings eher früh dran mit ihrem Paarungstanz.

Außer den Flamingos könnt ihr am Mündungsdelta des Ebro noch andere Vögel beobachten: Wir begegnen hier unterschiedlichen Reihern und großen Gruppen des braunen Sichlers. Das Delta ist nach dem Nationalpark Coto de Doñana das wichtigste Feuchtgebiet Spaniens. Es liegt auf einer Landzunge, an deren Flanken sich Nehrungen gebildet haben. Besonders imposant ist der Trabucador, ein Sandwall, der sich auf der Südseite des Deltas weit ins Meer hinauszieht. Der lange Strand ist im Sommer ein Badeparadies.

Auf ihrer Südseite ist die Halbinsel ein ziemlich feuchtes Terrain. Oft befindet sich auf beiden Seiten der schmalen Straßen flaches Wasser. Das Ebro-Delta ist auch eines der größten Anbaugebiete für Reis. Im Sommer schaukeln hier grüne Halme im Wind, im Herbst und im Winter finden Vögel auf den feuchten Brachflächen Nahrung.
Flamingobeobachtung bei N 40°38′26.9″, E 0°44′22.8″

ÜBER NACHT

Stellplatz Infozentrum El Fondo
In ruhiger Lage am Rande des Feuchtgebietes neben dem Infozentrum und dem Restaurant El Fondo.
€ | N 40°39′29.7″, E 0°40′30.2″

Àrea d'autocaravanes Sant Jaume d'Enveja
Großer kostenloser und zweckmäßiger Stellplatz ohne Schatten direkt neben der Straße. Camper-Service
N 40°42′20.1″, E 0°42′47.6″

ÜBER NACHT

Camping Sitges
Angenehmer, gut ausgestatteter Platz am Stadtrand von Sitges. Etwa 20 Minuten Fußweg zum Strand. Gute Busverbindung nach Barcelona.
Mitte März bis Mitte Oktober| €€ | N 41°13'54.9", E 1°47'06.2"
www.campingsitges.com

90

Sitges

Bunt, liberal und ziemlich trendy!

In der LGBT-Community ist Sitges legendär. Bunt, offen und gay-friendly – das ist der Ruf der kleinen Stadt. Ihre Vergangenheit als Künstlerdorf dürfte da durchaus eine Rolle spielen. Der spanische Schriftsteller Santiago Rusiñol hatte hier sein Haus. Er machte den Ort zum Künstlertreff, der vor allem die Maler des Modernisme anzog zu denen auch so bekannte Künstler wie Picasso und El Greco gehörten.

Im 19. Jahrhundert war Sitges einer der wichtigsten Häfen für den Handel mit Amerika. »Los Americanos«, die reichen Händler, ließen dann bei der Rückkehr in ihrem Heimatort prachtvolle Villen erbauen, die das Stadtbild von Sitges noch heute prägen. Heute ist Sitges ein beliebtes Badeziel. Am langen, feinen Sandstrand hinter der drei Kilometer langen Strandpromenade verteilen sich die Badegäste – zumindest außerhalb der Hochsommersaison.

Hinter der Strandpromenade gibt es viele Unterkünfte mit Meerblick. Es gibt im Ort auch zwei Campingplätze, die aber leider ein ganzes Stück vom Meer entfernt liegen – die perfekte Camperlocation ist Sitges daher nicht.

Aber nicht nur deutsche und britische Gäste aus der lesbisch-schwulen Community lieben den Badeort, er gilt auch als »Badewanne« Barcelonas. Aus der Stadt ist er gut mit öffentlichen Verkehrsmitteln erreichbar und so zieht es die jungen Menschen aus Barcelona an den Wochenenden zum Baden, aber auch zum Feiern ans Meer. Die Infrastruktur an Bars und Kneipen ist ausgezeichnet und zumindest am Wochenende ist hier einiges los. Das Publikum ist gut durchmischt, in der Tendenz leicht schrill und ein bisschen verrückt. Sitges ist hip. Das Preisniveau liegt allerdings gut über dem spanischen Durchschnitt.

ÜBER NACHT

Camping 3 Estrellas, Viladecans
Der Platz liegt südlich von Barcelona an der Küste und hat eine gute Busverbindung in die Stadt. Fahrtzeit etwa eine Stunde. ACSI-Tarif in der Nebensaison.
€€ | N 41°16'21.0", E 2°2'33.2"
www.tresestrellascampings.com/barcelona

Gaudi in Barcelona

Parc Güell und die Sagrada Familia

Gaudis Stil ist unverwechselbar. Seine Bauwerke sind anders als alles, was Architekten vor ihm erdacht haben. Sein wichtigstes Vorbild war die Natur. Kaum ein Stein ist rechtwinklig, alle Formen verspielt und verschlungen. Steht man vor einem Bauwerk von Antoni Gaudi, ist das Staunen vorprogrammiert. Seine Baukunst gehört zur Stilrichtung des Modernisme, der im 19. Jahrhundert in Katalonien in Mode kam.

Geboren 1852 im nahen Reus, studierte der Sohn eines Kesselschmiedes in Barcelona Architektur, um diese dann anschließend krass zu verändern. Ob nun die monumentalen Türme der Sagrada Familia oder die wunderbar farbenfrohen Plastiken im Park Güell – Gaudis Spuren finden sich an vielen Plätzen der Stadt. Weniger bekannt sind zum Beispiel die verspielte Casa Batlló mit ihrem Drachenrücken-Dach oder die Casa Mila, die ganz ohne rechte Winkel auskommt. Wer Barcelona auf den Spuren des Künstlers entdecken will, kann dazu eine geführte Gaudi-Tour buchen.

Die Sagrada Familia war das letzte und größte Projekt Gaudis. Ihr Bau dauerte länger als ein Menschenleben und sie ist auch heute nach 150 Jahren noch unvollendet. 18 Türme wird sie haben, wenn sie fertig ist. Nur den Bau der Nordfassade konnte Gaudi noch selbst betreuen – und doch hat der Künstler seine Kirche nie verlassen. Sein Grab in der Krypta ist frei zugänglich.

92

Der heilige Berg

Felsen und Kloster von Montserrat

»Gesägter Berg« ist die Bedeutung von Montserrat. Leicht nachvollziehbar, wenn man vor dem Gebirge mit seinen wild zerklüfteten Sandsteingipfeln steht. Auch dass dieser Berg ein besonderer Ort sein muss, sieht man auf den ersten Blick. Das erste Kloster wurde hier um das Jahr 1025 errichtet, nachdem man schon im Jahr 880 in einer nahen Höhle eine Marienstatue fand. La Moreneta, die braune Maria, die heute in Montserrat Wunder wirken soll, wurde allerdings auf das 12. Jahrhundert datiert.

Zur Zeit des Franco-Regimes leisteten die Mönche Widerstand. Im Kloster wurden Verfolgte versteckt und in den Messen verwendete man die zu dieser Zeit verbotene katalanische Sprache. So wurde die Moreneta zur Schutzheiligen der Katalanen und Montserrat zu einem wichtigen Ort für die katalanische Identität.

Die Basilika, in der die Maroneta zu sehen ist, stammt aus dem 16. Jahrhundert. Die anderen Gebäude sind neueren Datums. Hier befindet sich auch ein Internat, dessen 50 junge Schüler den Knabenchor stellen, der jeden Tag gegen Mittag in der Kirche zu hören ist. 1307 wurde der Chor das erste Mal urkundlich erwähnt. Damit ist die »Escolania« von Montserrat eine der ältesten Musikschulen Europas. abadiamontserrat.cat

Die eigentliche Attraktion von Montserrat ist für uns aber nicht das Kloster, das nach allen Regeln der Kunst vermarktet wird und an dem es vor Menschen nur so wimmelt. Es ist der Berg selbst.

Wandern in den Felsen von Montserrat

Vom Kloster bringt euch die Standseilbahn Sant Joan die ersten 200 Meter hinauf in die Felsen – alternativ schafft ihr den Aufstieg auch in einer Stunde zu Fuß. Von hier führt ein gepflegter Wanderweg quer durch die Felsnadeln in etwa 1,5 Stunden zum Sant Jeroni, dem höchsten Gipfel des Montserratmassivs. Hinuntersteigen könnt ihr auf einem etwas weiter nördlich verlaufenden Weg.
Wanderung: Gehzeit 4 h, 10,5 km, ↓↑500 m | GPX
Fahrt ihr mit der Standseilbahn hinauf, sind es drei Kilometer und 200 Höhenmeter weniger.
Parkgebühr am Kloster ab 30 Minuten bis 24 Stunden €25: N 41°36'2.2", E 1°50'06.3"

Alternativ führt auch vom Parkplatz Can Morcana auf der anderen Seite des Berges ein Wanderweg hinauf in die Felsen. Er bringt euch zur Roca Fordada, einem Loch im Fels, und zum Refugi Agulles. Dieser Weg ist aber deutlich anspruchsvoller und erfordert alpine Erfahrung.
Wanderung: Gehzeit 3 h, 7,5 km, ↓↑350 m | GPX
Startpunkt N 41°36'34.9" , E 1°46'04.1"

CAMPING EUCALIPTUS, EBRO-DELTA

Gut ausgestatteter Platz mit schattigen Parzellen im Ebro-Delta umgeben von Reisfeldern und Lagunen, daher zeitweise viele Mücken. 500 Meter vom endlos langen, abgelegenen Sandstrand entfernt. Restaurant. ACSI-Tarif in der Nebensaison. In der Nähe des Beobachtungsplatzes für Flamingos. Außerhalb der Öffnungszeiten des Campingplatzes ist der Stellplatz am Infozentrum El Fondo **[› Seite 283]** eine gute Alternative.

Januar bis September | €€–€€€ | Carrer Eucaliptus, Amposta | N 40°39′22.6″, E 0°46′44.6″ | campingeucaliptus.com

Der Strand am Castell Tamarit ist nur vom Campingplatz zugänglich.

In Memoriam: Der Platz in der Schlangenbucht war kein Freistehplatz, sondern ein mit Entsorgung ausgestatteter, kostenpflichtiger Stellplatz.

Meer und Sand, soweit man schauen kann – der lange Strand am Ebro-Delta

CAMPING TAMARIT

Hinter einem hübschen Strand, dem das alte Castell Tamarit eine besonders malerische Kulisse verleiht, liegen nebeneinander zwei Campingplätze in Alleinlage. Der etwas weiter hinten liegende Camping Trillas ist ganzjährig geöffnet, das direkt am Strand befindliche Tamarit Beach Resort nur von Ende März bis November. ACSI-Tarif in der Nebensaison.
€€ | Camí Castell de Tamarit | N 41°7′54.5″, E 1°21′37.9″ | www.lux-camp.de, www.campingtrillas.com

Der Stellplatz in der Playa Percheles (Schlangenbucht), den wir hier ursprünglich noch vorgestellt hatten, wurde im Dezember 2023 von der Polizei geräumt und ist seitdem geschlossen. Der Grund ist angeblich eine fehlende Betriebserlaubnis, das Gerichtsverfahren ist wohl noch nicht endgültig entschieden. N 37°31′47.2″, W 1°22′57.3″

Durch die Pyrenäen nach Frankreich

Auszeit und Abenteuer in den Bergen

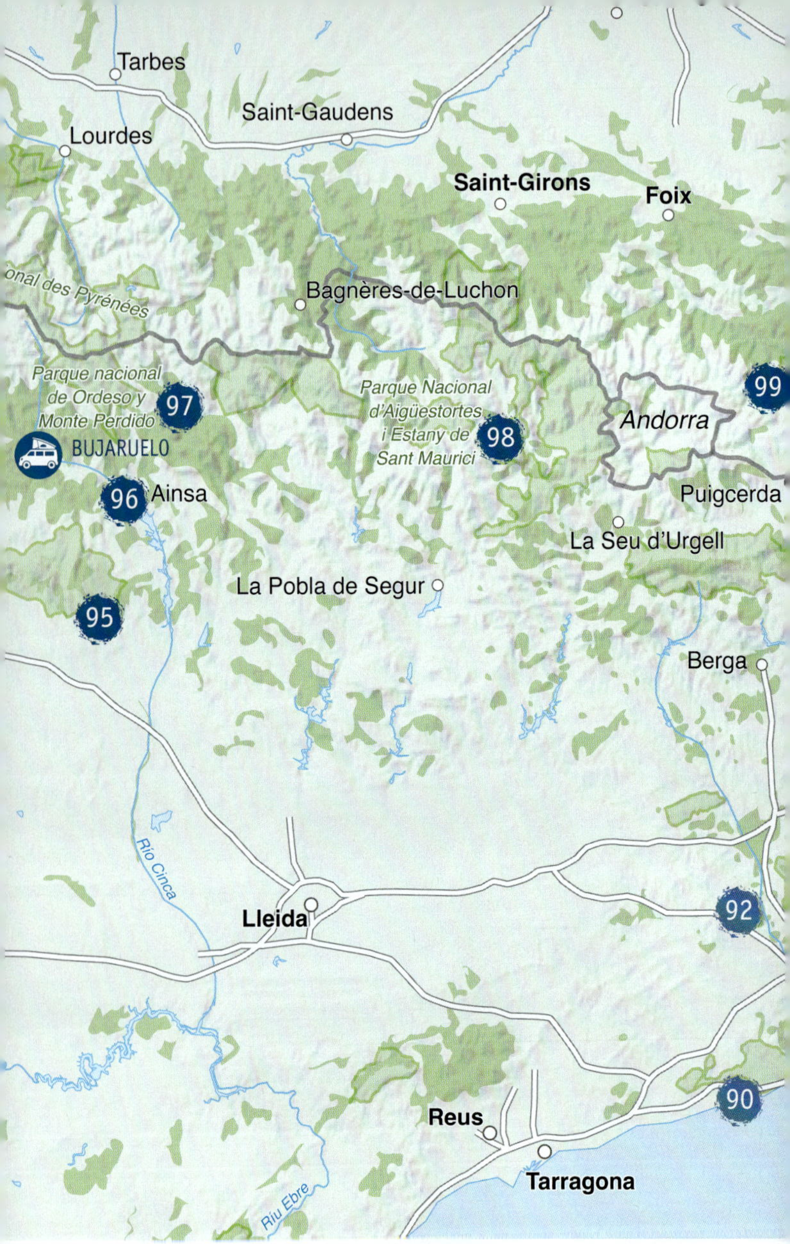

Durch die Pyrenäen nach Frankreich

Auszeit und Abenteuer in den Bergen

Die 430 Kilometer lange Gebirgskette der Pyrenäen trennt die Iberische Halbinsel vom Rest Europas. Rund 200 Gipfel im Zentrum des Gebirges überschreiten die 3.000-Meter-Grenze und einige wenige sind noch vergletschert. Der höchste Berg ist der 3.404 Meter hohe Pico de Aneto im spanischen Maladeta-Massiv. Damit gehören die Pyrenäen zu den höchsten und größten Gebirgen in Europa.

Die französisch-spanische Staatsgrenze verläuft meist direkt auf dem Bergkamm. Außerdem ist der Hauptkamm der Pyrenäen oft auch eine Wetterscheide. Wabert im Norden der Berge der dichte Pyrenäennebel, hilft oft eine Fahrt auf die Südseite der Berge. Wird es euch dort zu heiß, geht es hinauf in die Berge, wo ihr im Sommer tolle Plätze zum Freistehen findet. Die Pyrenäen sind ein optimales Reiseziel für den Hochsommer, finden wir.

Die Pyrenäen sind eine der Regionen, in denen wir uns besonders gut auskennen. Bei den Recherchen für unseren Wanderführer und unseren Wohnmobilreiseführer haben wir hier mehrere Wochen verbracht und waren auch in abgelegenen Winkeln. Besonders gerne mögen wir das Capcir und die Ariège auf der französischen Seite der Berge und die sind fast noch so etwas wie ein Geheimtipp. Die Region ist landschaftlich außerordentlich reizvoll. Zuerst einmal sind da die spektakulären Burgen der Katharer, malerische Ruinen auf schroffen Berggipfeln, die eine wenig erfreuliche Geschichte haben. Bei Tarascon trefft ihr auch auf ein weiteres kleines Zentrum der Steinzeitkunst. Die schwarzen Stiere in der Grotte de Niaux sind zurzeit noch im Original zu sehen. Auch der Steinzeitpark Parc de la Préhistoire lohnt einen Besuch. Hier beobachten wir gespannt, wie man auf Steinzeitart Feuer macht, probieren aus, wie eine Speerschleuder funktioniert, und produzieren im flackernden Kerzenlicht in einer künstlichen Höhle eigene »Steinzeitkunst«.
Mehr Infos zur Region: www.sites-touristiques-ariege.fr

Bei Puigcerda könnt ihr dann recht bequem den Pyrenäen-Hauptkamm überqueren. Aber auch sonst sind fast alle Bergstraßen der Pyrenäen gut ausgebaut und durchaus geeignet, um mit eurem Camper Bergerfahrung zu sammeln. Wer seine Reise im Hochsommer beginnt, kann gut von der Mittelmeerküste durch die Berge an den Atlantik wechseln und dort im Spätsommer noch den ruhigeren Rest der Badesaison mitnehmen. Nur wer im Winter unterwegs ist, sollte die Berge besser auslassen und die bequeme Route an der Mittelmeerküste wählen.

Badeplätze gibt es auch in den Bergen – Wildswimming am Rio Cinco.

Nationalparks in den Pyrenäen

Die ungewöhnlichste Sehenswürdigkeit der Pyrenäen ist sicher ihre wilde, noch sehr ursprüngliche Natur. In keiner anderen Region Europas leben so viele unterschiedliche Geierarten, und auch Steinadler, Wildkatzen, Wölfe und die üblichen Bergtiere wie Gämsen, Steinböcke und Murmeltiere sind hier zu Hause. Inzwischen soll es auch wieder frei lebende Braunbären geben, denen wir aber noch nie begegnet sind. Allgegenwärtig und ganz leicht zu entdecken sind dagegen tatsächlich die meist in Gruppen am Himmel kreisenden Gänsegeier.

Auf dem Gebiet der Pyrenäen gibt es drei Nationalparks. Das größte Schutzgebiet ist der **Parc National des Pyrénées** auf der französischen Seite der Berge. Diese sind dort weniger schroff als im Süden und die landschaftlichen Höhepunkte sind tiefe Bergkessel wie der Cirque de Gavarnie, der Cirque de Troumouse und der Cirque de Cagataille.

Die beiden anderen Nationalparks liegen in Spanien. Der älteste von ihnen ist der 1918 gegründete **Parque Nacional de Ordesa y Monte Perdido** **[› Spot 97]**, der südlich an das Kerngebiet des französischen Nationalparks anschließt. Hier ist das Landschaftsbild besonders ungewöhnlich. Schroff abfallende Felsen bilden tiefe Schluchten wie das Valle de Ordesa und den Cañon d'Añisclo, die ein wenig an den Grand Canyon erinnern.

Die Anisclo-Schlucht im Ordesa-Nationalpark.

Noch einmal ganz anders ist die Landschaft im **Parque Nacional d'Aigüestortes i Estany de Sant Maurici [› Spot 98]**, dem kleinsten Pyrenäennationalpark, der etwas weiter östlich zu finden ist. Neben hübschen Karseen und Berggipfeln mit zackigen Spitzen sind es malerische Flusstäler, durch die glasklares Wasser mäandert, die den Reiz des Nationalparks ausmachen.

Neben den drei Nationalparks gibt es etliche Naturparks, in denen es auch sehr schön und im Hochsommer weniger voll ist.

DIE BESTE REISEZEIT

In den Höhenlagen der Pyrenäen ist bis in den Mai und schon im Oktober mit Schnee zu rechnen. Unsere Spots auf der Südseite der Berge bleiben dagegen meist selbst im Winter schneefrei. Eine Reise durch die Pyrenäen ist gerade im Juli und August eine gute Idee, wenn an Küsten und Stränden »der Bär steppt«. Etwas voller wird es nur in den Nationalparks.

Die Temperaturen bleiben in den Bergen auch im Hochsommer gemäßigt. Wenn es südlich der Berge zu heiß wird, reicht meist eine Fahrt über den Pass, um der größten Hitze auszuweichen.

REISE-LITERATUR

Naturzeit aktiv: Pyrenäen
Unser Outdoorreiseführer mit 50 kurzen Wanderungen zu tollen Plätzen in der Natur und zu kulturellen Highlights in den Pyrenäen deckt die ganze Region ab: vom Mittelmeer zur Atlantikküste.
Mehr Infos: www.naturzeit-verlag.de

Entdeckertouren mit dem Wohnmobil: Pyrenäen
14 Touren für Camper führen euch vom Mittelmeer quer durch die Berge zum Atlantik. Mit ausführlichen Infos zu Stellplätzen, Ver- und Entsorgung, Badeplätzen, Wanderungen und sehenswerten Zielen an der Route.
Mehr Infos: www.womo.de

93

Cadaqués

Ein Date mit Salvador Dalí

Der weiße Turm der gotischen Kirche Santa Maria überragt die roten Dächer von Cadaqués, dessen Häuser sich fotogen rund um den Hafen am Hang hinaufziehen. Salvador Dalí verbrachte hier die Sommer seiner Kindheit im Ferienhaus seiner Eltern. Als er nach dem Zweiten Weltkrieg aus dem New Yorker Exil nach Spanien zurückkehrte, ließ er sich im Ort nieder. Seitdem zog das Fischerdorf viele Künstler an. Dalís Haus an der Bucht von Port Lligat ist heute die wichtigste Sehenswürdigkeit des Dorfes.

Casa Salvator Dalí

Die Casa Dalí, die der Künstler und seine Frau Gala von 1948 bis zu Galas Tod im Jahr 1982 bewohnten, wird in kleinen Gruppen von maximal acht Personen besichtigt. Das Haus steht am Hafen von Port Lligat, der noch ein bisschen malerischer ist als der Hafen in der Nachbarbucht. Im Sommer liegt hier das gelbe Holzboot »Gala«. Es fährt mit

ÜBER NACHT

Stellplatz Port Lligat
Auf dem Parkplatz in Port Lligat ist das Übernachten im Camper erlaubt, im Sommer gegen eine horrende Gebühr, im Oktober standen wir hier kostenlos.
€€€ | N42°17'42.9", E3°17'13.1"

WeCamp Cadaqués
Einfach, mit recht engen Stellplätzen, nur teilweise schattig. Kurzer, aber sehr steiler Weg zum Ortszentrum und nach Port Lligat. Pool, Restaurant.
Mitte März bis Dezember | €€€ | N 42°17'30.7", E 3°16'59.4" | wecamp.net/de/standorte/cadaques

Gästen an der Küste entlang bis zum Leuchtturm am Cap Créus. Das Haus selbst besteht aus mehreren kleinen Fischerhäusern, welche die Dalis zu einem Gebäude zusammenfassten. Neben dem Wohnbereich ist hier auch die Werkstatt des Künstlers zu sehen.

€€ | www.salvador-dali.org | Tickets für die Besichtigung unbedingt einige Tage vorher reservieren!

Das Dalí Museum in Figuères

Wer auch die Werke Dalís sehen möchte, muss nicht allzu weit fahren. In seiner Geburtsstadt Figuères baute der Künstler selbst ein Museum, das er als surrealistisches Gesamtkunstwerk sah. Im Turm neben dem Museum verbrachte er seine letzten Lebensstunden und sein Körper liegt einbalsamiert in der Krypta unter der Glaskuppel.

€€ | www.salvador-dali.org

Kirche oder Leuchtturm?

Chillen im Künstlerdorf Collioure

Die kleine Kirche Notre-Dame-des-Anges ist eines der Wahrzeichen des Dorfes Collioure. Sie steht äußerst malerisch im Wasser des Hafenbeckens und hat eine ungewöhnliche Geschichte. Ihr runder Turm wurde um 1275 erbaut – und versah viele Jahre als Leuchtturm seinen Dienst. Erst als der Marquis de Vauban, rühriger Festungsbaumeister unter Ludwig dem XIV., beim Ausbau des Palais Royal, der monumentalen Festungsanlage im Hafenbecken, die Pfarrkirche des Dorfes abreißen lies, machte man aus dem Leuchtturm einen Kirchturm und baute das Kirchenschiff dazu. Das war im Jahr 1673.

Zwischen Kirche und Festung liegt der Hafen von Collioure. Hier liegen heute vor allem Ausflugsboote und kleine Jachten. Dahinter reihen sich in schmalen Altstadtgassen viele bunte Häuschen. Neben Restaurants, Cafés, etlichen Eisdielen und kleinen Läden mit Kunsthandwerk sind

ÜBER NACHT

Camping Les Criques de Portails
Komfortabler Fünfsterneplatz, dessen Stellplätze zum Teil in Terrassen über dem Meer angeordnet sind. Kleiner Badeplatz an einer Kiesbucht und Pool. In der Nebensaison durchaus erschwinglich. Collioure ist auf dem Küstenweg mit einer knapp einstündigen Wanderung erreichbar.
April bis Anfang November | €€€ | N 42°32'00.7", E 3°04'04.3" | www.lescriques.fr

Stellplatz Collioure
Terrassierter Platz am Ortsrand, im Sommer Shuttle-Bus ins Dorfzentrum.
€€€ | N 42°31'33.9", E 3°04'09.2"

auch mehrere Galerien zu finden. Collioure hat eine lange Geschichte als Künstlerort. Es waren Henri Matisse und André Derain, die das malerische Fischerdorf Anfang des letzten Jahrhunderts auf einer Reise entdeckten und es mit ihren hier entstandenen Werken zur Wiege des Fauvismus machten. Vielleicht waren es die intensiven Farben des Mittelmeeres, die sie zu diesem neuen Malstil inspirierten. Jedenfalls spielt Farbe in den Bildern eine wichtige Rolle, denn die Motive sind nur grob erkennbar. Les Fauves – die Wilden – wurden die Künstler betitelt, als sie ihre Werke 1905 im renommierten Salon d'Automne vorstellen. Ein Rundweg führt uns zu 20 Plätzen rund um das Dorf, an denen Matisse und Derain ihre Staffeleien platzierten.

Was die Künstler ins Dorf zog, ist leicht zu verstehen. Rund um das geschützte Hafenbecken wird an mehreren Stränden gebadet, auf der Stufe an der Südseite des Festungswalls genießt man im Frühjahr und Herbst die wärmende Sonne und auf den Hafenmauern, vor den Tischen der Restaurants, wird mit Meerblick gepicknickt. Collioure hat Platz für viele Ideen vom Glück.

95

Alquézar und der Rio Vero

Auf den Pasarelas del Vero

Die Häuser von Alquézar wachsen förmlich aus den rötlichen Felsen über der Schlucht des Rio Vero. Dass Häuser und Fels den gleichen Farbton haben, verstärkt den Effekt. Ganz oben auf dem Felssporn steht ein Gebäude mit trutzigen Mauern: Das Colegiata de Santa María la Mayor wurde im 16. Jahrhundert als Wehrkirche konzipiert, steht aber auf den Resten eines älteren Klosters. Der Kreuzgang stammt aus dem 14. Jahrhundert und einige seiner Säulen tragen Kapitelle mit den typischen naiven Reliefﬁguren aus der romanischen Zeit, sind also noch etliche Jahre älter.

Wer keine Lust auf Kunst und Kirche verspürt, bummelt einfach nur durch die Gassen und lässt das urige Dorf in einem der Cafés und Restaurants auf sich wirken. Dabei entdeckt ihr bestimmt auch die Schilder »Ruta de las Pasarelas«. Gemeint ist eine ziemlich spektakuläre Steganlage durch die Schlucht des Rio Vero. Wer den Schildern folgt, landet am Ticket-Office für den Weg durch die Schlucht. Wenn ihr nur zum Baden in die Schlucht wollt, könnt ihr auch zur weiter nördlich gelegenen Brücke Puente Villacantal hinuntersteigen.

ÜBER NACHT

Camping Alquézar
An der Zufahrt zum Dorf, schattige Plätze, einfaches Sanitär mit richtig heißen Duschen, Pool und Laden.
Ganzjährig | €€ |
N 42°09'52.3", E 0°00'55.0" |
www.campingalquezar.com

CANYONING

Alquézar ist eine Hochburg des Outdoorsports: Wenn ihr die Schlucht mit Kletterausrüstung erforschen wollt, habt ihr vier Anbieter zur Wahl. Sie begleiten euch außerdem auch auf eine Via Ferrata oder zum Rafting.

Pasarelas del Vero

Am Beginn der drei Kilometer langen Wanderrunde geht es steil bergab. Unten am Fluss angekommen, lohnt der Abstecher nach links zu einer Höhle am Wasser. Hier kann man im Sommer auch baden. Ein tieferes Badebecken folgt später unterhalb eines Wehres, das zum ehemaligen Wasserkraftwerk von Alquézar gehört. Dann laufen wir einige Zeit am Fluss entlang, meist auf Metallstegen in der Felswand. Der Schluchtweg endet an einem Aussichtspunkt, von dem man Schlucht und Dorf sehen kann. Dann geht es wieder bergauf und wir erreichen das Dorf an der Hauptstraße, an der auch die meisten Restaurants zu finden sind.
4 km, ↓↑ 180 m, Gehzeit 2 h | geöffnet 9 – 17 Uhr | €€ | GPX
pasarelasdealquezar.com | Weitere Wanderrouten ohne Eintritt rund um Alquézar: turismosomontano.es
Parkplatz: N 42°10'09.8", E 0°01'14.3"

96

Ainsa

Metropole aus dem Mittelalter

Auf einem Hügel am Zusammenfluss von Rio Cinca und Rio Ara thront das alte Ainsa mit seiner Burg, die nachweislich schon im 11. Jahrhundert existierte. Hinter der Ruine der Burg folgen die Plaza Major mit ihren schönen, alten Steinhäusern, die teilweise aus dem 16. und 17. Jahrhundert stammen. Historische Steinhäuser säumen auch die beiden engen Gassen im Dorf. Dort, wo sie zusammentreffen,

ÜBER NACHT

Stellplatz Ainsa
Auf dem großen Parkplatz direkt oben vor dem Tor zur Burg und zur Altstadt steht man mit bestem Blick auf die Felsabbrüche der Tafelberge im Ordesa-Nationalpark. Camper-Service, WC am Zugang zur Stadt.
€ | N 42°25′6.3″, E 0°08′05.4″

steht die schöne alte Kirche Santa Maria de la Asunción. Umgeben ist der Ort von einer vollständig erhaltenen Stadtmauer. Das ganze Ensemble wirkt fast wie ein Freilichtmuseum, hat aber trotzdem viel Charme.

Besonders stimmungsvoll ist Alt-Ainsa am Abend, wenn die Steinhäuser im gelblichen Licht der Laternen den letzten Rest Alltäglichkeit verlieren. An der Plaza Mayor habt ihr dann die Wahl zwischen mehreren Restaurants, müsst aber preislich einen deutlich spürbaren Altstadtzuschlag akzeptieren. Die beste Adresse am Platz ist übrigens das noble, michelinprämierte Restaurant Callizo in perfekter Lage am Rand der Plaza Mayor und mit Blick auf die Berge. Günstiger und auch nicht schlecht esst ihr im A Carrasca.

Das Geier-Museum von Ainsa

Gleich links am Stadttor, wo der große Geier zu sehen ist, befindet sich das Eco Museo. Schmutz- und Bartgeier, Steinadler, Braunbär, Murmeltier, Salamander, Viper und Steinbock – typische und seltene Bewohner der Pyrenäen sind im Museum als präparierte Modelle, in Videos und auf Fotos zu sehen.

Das Museum wird von der Fundación de Conservation del Quebrantahuesos betrieben, die sich für den Erhalt bedrohter Arten einsetzt. In der zugehörigen Auffangstation sind immer einige Vögel zu Hause, die verletzt aufgefunden wurden und nach der Genesung wieder ausgewildert werden.
€ | quebrantahuesos.org

97

Ordesa-Nationalpark

Am spanischen Grand Canyon

»Ordesa y Monte Perdido« ist der älteste Nationalpark in den Pyrenäen und seine Landschaft ist besonders ungewöhnlich. Charakteristisch sind die tief eingeschnittenen Schluchten mit senkrecht aufragenden Felswänden, die an den Grand Canyon erinnern, aber deutlich mehr Vegetation aufweisen als dieser. Besonders eindrucksvoll sind die langen Canyons von Añiscló und Ordesa.

Valle de Ordesa

Das kleine Dorf Torla im Südwesten des Parkgebietes gilt als Hauptzugang zum Park. Von hier aus fahren im Sommer Busse zur Pradera d'Ordesa, an der die 18 Kilometer lange Wanderung in die Ordesaschlucht beginnt. Wer schwindelfrei ist, kann auch auf der »Faya de Pelay« ins Tal laufen, einem der spektakulären Galeriewege, der auf halber Höhe auf einem schmalen Sims in der Felswand verläuft.

Das zweite Wandergebiet bei Torla ist das Tal von Bujaruelo. Der Wanderparkplatz am Rio Ara ist über eine neun Kilometer lange Schotterpiste erreichbar. Im Tal gibt es auch zwei einfache Campingplätze. Wanderwege führen vom Refugio de Bujaruelo am Rio Ara entlang und hinauf in die Berge.

Garganta d'Añiscló

Der Canyon von Añiscló frisst sich auf 17 Kilometern zwischen bis zu tausend Meter hohe, schroffe Felswände. Auf seinem Grund fließt der Rio Bellos, ein unscheinbares Flüsschen mit türkisblau schillerndem Wasser und etlichen kleinen Wasserfällen. Der Weg in die Schlucht führt am Bach entlang und berührt auch an einigen Stellen das Wasser, in dem man leider nicht baden darf.

Von Torla bringt euch das schmale Bergsträßchen HU-631 über die Dörfer Fanlo und Nerin zum Zugang der Añisclóschlucht. Dort gibt es nur wenige Parkplätze, ihr solltet also früh ankommen. Zwischen diesem Zugang nahe der Ermita de Sant Úrbez und dem Dorf Puyarruego ist die Straße durch den unteren Teil der Schlucht so schmal, dass sie mit Campern nicht befahren werden darf. Die Ausweichstrecke über Buerba nach Escalona ist aber auch sehr schön.

ÜBER NACHT

Camping Valle de Bujaruelo
Kleiner Platz im Tal von Bujaruelo mit Anfahrt über Piste. Gutes Restaurant.
€ | N 42°40'39.1", W 0°07'26.3"
campingvalledebujaruelo.com

Camping Rio Ara
Gepflegter Platz nahe am Ort Torla und an der Haltestelle der Busse. Laden und Restaurant auf dem Platz.
€ | N 42°37'57.3", W 0°06'24.8"
www.campingrioaraordesa.com

Nationalpark Aigüestortes

Bäche, Seen und wilde Berge

Aigüestortes wurde 1955 gegründet und ist der kleinste der drei Pyrenäen-Nationalparks. Sein Name kommt aus dem Katalanischen und bedeutet »gewundene Wasser«. Neben fast 200 Karseen und vielen Berggipfeln mit zackigen Spitzen sind es malerische Flusstäler, die den Reiz dieses Nationalparks ausmachen. Die Hauptzugänge sind das Dorf Espot mit dem Stausee Sant Maurici auf der Ostseite und das Vall de Boí mit der Hochebene von Aigüestortes im Südwesten.

Espot und der Estany de Sant Maurici

Im hübschen kleinen Ort gibt es vier Campingplätze, die sich gut als Basisquartier eignen. Wenn euer Van schmaler als zwei Meter ist, dürft ihr hinter dem Ort weiter bis zum Wanderparkplatz fahren, der aber noch eineinhalb Wegstunden vom Estany de Sant Maurici entfernt liegt. Dort beginnen die Wanderwege, die euch weiter hinauf in die Berge bringen. Von Espot ist der See auch direkt mit einem der Jeep-Taxis zu erreichen.

Sehr empfehlenswert ist der Aufstieg zum Refugio Amitges, das in einer besonders eindrucksvollen Berglandschaft mit schroff aufragenden Felsspitzen, grünen Wiesen und einzelnen windzerzausten Kiefern steht. Dazwischen schillern blau die Wasserflächen etlicher Seen. Ebenso schön ist die Wanderung durch das Tal des Riu Monestero, einem der ge-

ÜBER NACHT

Stellplatz Pla de l'Ermita, Vall de Boi
Ebene, als Stellplatz ausgewiesene Schotterfläche am Ortsrand mit tollem Bergblick. Kurzer Fußweg zur Ermita mit Picknickplatz.
N 42°30'59.0", E 0°51'22.3"

Camping Voraparc, Espot
Gepflegter Platz in ruhiger Lage am Talende auf einer Wiese und unter Bäumen. Nette Betreiber und gute Stimmung. Pool, Camper-Service.
€€ | N 42°34'40.1", E 1°05'08.0"
www.voraparc.com

wundenen Wasser, dem der Nationalpark seinen Namen verdankt. Idyllischer als das grüne Tal, das wir auf einem Holzsteg durchqueren, kann ein Bachtal kaum sein. Weiter oben um den Estany de Monestero wird die Landschaft rauer und wilder. Der See liegt eingebettet in ein Meer aus Blocksteinen, das auf dem Weg zum Ufer überklettert werden muss.

Vall de Boi

Das Tal ist berühmt für seine romanischen Kirchen aus dem 11. und 12. Jahrhundert, die zum UNESCO-Weltkulturerbe zählen. Die größte und schönste ist Sant Climent im Dorf Taüll. Weitere Kirchen könnt ihr in Barruera, Boí, Erill la Vall und Durro besuchen. Von Boí fahren auch die Taxibusse durch das Vall San Nicolau hinauf zum Planell de Aigüestortes, einem idyllischen Bachtal, durch das man zum Estany Long hinaufspazieren kann.

99

Étangs de Carlit

Das Wandergebiet am Lac des Bouillouses

Zwölf Seen liegen in den Bergen oberhalb des Stausees Lac des Bouillouses so dicht beieinander, dass ihr nur kurz laufen müsst, um von einem zum anderen zu gelangen. Die unteren sind eingebettet in kleine Wäldchen und Bergwiesen, und ein Bachlauf plätschert von einem zum anderen. Die oberen drei liegen bereits über der Baumgrenze und die Landschaft ist hier noch einmal ganz anders. Dazwischen grasen Pferde und Kühe, und mehrere Biwakplätze erlauben auch eine Übernachtung im eigenen Zelt.

Im Sommer ist der Start der Wanderung nur mit dem Shuttlebus zu erreichen, der in kurzen Abständen vom Wanderparkplatz auf dem Pla de Barrès losfährt. Außerhalb der Saison dürft und müsst ihr die schmale Straße selbst bis zum Stausee hinaufkurven.

Parkplatz Busstation: N 42°31'17.1", E 2°5'48.9"
Parkplatz Stausee: N 42°33'35.0", E 2°05'48.9"

ÜBER NACHT

Camping Lac des Bouillouses
Naturnaher Bergcampingplatz am Ufer eines klaren Bachs. Camper-Service und Depot de Pain. Direkt gegenüber der Bushaltestelle.
€€ | N 42°31'10.5" E 2°5'49.7"
www.camping-lepetitcanada.fr

Rund um zwölf Seen

Von der Busstation oder vom Parkplatz spaziert ihr über die Mauer des Stausees bis zum Infopunkt. Hier gibt es ein WC und Trinkwasser. Links vorbei am Hotel geht es dann hinauf zum Einstieg unseres Weges. Hier beginnen zwei Rundwege: der kürzere Sentier de Neuf Lacs und die längere Version mit zwölf Seen. Der längere Weg führt noch zu drei weiteren Seen in der kargen Region über der Baumgrenze.

Der Weg ist gut mit gelben Farbbalken markiert und führt zuerst über Felsen steil bergauf bis zu einer Kreuzung zwischen den ersten Seen Estany Vive und Estany Negre. Egal ob rechts oder links rumgeht es von hier aus noch ein Stück höher, bis ihr zwischen den Seen Estany Llong und Estany de la Dugues steht. Hier müsst ihr entscheiden, ob ihr die letzten drei Seen auch noch sehen wollt. Wer keine Lust mehr hat, steigt wieder hinunter.

Zwölf Seen: 10,5 km, ↓↑ 350 m, Gehzeit 4 Stunden | GPX

100

Gorges de Caranca

Wanderabenteuer für Schwindelfreie

Die spektakulär in den Fels geschlagenen Galeriewege, in Frankreich Corniche genannt und in Spanien als Faya bezeichnet, gibt es in den Pyrenäen häufiger. Die Corniche durch die Gorges de la Carança ist eher kurz und optimal für einen ersten Selbstversuch geeignet. Zusätzlich ist der Weg mit einer ziemlich wackeligen Hängebrücke und einigen luftigen Stegen über dem Bach gewürzt – also gerade richtig für abenteuerlustige Wandernde. Die steilen Auf- und Abstiege erfordern etwas Kondition und gute Schuhe mit rutschfesten Sohlen – am besten Wanderschuhe.

Die Wanderung beginnt am Parkplatz der Schmalspurbahn »Petit Train Jaune« in Thuès-entre-Valls, auf dem es auch einen schönen Stellplatz gibt. Fahrt ihr einen großen Camper, schaut, dass ihr früh oder spät ankommt. Ist der Wanderparkplatz einmal zugeparkt, wird es sehr eng und ihr kommt kaum mehr durch zu den Camperplätzen.

ÜBER NACHT

Stellplatz Thuès entre Valls
Stellplätze auf zwei ebenen Schotterterrassen direkt an der Station und den Schienen der urigen historischen Schmalspurbahn, die aber nur tagsüber fährt. Camper-Service, Toilette und Snack-Bar unten auf dem Pkw-Parkplatz.
€ | N 42°31'21.1", E 2°13'18.8"

Der Weg durch die Schlucht

Vom Parkplatz geht ihr durch das Felsentor und wandert am Bachufer weiter bis zur ersten Brücke. Hier geht es rechts hinauf zum Galerieweg. Wir empfehlen jedoch, zuerst den steilen Felsenpfad auf der linken Bachseite zu gehen und dann über die Galerie zurück. Ihr überquert also die Brücke nicht und kraxelt bald über Felsen – zuerst steil bergan, dann steil wieder hinunter, bis ihr nach knapp zwei Stunden am Bach ankommt. Hier geht es nach rechts und über die bereits erwähnte Hängebrücke ans andere Ufer. Jetzt lauft ihr noch ein Stück durch den Wald, bis die Corniche beginnt. Der Weg ist einen knappen Meter breit, links gibt ein Stahlseil Sicherheit, rechts geht es jetzt senkrecht abwärts. Dafür läuft es sich hier wirklich sehr bequem. Viel zu schnell ist der Weg zu Ende. Ein Pfeil markiert den Abstieg zur Brücke, die ihr schon vom Hinweg kennt.

5,5 km, ↓↑ 500 m, Gehzeit 3 Stunden | GPX
Parkplatz N 42°31'21.1", E 2°13'18.8"

Der kleine gelbe Zug

»Canari«, Kanarienvogel, nennen die Einheimischen den Zug liebevoll. Die 1910 in Betrieb genommene Schmalspurbahn zieht im Sommer auch offene Wagen und rattert auf ihrer Fahrt von Villefranche nach Puigcerda durch 19 Tunnel und über mehrere hohe Brücken. Die spektakulärste ist die Schrägseilbrücke Pont de Cassagne, die das Tal des Têt in beeindruckenden 80 Metern Höhe überspannt. Wie wäre es also mit einer Zugfahrt ins hübsche Dorf Villefranche?

Die Burgen der Katharer

Montsegur, Peyrepertuse und Queribus

Die Katharer waren eine christliche Reformbewegung, die sich im Spätmittelalter von einer zunehmend profitorientierten katholischen Kirche absetzten. Zuweilen werden sie auch als Albigenser bezeichnet, weil die Bewegung in der Stadt Albi ihren Anfang nahm. Eigentum galt diesem Frauen und Männern als unmoralisch und während in der römischen Kirche die Messe auf Latein gelesen wurde, predigten sie in der Landessprache. Sie selbst nannten sich »veri christiani« (wahre Christen) oder »boni homines« (gute Menschen). Die neuen Gemeinden waren populär und wuchsen schnell. Die Amtskirche reagierte mit einer gnadenlosen Jagd. Den Kreuzzug gegen die Albigenser führte 1209 bis 1229 der wegen seiner Unbarmherzigkeit berüchtigte Feldherr Simon de Montfort.

Danach zogen sich die wenigen versprengten Katharergemeinden in uneinnehmbare Burgen und befestigte Dörfer zurück, um vor der Inquisition sicher zu sein. Die Ruinen dieser Rückzugsorte sind heute noch hoch beeindruckend. Sie liegen an unglaublichen Plätzen mit einem atemberaubenden Weitblick. Peyrepertuse und Queribus stehen nahe beieinander, Montségur findet ihr ein Stück weiter westlich.

Château de Montségur

Die Burg von Montségur steht auf der Spitze eines 1216 Meter hohen Berges und wurde 1232 zu einer als uneinnehmbar geltenden Festung umgebaut. Hier schlugen die Katharer ihre letzte große Schlacht. Nachdem Ritter aus Montségur es gewagt hatten, die Chefinquisitoren von Toulouse zu ermorden, und dafür von der Bevölkerung gefeiert wurden, sammelten sich am Fuß des Berges um die 10.000 Kreuzritter und riegelten die Burg von der Außenwelt ab. Mit leeren Vorratskammern und erschöpfter Besatzung mussten die Katharer am Ende des Winters kapitulieren. Der

Rest der Geschichte ist grausam: Vor die Wahl gestellt, ihrem Glauben abzuschwören oder den Tod auf dem Scheiterhaufen zu finden, wählten fast alle Katharer den Scheiterhaufen und gingen stolz und aus eigener Kraft über die Leitern ins Feuer. Am Platz, auf dem die Feuer loderten, steht heute ein Gedenkstein.

Februar bis Dezember | € | www.montsegur.fr
Parkplatz: N 42°52'26.0", E 1°49'36.9"

Château de Peyrepertuse

Peyrepertuse ist die größte der Katharerburgen, spielt aber in der Geschichte der Glaubensgemeinschaft keine entscheidende Rolle, weil sie früh aufgegeben wurde. Die Ruine ist aber besonders spannend. Die weitläufige Burganlage besteht aus zwei Teilen, die mit vielen Treppen und Felsstufen verbunden sind. Sie zu erforschen, ist ein kleines Abenteuer. Der untere Teil der Anlage ist der ältere und wurde wohl im 11. Jahrhundert erbaut. 1240 ging die Burg, die vorher zu Aragon gehörte, an die französische Krone. In den folgenden Jahren wurde dann der Donjon oben auf dem Felsen ergänzt. Bis ins 17. Jahrhundert diente Peyrepertuse als wichtige Grenzfestung in der Verteidigungslinie zum benachbarten Spanien.

Ganzjährig | €€ | www.peyrepertuse.com
Parkplatz an der Burg: N 42°52'12.4", E 2°33'31.6"

Château de Queribus

Die Burg von Queribus wird bereits im Jahr 1070 das erste Mal urkundlich erwähnt. Ende des 12. Jahrhunderts gehörte sie der Familie Cucugnan und die sympathisierte mit den Glaubensvorstellungen der Albigenser. Queribus gilt als die letzte Fluchtburg für die versprengten Katharer. 1255 musste sie endgültig aufgeben werden.

Die Ruine ist gut erhalten. Vom Parkplatz führt ein Weg zur Steintreppe, die sich mit bestem Weitblick am steilen Hang nach oben windet. Wer noch höher hinaus möchte, kann noch per Wendeltreppe auf den Burgturm steigen.

Täglich geöffnet | €€ | www.cucugnan.fr
Parkplatz: N 42°50'20.8", E 2°37'15.6"

ÜBER NACHT

Stellplatz Deilhac-sous-Peyrepertuse
Ebener Schotterplatz unter Bäumen am Ortsrand von Deilhac. Camper-Service und WC. Kostenlos.
N 42°51'41.7", E 2°33'54.0"

Stellplatz Montségur
Parkplatz unterhalb des Ortes Montségur. Er liegt direkt neben einer kostenpflichtigen Zeltwiese. Übernachtung auf dem Parkplatz kostenlos.
N 42°52'02.6", E 1°49'55.5"

ÜBER NACHT

Stellplatz Deilhac-sous-Peyrepertuse
Ebener Schotterplatz unter Bäumen am Ortsrand von Deilhac. Camper-Service und WC. Kostenlos.
N 42°51'41.7", E 2°33'54.0"

102

Gorges de Verdouble

Wildswimming an der Moulin de Ribaute

Östlich der Burg Peyrepertuse und des Dorfes Deilhac versteckt sich das Tal des Verdouble mit schönen Badebecken. Das Wasser ist glasklar, und wenn die Sonne darauf scheint, schillert es flaschengrün. An der Moulin de Ribaute, einer ehemaligen Wassermühle, wird im Sommer sogar ein kleiner See aufgestaut, in dem man richtig schwimmen kann. Der Badeplatz ist vom Stellplatz im Dorf Deilhac-sous-Peyrepertuse mit einer knapp dreistündigen Wanderung erreichbar. Der Rundweg ist gelb markiert.

Südlich des Dorfes führt aber auch ein schlecht asphaltiertes Sträßchen zum Parkplatz an der ehemaligen Mühle, das mit einem Van problemlos zu fahren ist. Während der Badesaison zahlt man hier statt Eintritt eine Parkgebühr und bei Badewetter kann es ganz schön voll werden.

Im Frühjahr und im Herbst ist der Parkplatz kostenlos und der See verschwunden. Baden könnt ihr aber auch in einigen tiefen Gumpen unterhalb der kleinen Kaskaden, die weiter hinten im Tal zu sehen sind. Dazu müsst ihr zuerst auf den Wanderweg am rechten Ufer, was trockenen Fußes gar nicht so einfach ist. Außerhalb der Badezeit sind unten an der Mühle nicht nur die Wehre offen, es fehlt auch die Brücke. Wir finden nach kurzem Suchen einen schmalen Wasserlauf, der sich mit einem großen Schritt überwinden lässt. Notfalls könnt ihr aber auch an einer flachen Stelle barfuß durch den Verdouble waten und dabei gleich testen, wie kalt das Wasser ist.

Parkplatz: N 42°51‘44.3“, E 2°35‘15.0“

ÜBER NACHT

Stellplatz Las Ribes
Auf dem unteren Parkplatz sind fünf Plätze für Wohnmobile markiert. Der Ausblick in die Berge ist grandios und das Parken wird hier auch in der Nacht toleriert.
N 42°50'8.2", E 2°29'25.8"

IN DER NÄHE

Canyoning in den Gorges de Galamus
Eine spielerische Wasserwanderung mit Abseilen am Wasserfall, durch Gumpen schwimmen, rutschen mit kleinen Sprüngen – perfekt für den ersten Versuch und auch für Kids – könnt ihr bei www.manawa.com buchen.

103

Gorges de Galamus

Die Felsenkirche in der Schlucht

Ein schmales Sträßchen windet sich durch die steilen Felswände der Gorges de Galamus. Es führt durch Engpässe und unter überhängenden Felsen hindurch und ist nur mit Fahrzeugen bis 2,70 Meter Höhe und zwei Meter Breite passierbar. Wer einen größeren Van fährt, muss zu Fuß gehen. Das ist aber sowieso empfehlenswert: So könnt ihr auf der Straße jederzeit anhalten, um über das halbhohe Mäuerchen in die schwindelerregende Tiefe zu gucken. Im Sommer sind hier häufig Menschen im Neoprenanzug zu sehen. Die Gorges sind sehr beliebt zum Canyoning.

Um die Gorges zu Fuß zu erkunden, kommt ihr am besten von der Südseite. Zwei Parkplätze eignen sich als Start. Der untere heißt Las Ribes und hat auch markierte Plätze für Wohnmobile. Im Juli und August fahren ab hier Elektrobusse zum einen Kilometer entfernten Parkplatz am Belvédère. Außerhalb der Saison könnt ihr mit einem kompakten Van bis zum oberen Parkplatz fahren, die Höhenbeschränkung gilt erst ab hier. Wohnmobile sind auf dem Parkplatz am Bélvèdere allerdings verboten.

Fußweg zur Kirche

Am Belvédre beginnt der kurze Fußweg durch die Schlucht zur Ermitage Saint-Antoine. Die Kapelle klebt quasi in der Felswand. Sie wurde im Jahr 1782 erbaut – als Dank für die Genesung der Menschen im nahen Dorf Saint-Paul-de-Fenouillet von einer Seuche. In der Ermitage gibt es eine urige Höhlenkirche und ein Café.

Nach dem Besuch in der Felsenkirche steigt ihr durch einen Felsentunnel wieder hinauf zur Straße. Hier lohnt es sich unbedingt, dieser noch ein Stück nach links in die Schlucht zu folgen, bevor ihr umdreht und zurück zum Camper geht.
3 km, ↓↑ 50 m, Gehzeit 1 Stunde, | GPX
Parkplatz Belvedere: N 42°50'08.3", E 2°28'49.1"

CAMPING LE ROUSSILLIONAIS

Camping Municipal in ruhiger Lage am Stadtrand von Argelès-sur-Mer. Weitgehend naturbelassene Plätze, im lichten Schatten unter Pinien und direkt hinter dem Meer. Angenehme Atmosphäre. Direkter Zugang zum schönen, langen Sandstrand. Camper-Service, kleiner Laden und Restaurant. Der Badeort Argelès ist zu Fuß erreichbar.
April bis November| €€ | Argelès-sur-Mer, Boulevard de la mer | N 42°34'2.4", E 3°02'39.5" | www.leroussillonnais.com

Am Refugio de Bujaruelo: Camping mitten in den Bergen

CAMPING LES BOUILLOUSES

Naturnaher, toll gelegener Campingplatz auf 1600 Metern Höhe. Ein kleiner Bergbach mit schönen Badestellen durchfließt das Gelände. Die Sanitäranlagen sind etwas einfacher, aber meist sauber. Kein Laden, aber morgens Baguetteservice. An den Abenden stehen im Sommer wechselnde Food-Trucks auf dem Platz. Fünf Minuten zu Fuß zum Shuttlebus ins tolle Wandergebiet am Lac des Bouillouses. **[› Spot 99]**
Juni bis September | €€ | La Llagonne, Route des Bouillouses | N 42°31'10.9", E 2°05'50.1" | www.camping-lepetitcanada.fr

Der Strand vor dem Camping Le Roussillionais

REFUGIO DE BUJARUELO

Wiesenplatz mit einfachen Sanitäranlagen, aber ohne Strom, mitten in den Bergen am Ende einer neun Kilometer langen schlaglochreichen Schotterstraße. Traumhafter Blick auf die Berge und nachts absolute Ruhe. Tagsüber stehen auf dem benachbarten Wanderparkplatz allerdings viele Autos. Camper-Service vorhanden. Restaurant im Refugio und kleine Flussbadestelle nebenan. Eine kurze Wanderung führt ins Flusstal des Rio Ara. **[› Spot 97]**

Mitte März bis Mitte Oktober | €€ | Torla, Calle Única |
N 42°41'39.5", W 0°06'26.1" | www.refugiodebujaruelo.com

Camping am Bach und im Bergwald

CAMPING LES CRIQUES DE PORTAILS

Sehr komfortabler Platz mit vielen Stellplätzen auf Terrassen in der Steilküste, von denen ihr tollen Meerblick habt. Im Hochsommer sehr teuer, aber in der Nebensaison durchaus erschwinglich. Schöner Pool und zwei Badebuchten mit Kiesstrand, die nur vom Platz zugänglich sind. Direkt am spektakulär schönen Küstenweg nach Collioure **[› Spot 94]**.
April bis Anfang November | €€–€€€ | Route de Collioure, Argelès-sur-Mer | N 42°32'2.6", E 3°04'04.9" | www.lescriques.fr

Mittelmeer-Sandstrand in Saint-Marie-Plage

Terrassenplätze am Steilufer – hier guckt ihr fast überall über das Meer.

CAMPING MUNICIPAL DE LA PLAGE

Camping Municipal direkt hinter einem langen Sandstrand. Von den vorderen Plätzen sind es nur ein paar Schritte zum großen Tor auf der Meerseite. In der Nebensaison ist es nur dort eng, weiter hinten im Küstenwald habt ihr viel Platz. Restaurant auf dem Platz. Im Sommer sind auch ein Pool und der Spa-Bereich mit Sauna und Jacuzzi geöffnet.

Mitte April bis Mitte Oktober | €€ – €€€ | Avenue de las Illas, Sainte-Marie Plage | N 42°44'21.4", E 3°02'02.1" | www.camping-municipal-de-la-plage.com

Auf dem Küstenweg nach Collioure

Die Cevennen und das Tal der Ardèche

Traumziel für Outdoor-Fans

AUSZEITPLÄTZE

104 | MINERVE
105 | CIRQUE DE MOURÈZE
106 | CIRQUE DE NAVACELLES
107 | GORGES DU TARN
108 | MONTPELLIER-LE-VIEUX
109 | FORÊT DE PAÏOLIVE
110 | LA BEAUME
111 | GORGES DE L'ARDÈCHE
112 | GROTTE CHAUVET
113 | VIVIERS
114 | BALAZUC
115 | LE PUY-EN-VELAY

Dieser zahme Gänsegeier hat sich am Aussichtspunkt Baume-Auriol am Cirque de Navacelles fotogen in Positur gesetzt.

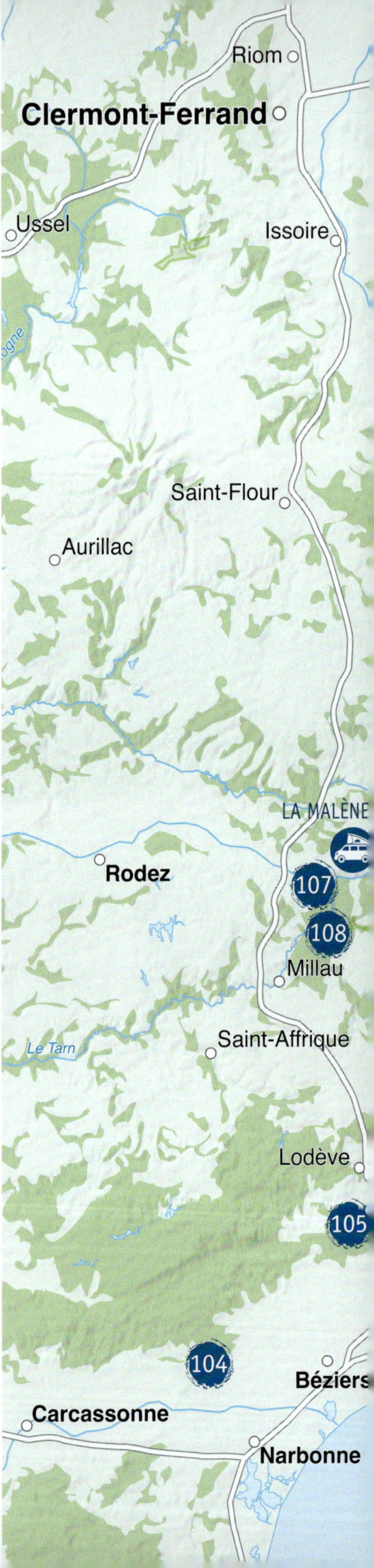

Tarare
Thiers
Villeurbanne
Lyon
Givors
Ambert
Vienne
Saint-Étienne
Annonay
L'Allier
Le Puy-en-Velay
115
Tournon-sur-Rhône
Romans-sur-Isère
Valence
Privas
Aubenas
ACTINIDIAS
114
Mende
Montélimar
110
113
109
112
111
AIGUÈZE
Parc national des Cévennes
Vaison-la-Romaine
Bagnols-sur-Cèze
Orange
Alés
Carpentras
106
Avignon
Rhône
Apt
Nîmes
Cavaillon
Saint-Rémy-de-Provence
Montpellier
Arles
Aix-en-Provence
Mèze
Sète
Marseille
N
W
E
S
Parc national des Calanque

Die Cevennen und das Tal der Ardèche

Traumziel für Outdoor-Fans

Der kalkreiche Boden in der Region ist verantwortlich für die spektakuläre Landschaft der Causses und Gorges, welche die südlichen Ausläufer des Massif Central so ungewöhnlich macht. Sie besteht aus weiten, windzerzausten und dünn besiedelten Hochplateaus und tiefen Schluchten mit steilen Felswänden.

Nirgendwo sonst gibt es so viele Höhlen und unterirdische Wasserläufe wie in kalkhaltigem Gestein, denn Kalk löst sich leicht in Wasser. Das ablaufende Regenwasser frisst tiefe Kerben in den sich auflösenden Fels und so entstanden auch die eindrucksvollen Schluchten der Ardèche, des Chassezac, der Beaume, des Tarn, der Jonte. Während in den Tälern viele Quellen aus den Felsen sprudeln, sind die Hochebenen karg und trocken. Der Karstboden kann durch seine löchrige Struktur kaum Wasser halten. Früher versorgte das Auffangen von Regenwasser in flachen Becken die Höfe mit Brauchwasser, heute sind auch die Causses an die Wasserversorgung angeschlossen. Der steinige Boden eignet sich aber trotzdem kaum für die Landwirtschaft. So weiden auf den weiten Flächen meist Ziegen und Schafe und die Hoch-

ebenen sind nur dünn besiedelt. Die Dörfer baute man in den Flusstälern, nahe am Wasser. Da dort aber nicht besonders viel Platz ist, sind die Dörfer klein geblieben und die Natur ist wild und idyllisch.

Viele Flüsse in der Region können mit dem Kanu befahren werden und die Schluchten sind ein aufregendes Terrain zum Wandern und Klettern. Wer die Cevennen intensiver kennenlernen möchte, kann sie aber auch komplett durchwandern. Der **Stevensonweg**, ein 227 Kilometer langer Weitwanderweg, folgt der Route des britischen Autors Robert Louis Stevenson (Die Schatzinsel). Er durchquerte im Jahr 1878 die Cevennen in Begleitung der Eselin Modestine und schrieb ein Buch darüber. Wer auf seinen Spuren wandert, tut das oft stilecht mit einem Packesel als Wandergefährten.

In den Tälern gibt es unzählige Campingplätze – große, gut ausgestattete und auch ganz kleine, die kaum mehr sind als eine Wiese am Flussufer. Selbst im Hochsommer könnt ihr hier noch ruhige Winkel finden und in der Nebensaison ist die Region ein Campingparadies. Wir lieben diesen Teil von Frankreich.

Das Tal der Ardèche

Die Region zwischen Ardèche und Chassezac liegt am Rand der Cevennen. Das Klima und die Landschaft sind hier lieblicher als im Cevennen-Nationalpark. Die Ardèche ist im Sommer ein besonders beliebtes und gut besuchtes Ziel zum Kanufahren. Der Fluss selbst entspringt in den Kastanienwäldern des Nationalparks Monts d'Ardèche und fließt bei Pont-Saint-Esprit in die Rhône. Der mit dem Kanu befahrbare Abschnitt durch die berühmte Schlucht »Gorges de l'Ardèche« **[› Spot 111]** befindet sich kurz vor der Mündung zwischen den Orten Vallon-Pont-d'Arc und Saint-Martin-d'Ardèche. Auch der Chassezac schlängelt sich durch eine beeindruckende Schlucht, ist aber etwas sanfter als die wilde Ardèche. An seinem Ufer gibt es besonders viele schöne Campingplätze mit kindertauglichen Badeplätzen.

Parc National des Cévennes

Die Bergregion der Cevennen steht seit 1970 unter Schutz. Der Parc National des Cévennes mit den rauen, einsamen Bergmassiven des Mont Lozère und des Mont Aigoual um-

fasst ein Gebiet von 3200 Quadratkilometern. Das Informationszentrum des Nationalparks befindet sich in der Kleinstadt Florac-Trois-Rivières, die im Zentrum des Parks liegt. Hier finden wir zwischen den Bergregionen nicht nur Informationen, sondern auch so nützliche Dinge wie einen Supermarkt, eine Bank oder eine Tankstelle. Nördlich des Orts liegt mit dem Mont Lozère der höchste Gipfel der Cevennen. Felsen sprenkeln die Wiesenlandschaft in den höheren Lagen und etwas weiter unten blüht im Frühsommer ein gelbes Ginstermeer. Besonders gut gefällt es uns am Oberlauf des Tarn.

Geier in den Cevennen

In den schroffen Felswänden der Gorges sind mehrere Geierkolonien zu Hause. In Europa leben sie sonst nur noch in den Pyrenäen und an der Westküste Sardiniens. Sie wurden in den 1980er-Jahren zuerst in der abgelegenen Gorge de la Jonte wieder angesiedelt, nachdem sie in den Cevennen bereits ausgestorben waren. Das war weniger einfach, als es klingt, und brauchte mehrere Versuche. Inzwischen besiedeln Gänsegeier langsam auch die Nachbartäler, wie zum Beispiel die Gorges du Tarn **[› Spot 107]**, und man versucht auch die selteneren Mönchsgeier, Bartgeier und Schmutzgeier wieder anzusiedeln.

DIE BESTE REISEZEIT

Die Cevennen liegen zwar im Süden Frankreichs, gehören aber noch zum Zentralmassiv. Vor allem in den bergigen Regionen kann es zwischen Oktober und Mai empfindlich kalt werden. Dann regnet es auch häufig und sehr ergiebig, was in den Flusstälern unangenehm werden kann. Selbst im Sommer kommt es bei Gewittern immer wieder zu Überschwemmungen, weil das Regenwasser fast ungebremst aus den Bergen in die engen Flusstäler strömt. Hier ist also Vorsicht geboten.

Wirklich voll wird es in den Sommerferien vor allem im Tal der Ardèche und am inzwischen auch recht bekannten Chassezac. Wer weiter in die Cevennen fährt, wird auch im Hochsommer noch stille Plätze finden.

REISE-LITERATUR

Familienwanderführer Ardèche und Cevennen
Die Region ist mit ihren Schluchten und schroffen Felswänden ein anspruchsvolles Wandergebiet. In diesem Buch haben wir spannende, aber nicht zu lange Touren für Familien und andere »Genusswandernde« zusammengetragen – an der Ardèche, aber auch in den stillen Bergen der Cevennen.
Mehr Infos: www.naturzeit-verlag.de

Entdeckertouren mit dem Wohnmobil: Languedoc und Roussillon
17 Tourenvorschläge für Camper, die euch in die abgelegenen Winkel der Region führen. Mit ausführlichen Infos zu Stellplätzen, Ver- und Entsorgung, Badeplätzen, Wanderungen und sehenswerten Zielen an der Route.
Mehr Infos: www.womo.de

104

Minerve

Das Dorf zwischen den Schluchten

Auch das Dorf Minerve war einer der letzten Rückzugsorte der Katharer. Wegen seiner exponierten Lage auf einem Felsen zwischen den tief eingeschnittenen Schluchten der Flüsse Cesse und Briant ließ sich Minerve gut verteidigen. Hierher flohen im Jahr 1209 etwa 140 Menschen aus Béziers. Die Schlacht um die Stadt ging als das »Massaker von Béziers« in die Geschichte ein, denn die siegreichen Kreuzritter kannten keine Gnade. »Caedite eos, novit enim Dominus qui sunt eius!«, schlagt alle tot, Gott kennt die Seinen – mit dieser Anweisung von Papst und König zogen die Kreuzritter aus, um den Erfolg der Katharer zu stoppen.

Guillaume de Minerve, selbst kein Katharer, jedoch ein Verfechter der Glaubensfreiheit, nahm die Fliehenden auf. Minerve gehörte dann zu den letzten Orten, die sich ergeben mussten. Man verhandelte, um die Menschen im Dorf zu retten. Vergeblich. Mit Gnade und Nächstenliebe war es in der katholischen Kirche zu Zeiten der Inquisition nicht weit her.

Das Minerve von heute ist mit seinen trutzigen Häusern und der Ruine der alten Burg eher ein Freilichtmuseum als ein lebendiges Dorf. So um die 100 Menschen leben hier. Seine grandiose Lage in einsamen grünen Hügeln und zwischen zwei tiefen Schluchten macht es zu einem besonderen Ort. An der Promenade des Remparts, der Ruine der alten Burganlage, beginnt ein Wanderweg durch die Schlucht des Brian. Folgt ihr stattdessen an der großen Brücke der Cesse nach Westen, kommt ihr zu zwei natürlichen Tunneln, die der Fluss in den Fels gegraben hat.
Parkplatz Minerve: N 43°21'20.0", E 2°44'32.3"

Das Minervois, die Region rund um das Dorf, gilt als eines der ältesten Weinanbaugebiete Frankreichs. Es liegt zwischen dem Canal du Midi im Süden und der Montagne Noir im Norden. In der lieblich-rauen Landschaft verstecken sich noch weitere hübsche Orte, die kaum jemand kennt.

ÜBER NACHT

Die Übernachtung auf dem Parkplatz von Minerve wird toleriert. Am Automaten kann man einen Nachtparktarif lösen. WC vorhanden. Kein Campingverhalten!

Camping Domaine Le Vernis
Kleiner, gut ausgestatteter Campingplatz auf dem Land. Restaurant und Pool in der Saison.
€ | N 43°19'37.6", E 2°46'25.4"
www.campingdomainelevernis.fr

ÜBER NACHT

Stellplatz Mourèze
Reservierte Plätze für Camper auf dem Parkplatz des Cirque de Mourèze. Nahe an der Straße, aber nachts sehr ruhig. Kurzer Fußweg ins Dorf. WC.
€ | N 43°37'02.0", E 3°21'41.0"

Stellplätze Lac du Salagou
Stellplatz neben dem Camping Les Vailhés mit Camper-Service und Strom.
€€ | N 43°40'12.9", E 3°21'23.5"

Weiterer Stellplatz auf der Südseite am Camping Club Lac du Salagou.
€€ | N 43°38'46.1", E 3°23'34.5"

105

Cirque de Mourèze

Felsspektakel und ein roter See

Mourèze liegt in einem Felsental, doch nicht in irgendeinem Felsental. Knubbelige Felsspitzen in ungewöhnlichen Formen umrunden die Steinhäuser des winzigen Dorfes mit seiner trutzigen Kirche. Sie füllen den ganzen Talkessel und machen ihn zu einer zauberhaften Fabelwelt, die ihr auf schmalen Pfaden durchstreifen könnt.

Der Rundweg durch die Felsen

Die ersten Felsen sind schon am Parkplatz zu sehen. Wir folgen immer den gelben Farbmarkierungen. Treppen bringen uns zuerst zu einem Imbiss und einer Bühne. Dann führt ein Abstecher nach links durch einen engen Felsspalt zu einem besonders schönen Belvédère. Die gelben Zeichen leiten uns weiter, zwischen den schönsten Felsformationen hindurch, bis zu einem Wegweiser. Hier geht es rechts zur größeren Runde (7,5 km). Sie führt auf den 200 Meter höher gelegenen Bergrücken mit tollem Blick auf den Cirque und auf den Lac de Salagou. Für die kleine Runde biegen wir am Wegweiser links ab und folgen der Markierung zurück ins Dorf.

Kleine Runde: Gehzeit 1 h 30 | 3 km | ↓↑ 60 m | GPX
Parkplatz in Mouréze: N 43°37'02.0", E 3°21'41.0"

Am roten See von Salagou

Die rote Erde rund um den See macht ihn so ungewöhnlich. Auf mehreren Parkplätzen könnt ihr tagsüber direkt am Wasser stehen. Zur Übernachtung gibt es dann zwei offizielle Stellplätze, die nicht weit vom Ufer entfernt liegen.

106

Cirque de Navacelles

Ein Talkessel der Superlative

Die Wände des Cirque de Navacelles ragen beinahe 300 Meter fast senkrecht aus dem Tal, in welches das Flüsschen Vis eine tiefe Schlucht gegraben hat. Unten liegt das Dorf Navacelles an einer trockenen Flussschleife. Auf beiden Seiten des Talkessels gibt es einen Aussichtspunkt. Auf der Nordseite am **Belvédère de Blandas** führt ein gut befestigter Rundweg zu vier Aussichtspunkten, von denen ihr aus verschiedenen Blickwinkeln ins tief eingeschnittene Tal gucken könnt. Auf der Südseite ermöglicht das neben einer Gaststätte gelegene **Belvédère Baume-Auriol** den Blick ins Tal.

Vom Bélvèdere de Blandas kurvt ein schmales Sträßchen in engen Serpentinen hinunter nach Navacelles. Es ist für Fahrzeuge bis zehn Meter Länge zugelassen, wird für Wohnmobile aber nicht empfohlen. Auf der anderen Seite des Cirque führt die Straße dann genauso steil wieder hinauf. Auf der Südseite ist sie auf eine Fahrzeuglänge von acht Metern begrenzt. Mit einem kompakten Van ist die Fahrt durch den Cirque kein Problem und lohnt unbedingt.

Wanderung zu den Moulins de la Foux

Am Parkplatz unten in Navacelles beginnt ein Pfad, der immer an der Vis entlang zu einer alten Mühle führt. Die Moulin de la Foux steht tief unten in der Schlucht, wo der Fluss mit Wucht zwischen eng stehenden Felsen hindurchsprudelt. Der Weg ist gelb markiert. Nach etwa 1200 Metern trifft er auf die Straße, die ihr rechts abwärtsgehen müsst. Hinter der Visbrücke geht es dann wieder links und am Wehr über den Fluss. Ab hier ist der Weg wieder gut markiert und nicht zu verfehlen. An der Mühle könnt ihr den Fluss überqueren und auf der anderen Seite zurücklaufen. Der Weg führt dort etwas weiter oben am Hang entlang, nicht direkt an der Vis.

Start am Parkplatz in Navacelles: N 43°53'39.0", E 3°30'39.0"
|10 km | ↓↑ 160 m | Gehzeit 3 h 30| GPX

ÜBER NACHT

Camping Le Crom de Blandas
Sympathischer kleiner Campingplatz, nahe an den Aussichtspunkten.
€€ | N 43°54'36.2", E 3°30'56.0"
www.lecromdeblandas.fr

Aire de Camping Vissec
Einfacher, aber sehr schön angelegter Platz unterhalb des winzigen Dorfes Vissec im Cirque. Mit Frischwasser und WC. Vorsicht: steile Zufahrt.
€ | N 43°54'01.6", E 3°27'37.9"

ÜBER NACHT

Camping Municipal Pradet
Einfacher kleiner Platz am Ortsrand von La Malène. Flussbadeplatz und Kanuverleih benachbart.
April bis September | € |
N 44°18'04.3", E 3°19'08.4"
www.gorgesdutarn-camping.com

IN DER NÄHE

Maison des Vautours
Im Infozentrum in den benachbarten Gorges de la Jonte erfahrt ihr alles über Geier und die spannende Geschichte ihrer Neuansiedlung im Tal.
€€ | N 44°11'47.0", E 3°14'52.0"
www.maisondesvautours.fr

Gorges du Tarn

Geierschlucht in den Cevennen

Bis zu 500 Meter tief ist die Schlucht, die das Wasser des Tarn in die Karstflächen der Causses gegraben hat. An vielen Stellen fallen die Felswände fast senkrecht ins Tal. Weil der Boden oben auf den Hochebenen so löchrig ist, dass er kaum Wasser halten kann, siedelten die Menschen vorzugsweise unten am Fluss und etliche kleine Dörfer kleben malerisch an den Felswänden. Wenn ihr in der Tarnschlucht große Vögel am Himmel kreisen seht, sind das übrigens Geier. Sie waren in den Cevennen schon ausgestorben. Die Kolonien, die heute hier leben, wurden in einer einzigartigen Aktion Anfang der 1980-Jahre in den benachbarten Gorges de la Jonte wiederangesiedelt.

Der Tarn-Wanderweg

Während auf der nördlichen Seite des Tarn eine schmale Straße durch die Schlucht führt, verläuft am südlichen Ufer durchgängig ein Wanderweg, von dem mehrere steile Bergsteige auf die weit oben liegende Hochebene führen.

Mit dem Kanu in die Schlucht

Die Gorges du Tarn werden auf zwei Abschnitten gepaddelt, von denen im Hochsommer meist nur noch der untere Bereich zwischen La Malène und dem Pas de Soucy ausreichend Wasser führt. Im Frühsommer kann der Tarn von Paddelnden mit ein wenig Wildwassererfahrung ab Sainte-Enimie oder sogar schon ab Montbrun befahren werden. Für die allererste Kanutour ist der Fluss allerdings weniger geeignet. Die mit Leihbooten befahrbare Strecke ist als Wildwasser I-II deklariert. Verleihstationen gibt es auf den Campingplätzen ab Montbrun, in Sainte-Enimie und in La Malène. In La Malène liegen auch die Barken der Bateliers du Tarn, die euch sicher durch die Schlucht bringen, wenn ihr nicht selbst paddeln wollt.

ÜBER NACHT

Parkplatz Montpellier-le-Vieux
Der Parkplatz des Parks ist kein offizieller Stellplatz, übernachten wird aber toleriert. Die Fahrt auf den Parkplatz ist nur bis Kassenschluss möglich, rausfahren geht dagegen jederzeit. Öffentliches WC und toller Blick in die Berge.
€ | N 44°08'23.3" E 3°12'11.2"

108

Chaos du Montpellier-le-Vieux

Elefant, Krokodil und Sphinx

Felsgestalten, monumentale Steintore und schmale Kletterpfade – im Felsenlabyrinth Montpellier-le-Vieux gibt es viele ungewöhnliche Steinformationen zu entdecken. Allerdings ist das Felsenmeer inzwischen so gut besucht und so umfangreich mit Attraktionen bestückt, dass es zu Stoßzeiten fast wie ein Freizeitpark wirkt. Mit Kindern könnt ihr euch hier auf eine Fantasy-Mission begeben und die Amathus-Zivilisation von ihrem Fluch befreien. Im Sommer fährt sogar eine Bimmelbahn für fußmüde Gäste. Wer es ruhiger mag, sollte früh am Morgen oder erst gegen Abend hier ankommen, um die wirklich beeindruckende Felslandschaft zu erleben.

Sechs perfekt markierte Wege führen zwischen den Felsen hindurch und können je nach Lust, Laune und Kondition kombiniert werden. Einige werden als »sportlich« bezeichnet, was so viel heißt, wie dass es bergauf und bergab geht und man auch über Felsen klettern und Treppen steigen muss. Keiner der Wege ist wirklich schwierig. Wenn ihr sie zu einer Runde zusammenstellt, die euch durch den ganzen Park führt, seid ihr so etwa zwei Stunden unterwegs.

AcroRoc

Auf dem Gelände des Felsenlabyrinths gibt es zwei Klettersteige. Einer ist speziell für Kinder von sieben bis elf Jahren angelegt, enthält aber alle Elemente einer richtigen Via Ferrata. Der zweite, neuere Steig fordert auch Erwachsene und ist für Jugendliche ab zwölf Jahren zugelassen. Die Klettersteige können nur mit Voranmeldung und in Begleitung eines Guides begangen werden. Einen ersten Eindruck bekommt ihr auf der Website.
€€ | N 44°08'23.3", E 3°12'11.2" |
lacitedepierres.com

109

Forêt du Païolive

Der Zauberwald am Chassezac

Wer ihn durchquert, versteht, warum der Bois de Païolive auch den Spitznamen Feenwald, »Bois des Fados«, trägt. Wind und Wetter haben in Millionen von Jahren aus den Kalksteinablagerungen aus Jura und Kreidezeit wundersame Skulpturen geschaffen. Drei Wanderwege erschließen das grüne Dickicht des ungewöhnlichen Waldes.

Sentier de la Vierge

Der kürzeste der drei Wege ist grün markiert und schlängelt sich dorthin, wo die Feenfelsen am schönsten sind. Es geht durch ein faszinierendes Felslabyrinth in einem verwunschenen Wald. Diese aufregende Minirunde ist wegen der abwechslungsreichen Wege und den vielen Kletterfelsen auch perfekt für Kinder geeignet.

Sentier de la Vierge: 2 km, ↓↑ 60 m, Gehzeit 1 h | GPX |

Gorge de Chassezac

Auf der anderen Seite der Straße führen der gelb markierte »Circuit La Corniche« und der blau markierte »Circuit de Saint Eugène« durch den mystischen Wald und weiter zu den Felsabbrüchen über der Schlucht des Chassezac. Besonders spannend ist die Corniche, die ein Stück an der Abbruchkante entlangführt. Der weite Blick über die Schlucht ist einfach grandios!

Circuit La Corniche: 3,6 km, ↓↑ 100 m, Gehzeit 1 h 30 | GPX
Parkplatz: N 44°23'40.3", E 4°10'41.1"
www.bois-de-paiolive.org

ÜBER NACHT

Camping Les Blaches
Naturnaher Platz in Casteljau, direkt am Flussufer. Kanuverleih.
April bis September | €€ |
N 44°24'23.5", E 4°12'44.6"
www.camping-casteljau.fr

Camping les Actinidias
Kleiner familiärer Campingplatz direkt am Ufer des Chassezac mit schöner Badestelle und schattigen Stellplätzen.
April bis Mitte September | €€ |
N 44°23'57.0", E 4°12'03.4"
www.actinidias.com

110

La Beaume

Das Dorf im Bilderbuch-Canyon

Die alten Steinhäuser von Labeaume staffeln sich malerisch vor einem schroffen Felsen am Hang. Ein Spaziergang durch die Gassen lohnt ebenso wie die Einkehr in eines der Restaurants am Dorfplatz. Hier befindet sich auch ein Kiesstrand, der aus zwei Buchten besteht.

Ein zweiter, ruhiger gelegener Badeplatz ist ein kleines Stück weiter flussaufwärts auf Höhe des großen Parkplatzes am Dorfrand zu finden. Meist ist das Wasser der Beaume allerdings nicht sehr tief. Ein Wanderweg führt von hier aus in die Schlucht hinein, die es in Sachen Schönheit locker mit ihrer großen Schwester an der Ardèche aufnehmen kann. Der kurze Weg an der Felswand ist wirklich spektakulär, erfordert aber ein wenig Trittsicherheit.

Rundweg durch die Schlucht

Von der Badestelle folgen wir dem leicht ansteigenden Weg über Felsplatten immer an der Steilwand entlang bis zu einem gelb-weiß markierten Abzweig nach rechts. Hier lohnt es sich, zuerst dem Weg in die Schlucht noch ein

kleines Stück weiter zu folgen. Es sind nur wenige Schritte bis zu einem Platz mit tollem Blick über den Fluss. Zurück am Abzweig geht es dann zur Straße hinauf und rechts zu einem Parkplatz. Dort verstecken sich an der Klippe die hängenden Gärten mit einem lohnenden Aussichtspunkt. Anschließend folgt ihr der Straße zurück ins Dorf.

4 km, ↓↑ 70 m | Gehzeit 1 h 30 | GPX

Parkplatz: N 44°26'52.1, E 4°18'24.2" | in der Hochsaison ist die Zufahrt zum Dorf für Wohnmobile gesperrt.

ÜBER NACHT

Camping Les Vernades
Einfacher Platz auf einem Bauernhof direkt am Ufer der Beaume.
€€ | N 44°28'26.1" E 4°16'03.5"
www.camping-les-vernades.fr

Camping Les Platanes
Schöner Wiesenplatz unter Bäumen und direkt am Flussufer mit mehreren kleinen Badeplätzen.
€€ | N 44°27'25.3", E 4°16'38.6"
www.campinglesplatanesardeche.com

ÜBER NACHT

Camping des Tunnels
Kleinerer Platz direkt am Fluss mit schönem Kiesstrand und gutem Kanuverleih. Perfekter Startpunkt für eine Kanutour durch die Schlucht.
€€ | N 44°23'25.5", E 4°24'16.5"
www.ardeche-vacance.com

Wohnmobilstellplatz Aiguèze
Naturbelassener Platz unter Bäumen wenige Kilometer entfernt vom bildhübschen Dorf Aiguèze, das am Hochufer der Ardèche gegenüber von Saint-Martin zu finden ist.
€ | N 44°18'18.5", E 4°33'10.1"

111

Gorges de l'Ardèche

Buntes Spektakel in der Schlucht

Der landschaftliche Höhepunkt des Ardèchetals ist unbestritten die tief eingeschnittene Schlucht zwischen Vallon-Pont-d'Arc und Saint-Martin-d'Ardèche. Auf der Nordseite der Gorges de l'Ardèche verläuft eine Straße mit mehreren Aussichtspunkten, von denen man die mächtigen Flussschleifen mit ihren fast 300 Meter hohen Wänden aus der Vogelperspektive betrachten kann.

Am westlichen Eingang zur Schlucht überspannt der monumentale Steinbogen Pont d'Arc den Fluss. Vor dessen ungewöhnlicher Kulisse entfaltet sich im Sommer ein buntes Freizeitspektakel. Die Ardèche gehört zu den beliebtesten Paddelrevieren Frankreichs. Kanus werden an jeder Ecke verliehen. Der Fluss eignet sich aber auch zum Baden und es gibt ein gut markiertes Netz an Wanderwegen. Am Flussufer liegen etliche schöne Campingplätze.

Durch die Gorges führt auch ein etwa 30 Kilometer langer, anspruchsvoller Wanderweg. Er ist nur bei Niedrigwasser passierbar, da die Ardèche zweimal durch eine Furt überquert werden muss. Eine Übernachtung in der Schlucht ist in einem der beiden einfachen Camps möglich, die auch von Kanuten genutzt werden. Spannend, gut zu gehen, und jederzeit passierbar sind die ersten Kilometer des Pfades, der auf der östlichen Seite von Sauze in die Schlucht führt.

DIE ARDÈCHE MIT DEM KANU

Nur vom Wasser aus lassen sich die knapp 30 Kilometer langen Gorges de l'Ardèche wirklich hautnah erleben. In etlichen Schleifen windet sich der Fluss zwischen meterhohen Felswänden hindurch. Kiesbänke sorgen für idyllische Pausenplätze. Mehrere kräftig sprudelnde Stromschnellen mit hohen Wellen und Engpässe zwischen den Felsen machen die Flussfahrt anspruchsvoll. Nur bei sommerlichem Niedrigwasser ist die Ardèche auch ohne Wildwasserkenntnisse fahrbar. Ihr solltet aber auch dann wissen, wie man ein Kanu lenkt. In der Hochsaison wird es auf der Ardèche leider häufig so voll, dass ihr vor Stromschnellen mit »Stau« auf dem Wasser rechnen müsst.
www.canoe-ardeche.com

ÜBER NACHT

Stellplatz Vallon-Pont-d'Arc
Ebene Schotterfläche am Ortsrand neben dem großen Parkplatz der Touristeninformation. Nachts ruhig. Camper-Service, WC an der Info.
€ | N 44°24'17.9", E 4°23'50.2"

Camping Domaine des Blachas
Direkt am Ufer der Ardèche, einige Stellplätze mit Flussblick, großer Pool.
Mitte April bis September | €€–€€€ | N 44°23'02.8", E 4°24'23.8" | www.lesblachas.com

Camping de L'Îles
Einfacher Wiesenplatz unter Bäumen direkt an der Ardèche.
April bis September | €€| N 44°23'35.9", E 4°24'01.8" | www.camping-delile.com

Viele weitere Campingplätze am Fluss!

112

Grotte Chauvet

Kunstwerk aus der Steinzeit

Die Region zwischen den Ausläufern des Massif Central und dem Rhonetal ist karstig und durchlöchert wie ein Schweizer Käse. Kaum irgendwo anders kann man so viele Höhlen besuchen. Die meisten sind üppig geschmückt mit Tropfsteinen. In der Caverne de Pont d'Arc entdeckten im Dezember 1994 drei Speläologen unter der Leitung von Jean Marie Chauvet Zeichnungen aus der Steinzeit. Deren originalgetreue Kopien sind seit 2016 in einem Nachbau zu sehen, der Grotte Chauvet 2 genannt wurde.

Die Originalgrotte befindet sich in der Steilwand einer inzwischen ausgetrockneten Schleife der Ardèche. Ihre Wände wurden mit Pferden, Mammuten, Auerochsen und anderen Tieren bemalt. Viele von ihnen sind mit Holzkohle gezeichnet, was die ungefähre Bestimmung ihres Alters mit der Radio-Carbon-Methode möglich macht. Es wurden dabei Daten zwischen 37.000 und 28.000 Jahren ermittelt, womit die Tierzeichnungen in der Grotte Chauvet zu den ältesten Kunstwerken der Welt gehören.

Wie auch in anderen Höhlen in Südfrankreich sind die Tiere sehr naturalistisch und mit vielen Details so auf die Höhlenwände gezeichnet, dass durch die natürliche Struktur des Felsens eine räumliche Wirkung entsteht. So ziehen im flackernden Licht des Feuers äußerst lebendige Tierherden am Betrachter vorbei. Dass die Bilder heute noch in einem so guten Zustand sind, haben wir einer Naturkatastrophe zu verdanken. Vor etwa 22.000 Jahren während der Würm-Eiszeit brach ein riesiger Felsbrocken über dem Eingang ab und verschloss den Zugang zur Höhle.

Chauvet 2, der Nachbau der Höhle, steht einige Kilometer von der Originalgrotte entfernt bei Vallon-Pont-d'Arc.
Ganzjährig | €€€ | Route de Bourg Saint Andéol, Vallon-Pont-d'Arc | N 44°24'22.1", E 4°25'52.7" | www.grottechauvet2ardeche.com

ÜBER NACHT

Camping-Car Park Viviers
Mit Hecken abgegrenzte Stellplätze am Ortsrand im neuen Teil des Städtchens. Zur Altstadt läuft man einen knappen Kilometer.
€€ | N 44°28'55.6", E 4°40'47.3" | www.campingcarpark.fr

113

Viviers

Eine Stadt aus dem Mittelalter im Dornröschenschlaf

Ein Spaziergang durch Viviers beamt uns auf direktem Weg ins Mittelalter. Innerhalb der gut erhaltenen Stadtmauer stehen alte Steinhäuser – alle haben viel Patina, einige bröckeln auch ziemlich vor sich hin. Kaum eine Spur modernen Lebens stört die mittelalterliche Kulisse. Restaurants, Cafés und Läden gibt es nur unten an der Hauptstraße, die auch breit genug für Autos ist. Die Gassen der alten Stadt erweisen sich als echter Irrgarten und wir schlüpfen durch viele kurze Tunnel und enge Durchgänge.

Im Zentrum der Ville Haute, in der im Mittelalter die Domherren und die reichen Bürger der Stadt zu Hause waren, ragt die Kathedrale Saint-Vincent über die Dächer. Der älteste Teil der Kirche ist der Torturm vom Ende des elften Jahrhunderts. Wenn ihr hinaufschaut, seht ihr auf halber Höhe Tierfiguren, die aus der Fassade in die Gassen gucken. Sie sind typisch für romanische Gebäude. Das viereckige obere Stockwerk hat man dann im 14. Jahrhundert ergänzt und als Wachposten genutzt. Die Kathedrale selbst wurde im Jahr 1119 geweiht, seitdem aber mehrfach verändert. Vor allem der verspielte Chor im Stil der Spätgotik mit seinen spitzen Türmchen prägt heute das Äußere der Kirche. Bischof Claude von Tournon ließ ihn bei seinem Amtsantritt 1516 ergänzen, um die Kathedrale optisch aufzupeppen.

Im Inneren ist Saint-Vincent erstaunlich karg. Der mit Mosaiken verzierte Marmoraltar kommt so besonders gut zur Geltung. Er steht unter dem Bogengewölbe des Chores, der mit neun hohen Fenstern viel Licht in die Kirche lässt. Ein Stück hinter der Kathedrale treffen wir auf das Belvédère de Châteauvieux. An der linken Seite steht ein Turm, der zum besagten alten Schloss gehörte. Der Ausblick reicht von hier aus weit ins Tal und hinunter bis zur Rhone.
Parkplatz an der Mairie: N 44°28'50.4", E 4°41'30.8"

ÜBER NACHT

Camping Retourtier
Kleinerer Platz 800 Meter vom Ortszentrum entfernt. Pool und Laden.
Mai bis Oktober | €€ |
N 44°30'26.4", E 4°22'49.8"
www.campingleretourtier.com

Camping de la Falaise
Naturnaher Platz in sehr schöner Lage am Fluss mit Blick auf die Klippen. Schattige Plätze, Kanuverleih.
April bis September | €–€€ |
N 44°30'45.4", E 4°23'3.8"
www.camping-balazuc.com

114

Balazuc

Das Dorf der Gallier

Auch Balazuc ist eines der prämierten »Plus Beaux Villages de France«. Seine Häuser scheinen direkt aus dem Fels zu wachsen. Das Dorf klebt förmlich am Hang über der Ardèche und die schmalen, mit Kieseln gepflasterten Gassen sind an einigen Stellen ziemlich steil geraten. In der Antike verschanzten sich hier die Gallier, um den Invasoren aus Rom entgegenzutreten. Baladnum, Felsenanhöhe, nannten sie ihr Dorf. Spazieren wir heute durch die engen Gassen, treffen wir im Ortszentrum auf den Bergfried und Reste der Mauer der alten gallischen Burganlage. Vom Turm überblickt man die steingedeckten Dächer des Ortes und die Brücke und kann zwischen die Felswände an der Ardèche schauen. Und auch dass unten am Fluss Kanus liegen, ist von hier oben schon zu sehen.

An der breiten Kiesbank neben der Brücke wird im Sommer gebadet und hier geht es auch los zur Flussfahrt. Zwischen Balazuc und Ruoms liegt eine abwechslungsreiche, flotte Strecke, die sich mit vielen Kiesbankschwällen zwischen den Felswänden hindurchschlängelt. Sie liegt ein gutes Stück oberhalb der spektakulären großen Schlucht, so ist es hier meist etwas ruhiger.

Parkplatz vor dem Ort: N 44°30′21.3″, E 4°22′26.8″

ÜBER NACHT

Camping Aquadis Loisirs
Kleiner Platz am Stadtrand und am Flussufer. Kurzer Fußweg in die Stadt.
April bis Oktober | €–€€ |
N 45°03'01.4", E 3°52'51.1"
www.aquadis-loisirs.com

Stellplatz Le Puy-en-Velay
Asphaltplatz am Stadtrand. Zweckmäßig, aber zentral gelegen.
N 45°03'02.5", E 3°53'00.9"

Der Wochenmarkt (Samstagvormittag auf der Place du Plot) ist einer der schönsten der Auvergne.

115

Le Puy-en-Velay

Kirche auf dem Vulkan

Le Puy-en-Velay ist unser letzter Spot in diesem Buch und wir beenden es mit einem Paukenschlag. Ungewöhnlicher als Le Puy kann eine Stadt kaum sein. Erbaut wurde sie in einem Vulkankessel. Zwei spitze Basaltkegel prägen das Stadtbild – die ehemaligen Schlote des Vulkans. Auf einem davon steht eine Kirche, auf dem zweiten eine Marienstatue. Das sind aber nur die auffälligsten Highlights der Pilgerstadt, an der auch die Via Podiensis beginnt – die bekannteste Route des französischen Jakobswegs.

Berühmt ist auch die Kathedrale von Le Puy, zu der aus dem Ortskern eine breite Steintreppe hinaufführt. Sie steht auf einem dritten Basaltkegel, der aber etwas niedriger ausgefallen ist, und gehört zum UNESCO-Welterbe. Die Treppe ist gesäumt von kleinen Läden und Cafés und auch die Altstadt an ihrem Fuß ist bunt, lebendig und ein bisschen alternativ. Die Mixtur ist spannend und Le Puy zieht uns schnell in seinen Bann. Street Art wird besonders geliebt. Die beiden größten Wandbilder sind im Boulevard des Belges und an der Rue du Faubourg Saint-Jean zu finden.

In den Läden in der Altstadt machen wir dann Bekanntschaft mit einer weiteren Berühmtheit der Stadt: der »Lentille Verte du Puy«. Grüne Linsen sind hier eine besondere Spezialität. Die aus Le Puy bleiben auch beim Kochen bissfest, was ihre besondere Qualität ausmacht. So stehen Linsengerichte auf fast jeder Speisekarte in den Restaurants.

So gut uns die Altstadt gefällt, natürlich wollen wir auch noch hoch hinaus. Die Kirche Saint-Michel d'Aiguilhe, heiliger Michael auf der Nadel, ist unser erstes Ziel. 268 Stufen führen hinauf – aber nur während der Öffnungszeiten. Wir sind leider zu spät. Hohl und über eine enge Wendeltreppe jederzeit begehbar ist aber die Statue auf dem benachbarten Kegel, von der man den perfekten Blick über die Stadt hat.

CAMPING LES ACTINIDIAS

Kleiner, familiärer Campingplatz direkt am Ufer des Chassezac mit einfachen Sanitäranlagen und schattigen Plätzen. Er liegt an einer ausgesprochen schönen Badestelle, einen Kanuverleih gibt es in der Nähe. Angrenzend beginnt ein attraktives Wandergebiet mit tollen Felsformationen. Direkt vom Platz aus könnt ihr durch die Gorges de Chassezac wandern. Der Bois de Païolive **[› Spot 109]** ist auch nicht weit weg.
April bis Mitte September | €€ | N 44°23'57.0", E 4°12'03.4" | www.actinidias.com

Das Ufer des Tarn in la Malène

STELLPLATZ AIGUÈZE

Naturbelassener Platz unter Bäumen einen knappen Kilometer entfernt vom bildhübschen Dorf Aiguèze, das am Hochufer der Ardèche liegt. Auf dem Platz gibt es Wasser, aber sonst keine Einrichtungen. Ein Fußweg führt an den Klippen entlang, über die Brücke und hinunter nach Saint-Martin am unteren Ende der Ardèche-Schlucht. Hier endet die Kanustrecke durch die Schlucht und abends treffen viele müde Kanuten ein **[› Spot 111]**. Am Anleger beginnt auch der Uferweg, dem ihr flussaufwärts ein gutes Stück zwischen die Felswände folgen könnt.
€ | N 44°18'18.5", E 4°33'10.1"

Sommerlicher Badespaß am Camping Actinidias

CAMPING MUNICIPAL LE PRADET, LA MALÈNE

Einfacher kleiner Platz mit gepflegtem Sanitärhaus am Ortsrand von La Malène, einem der hübschen kleinen Dörfer in der Tarnschlucht. Im Ort gibt es mehrere Restaurants und eine gute Bäckerei. Ein Flussbadeplatz und ein Kanuverleih sind gleich benachbart. Überquert ihr die Brücke, kommt ihr zum Tarnuferweg, der immer in Flussnähe durch die Schlucht führt. Ein Rundweg bringt euch hinauf auf die Causse. **[› Spot 107]**
April bis September | € | N 44°18'04.3" E 3°19'08.4"'
www.gorgesdutarn-camping.com

Das Dorf Aiguèze nahe am Stellplatz

Reiseinfos und Camperhacks

Unsere Tipps für unterwegs

Die große Freiheit

»Camperträume« in der Praxis

»Freiheit« – das Wort fällt fast unweigerlich, wenn irgendwo ein Camper abgebildet ist und wenn es um Vanlife geht. Meist steht dann ein cooler Bus mit offener Tür direkt am Strand oder an einem See, ein Lagerfeuer prasselt und die Sonne versinkt am Horizont. Vanlife ist cool – egal ob auf Instagram oder in Werbespots. Eine lange Reise, ewiger Urlaub, das ist der Stoff, aus dem die Träume sind. Doch wie sieht eigentlich die Realität aus? Der Stellplatz direkt am Meer – gibt es solche Plätze wirklich, oder hat das nur jemand für ein gutes Foto inszeniert? Und was hat Vanlife eigentlich wirklich mit Freiheit zu tun?

Unsere Antwort ist einfach. Ja, es gibt sie und nein, es gibt sie nicht. Traumplätze sind eine Frage der Saison und der Region, in der ihr reist. Wenn außer euch wenige Menschen unterwegs sind, wird es leichter mit den Traumplätzen. Da, wo alle hinwollen, ist Freistehen selten möglich. Und geht eure Freiheit wirklich verloren, wenn ihr nicht frei, sondern auch mal auf einem offiziell genehmigten Platz steht?

Für uns fühlt sich das Reisen mit unserem Van tatsächlich nach Freiheit an. Nach der Freiheit, nichts buchen zu müssen, Ziele kurzfristig festzulegen, einfach loszufahren und doch ein Stück zu Hause mitzunehmen. Für uns ist das die perfekte Art zu reisen.

Freiheit beim Reisen im Van bedeutet für uns aber nicht, den Camper überall abzustellen, wo es uns gefällt, jeden Abend an einem Traumplatz zu stehen – und das dann möglichst auch noch kostenlos. Wir respektieren Verbote, fahren nicht in Dünen und übernachten nicht im Naturschutzgebiet. Auf jeder unserer langen Reisen sind viele Plätze einfach zweckmäßig: vertretbar, sicher und ruhig. Traumplätze sind die Highlights, aber nicht alltäglich. Unsere persönlichen Traumplätze haben wir schon auf Parkplätzen mitten in der Natur gefunden – aber auch, »Off-Season«, auf halb leeren Camping- und Stellplätzen.

Wenn wir in einem Land zu Gast sind, ist es für uns selbstverständlich, nicht nur die Infrastruktur zu nutzen, sondern auch einen Beitrag zu leisten. Auch auf Camping- und Stellplätzen zu übernachten, ist eine Möglichkeit. Essen gehen, vor Ort in kleinen Läden und auf dem Markt einkaufen, Sehenswürdigkeiten besuchen – das sind gute Alternativen. Die Menschen in Tourismusregionen leben vom Service für die Gäste. Reisende, die gar kein Geld ausgeben, sind meist nicht allzu gerne gesehen – vor allem, wenn sie auch noch ihren Müll liegen lassen und Parkplätze blockieren. Für uns ist es wichtig, zum Gleichgewicht aus Geben und Nehmen zwischen Gästen und Locals unseren Teil beizutragen.

Einen Stellplatz finden

Vanlife und Nachhaltigkeit

Offizielle Plätze für Camper

In Frankreich, Spanien und Portugal gibt es viele Plätze, die extra für Camper eingerichtet wurden. Neben Campingplätzen stehen auch Stellplätze für Wohnmobile und private Camps zur Verfügung.

Campingplätze

In Frankreich und Portugal gibt es viele einfach ausgestattete, preiswerte kleine Campingplätze. Wenn ihr außerhalb der Saison reist, ist hier oft viel weniger los als auf Stellplätzen und beliebten Freistehplätzen – vielleicht einfach deshalb, weil Campingplätze irgendwie ein bisschen »out« sind. Wir haben dort schon viele unserer Traumplätze gefunden, die zudem kaum teurer waren als ein Stellplatz.

In Spanien ist der Preisunterschied zwischen Stellplatz und Campingplatz deutlich größer. Die meisten Campingplätze sind aber auch komfortabel und recht gut ausgestattet. Während viele Camper-Stellplätze in der Sonne liegen, findet ihr dort auch schattige Stellplätze, was interessant wird, wenn ihr im Sommer unterwegs seid.

Wohnmobilstellplätze

In allen drei Ländern gibt es einfache Stellplätze für Camper, die von den Gemeinden zur Verfügung gestellt werden. Auch ein Camper-Service mit Grauwassereinlass, Entsorgung für Chemietoiletten und Frischwasserhahn gehört oft zur Ausstattung. Die Nutzung der Station ist fast immer kostenlos, nur das Frischwasser müsst ihr bezahlen. Strom oder sanitäre Einrichtungen sind hier selten vorhanden und kostenlose Plätze liegen meist im Landesinneren und nicht direkt in den beliebten Tourismusorten an der Küste.

Vor allem in Frankreich verbreitet sind voll automatisierte Stellplätze mit Schranke und Automatenzahlung. Hier gibt es fast immer Stromanschlüsse und oft auch WLAN, aber keine Sanitäranlagen. Am weitesten verbreitet sind die Plätze von **Camping-Car Park**. Ab März 2025 ist die Zahlung nur noch über die Camping-Car-App möglich. Vorhandene Pass d'Etappes-Karten können weiter benutzt und über die App aufgeladen werden, in der ihr auch Plätze vorbuchen könnt. www.campingcarpark.com

Im Süden Spaniens und an der Algarve werden viele Stellplätze privat geführt und leben vor allem vom Wintertourismus. Einige davon liegen voll in der Sonne, was im Winter angenehm und im Sommer unerträglich ist, und haben deshalb überhaupt nur im Winterhalbjahr geöffnet. In Spanien und Portugal gehören, anders als in Frankreich, auch bei Stellplätzen eine Dusche und eine Toilette zur Grundausstattung, sodass ihr sie auch mit kleinen Vans nutzen könnt. Eine Toilette ist dabei aber oft wörtlich zu nehmen – die Sanitärausstattung ist dort eher »basic«.

Eine Übersicht offizieller Stellplätze findet ihr unter areasautocaravanas.com und autocaravanalgarve.com.

Eine dritte Stellplatzkategorie, die vor allem in Südportugal vertreten ist, sind **Camper-Stellplätze auf dem Bauernhof** oder an Privathäusern. Sie liegen immer im Hinterland, sind meist einfach, aber liebevoll ausgestattet und bieten oft nur wenige Plätze an. Eine telefonische Anmeldung ist deshalb oft notwendig. Solche Plätze findet ihr gut über die App park4night, da die Besitzer sie dort selbst einstellen können. Eine Alternative sind die neuen Portale, die Privatunterkünfte für Camper vermitteln.

Campen bei Privatpersonen

Die Idee ist noch recht neu. Gerade schießen etliche kleine Portale aus dem Boden, die zwischen Landbesitzern und Reisenden vermitteln, die möglichst einsam, aber legal im Grünen stehen wollen und bereit sind, für so einen Platz auch etwas zu zahlen. Buchung und Bezahlung erfolgen dabei unkompliziert über die App oder Website. Einige vermitteln nur Plätze in Deutschland. Bei folgenden Plattformen findet ihr aber auch Plätze in Frankreich, Spanien und Portugal:

www.campspace.com
vansite.eu
www.alpacacamping.de
roadsurfer.com/spots

Wenn ihr keine Lust habt mit verschiedenen Plattformen zu jonglieren, könnt ihr mit der **camping-app.eu** vansite und alpaca direkt einbinden. Außerdem sind jede Menge offizielle Stell- und Campingplätze verzeichnet.

In Portugal gibt es mit **portugal-easycamp.com** auch ein Pendent zum deutschen »Landvergnügen«. Die Stellplätze liegen auf einem Bauernhof oder Weingut und ihr könnt sie nur mit einem autonomen Camper nutzen. Mit dem Kauf des »welcome packs«, das sich aus Produkten des jeweiligen Hofs zusammensetzt, wird die Erlaubnis erteilt, einmal dort zu übernachten. Meist steht man dabei mit wenigen Campern und viel Platz.

France Passion ist das französische Pendant zum Landvergnügen. Mit einer Vignette, die ihr aber schon vor dem Start der Reise bestellen müsst (sie wird zugeschickt), könnt ihr auf zugehörigen Bauernhöfen für eine Nacht kostenlos stehen.

CampCard & Co

Wer viel auf Campingplätzen übernachtet, kann mit den gängigen Rabattkarten Geld sparen. Meist lohnt sich die Ausgabe schon bei einer längeren Reise. Hier ein kleiner Überblick.

› CampingCard ACSI:
Die Karte ist perfekt für alle, die viel in der Nebensaison reisen. Mit ihr übernachtet ihr auf teilnehmenden Campingplätzen zu einem günstigen Festpreis. Praktisch finden wir die App, die man leider

bisher noch extra zahlen muss. www.acsi.eu

› **Camping Card International:** Ermäßigung von 10–25% auf teilnehmenden Plätzen, zum Teil auch in der Hochsaison. Eine Haftpflicht-Versicherung ist inklusive, die Mitgliedschaft im Deutschen Camping-Club ist Voraussetzung. www.campingcardinternational.com

› **ADAC CampCard:** Sie liegt dem ADAC-Stellplatzführer bei. In der Nebensaison gibt es auf den im Führer gelisteten Plätzen einen Komplettpreis. Einige Plätze bieten auch in der Hauptsaison einen kleinen Rabatt. www.adac-camping.de

› **Camping Key Europe:** Die Karte ist in Deutschland über den ADAC erhältlich. Bei teilnehmenden Plätzen spart ihr 10–20% der Stellplatz- und Personengebühren, zum Teil auch in der Hochsaison. Außerdem ist eine Haftpflicht-, Unfall- und Rechtsschutzversicherung inklusive. www.adac-shop.de

Freistehen mit Verantwortung

Mitten in der Natur stehen, der Stille lauschen, Vögel und andere kleine Tiere beobachten, die sich an ein geparktes Auto erstaunlich furchtlos heranwagen, und den ersten Tee oder Kaffee in der Tür sitzend mit Blick auf den Sonnenaufgang genießen – ein schöner Stellplatz in der Natur ist einfach ein Traum.

Solche Plätze, an denen man vertretbar freistehen kann, werden in Europa aber immer rarer. Besonders im Süden und im Sommer verschärft sich die Situation. Das liegt daran, dass die Zahl der Camper in den letzten Jahren enorm zugenommen hat. Leider reicht es aus, wenn einzelne gedankenlos ihren Müll liegen lassen, im Naturschutzgebiet Feuer machen, Klopapier und »Tretminen« hinterlassen oder gar den Inhalt der Chemietoilette in der Natur entsorgen. Wo zu viele Camper auftauchen und zeitweise ganze Parkplätze blockieren, gibt es Ärger. Immer.

Wir sind für unsere Bücher seit über 15 Jahren mit dem Campervan unterwegs und sehen die Zahl

Camper-Ansammlungen auf Strandparkplätzen sind immer problematisch. Hier in Andalusien werden sie im Winter zurzeit geduldet.

der freien Plätze Jahr für Jahr schwinden. Wir können allerdings oft auch gut verstehen, warum Gemeinden mit einem Verbot reagieren. Es sind nur wenige, die sich danebenbenehmen, aber die Folgen tragen alle Campenden.

Unser Fazit?

Unsere Verantwortung ist groß. Was wir heute tun, wird darüber entscheiden, ob Freistehen auch in Zukunft noch möglich ist.

Keine Spuren hinterlassen ist der erste Schritt. Darüber hinaus haben wir eine Vision: Wie wäre es, wenn man Plätze, an denen regelmäßig Camper stehen, daran erkennt, dass sie sauberer sind als andere? Unseren freien Platz sauberer hinterlassen, als wir ihn vorgefunden haben – auch das ist ein neuer Campingtrend. Er erfüllt uns mit Hoffnung. Ein Werkzeug zum Müll sammeln gehört für uns zur Basisausstattung im Campervan!

Freistehen und Wildcampen

Verbote beachten ist für uns ebenfalls eine wichtige Grundlage, damit frei stehende Camper weiterhin akzeptiert werden. Wichtig ist dabei die Unterscheidung zwischen »Nachtparken« und »Wildcampen«.

Das einmalige Übernachten im geparkten Fahrzeug wird häufig toleriert. In manchen Regionen wird dabei aber jede Art von »Campingverhalten« geahndet. Dazu kann es schon reichen, dass irgendetwas über das Fahrzeug hinausragt – eine ausgefahrene Trittstufe, Schuhe vor der Tür oder Auffahrkeile reichen, wenn euch jemand nicht wohlgesonnen ist. Selbst ein nach außen geöffnetes Fenster hat in Portugal schon Ärger verursacht.

Wer Tisch und Stühle rausstellt, die Markise ausfährt, den Grill aufstellt oder Wäsche aufhängt, zeigt eindeutig Campingverhalten und Camping außerhalb von offiziellen Stell- oder Campingplätzen ist in vielen Regionen verboten.

Freistehen – was sagt das Gesetz?

Die Regeln zum Nachtparken und Wildcampen sind in jedem Land anders. Oft sind es sogar Gemeindegesetze, die darüber entscheiden. Wir haben für euch hier die Grundregeln für die drei Länder an unserer Route zusammengestellt.

› Frankreich
In Frankreich ist Freistehen, also Übernachten ohne Campingverhalten auf regulären Parkflächen grundsätzlich erlaubt, sofern kein Verbotsschild etwas anderes sagt. Auch Wildcamping ist nicht grundsätzlich verboten, jedoch stark eingeschränkt. Definitiv verboten ist es in Naturschutzgebieten und am Meer.

› Spanien
Wildcampen für maximal drei Nächte ist nicht grundsätzlich verboten, aber in Wohngebieten, am Strand und innerhalb einer Zone von einem Kilometer Abstand zu einem Campingplatz nicht erlaubt. Nachtparken ohne Campingverhalten ist in Spanien auf allen Parkplätzen erlaubt, wenn es keine Einschränkungen für Wohnmobile gibt.

› Portugal
In Portugal ist Wildcamping verboten. Freistehen ohne Campingverhalten ist nur noch außerhalb von Natura-2000-Schutzgebieten erlaubt. Ihr dürft dabei maximal 48 Stunden im gleichen Gemeindegebiet bleiben, aber natürlich nur dort, wo kein Verbotsschild steht.

Portugal war lange eines der Traumziele für Wildcamper und in den letzten Jahren ein sehr beliebtes Ziel für den neuen Vanlife-Boom. An manchen Stränden standen Dutzende von Vans und Wohnmobilen, deren Insassen wohl leider auch übelste Spuren hinterlassen haben. Die Gemeinden mussten reagieren. Hier stehen jetzt viele neue Verbotsschilder, und vor allem an der Küste werden die Verbote auch mit deftigen Strafzetteln durchgesetzt.

Um Plätze zu finden, an denen ihr weiterhin freistehen dürft, hilft in Portugal der Natura2000-Viewer, auf dem ihr euch auch orten könnt. Die portugiesische Küste gehört aber fast durchgängig zum Schutzgebiet, sodass ihr dort auf offizielle Plätze müsst: natura2000.eea.europa.eu.

Was macht eigentlich einen guten Stellplatz aus?

Der erste Check ist einfach. Versetzt euch in die Position von Einheimischen und Anwohnern. Würde es euch stören, wenn hier ein Camper steht? Oder mehrere? Bleibt für andere genug Platz zum Parken? Steht ihr im Weg?

Alles mit »Nein« beantwortet? Kein Verbotsschild in Sicht? Dann ist wohl alles klar für eine Übernachtung. Oft hilft es auch, vor Ort Kontakt aufzunehmen und einfach zu fragen, ob man bleiben kann. Denn wenn die Einheimischen wissen, wer da steht und warum, dann ist das Problem vielleicht schon erledigt.

Wie finde ich einen guten Stellplatz?

Das wichtigste und gängigste Werkzeug, um freie Stellplätze zu finden, ist für viele die App park4night. Eine Alternative, die ursprünglich aus der Allradszene stammt, ist ioverlander.com. Die Plätze, die ihr dort findet, werden von Campenden für Campende eingegeben.

Erfreulicherweise findet inzwischen vonseiten der Plattform park4night eine rudimentäre Kontrolle statt und es werden Hinweise eingeblendet, wenn sich ein Platz in einem Naturschutzgebiet befindet. Diese Kontrolle ist aber nicht vollständig und längst nicht alle Plätze in der App sind legal. Die Verantwortung bei der Platzwahl bleibt bei euch!

Ihre Beliebtheit ist auch der größte Nachteil der App. Plätze, die bei park4night gut bewertet sind, werden in viel bereisten Regionen, in den Hauptreisezeiten und am Wochenende von viel zu vielen Campern genutzt. Auf manchen Plätzen in Südspanien, wo solche Ansammlungen von Campingfahrzeugen zurzeit noch toleriert werden, steht ihr dann zwar frei, aber trotzdem Tür an Tür wie auf einem Stellplatz. Dazu kommen die Zweifel, wie lange das wohl so noch gut geht.

Wollt ihr einen Platz für euch alleine und wirklich mitten in der Natur, müsst ihr selber suchen. Die besten Hilfsmittel dazu sind Google Earth,

die detaillierten digitalen Karten einer Wanderapp, auf der auch Parkplätze eingetragen sind, und Tipps von anderen Reisenden oder Einheimischen. Wenn ihr so einen Platz gefunden habt, passt auf ihn auf. Gute Plätze, die nur wenige Fahrzeuge vertragen, solltet ihr nicht online verbreiten. park4night hat schon viele gute Plätze »verbrannt«, weil plötzlich zu viele Camper dorthin finden.

Campieren mit Manieren

Von Tretmienen und Klopapierfahnen

Mehr oder weniger gut abgedeckte »Scheißhäufchen« sind eine der unangenehmsten Hinterlassenschaften an freien Plätzen. Wenn euer Camper keine Toilette an Bord hat, helfen ein paar kleine Utensilien bei einer Outdoortoilette, die keine Spuren hinterlässt.

Menschlicher Urin und Kot sind ein natürlicher Dünger und aus Sicht des Umweltschutzes ist es erst einmal unbedenklich, sie in der Natur zu hinterlassen. Bei einer verträglichen Outdoortoilette müsst ihr aber zwei Dinge sicherstellen: Es darf am Ort eurer Wahl nach dem »Geschäft« kein Klopapier herumliegen und das »Häufchen« muss sicher so liegen, dass niemand aus Versehen hineintritt. Ein Häufchen mitten im Wald, ein Stück abseits von Wegen, ist sicher kein Problem, eines neben der Sitzbank am See dagegen schon.

Die beste Lösung ist es, Kot und Papier gut zu vergraben. Dazu braucht man ein kleinen (Klapp-) Spaten im Van – oder bei Outdoortouren im Kanu-, Fahrrad- oder Wandergepäck. Leider funktioniert das mit dem Graben nicht immer richtig gut. Ist der Boden trocken und knallhart, steinig oder mit

Zehn Gebote für Camper

1 | Campe & parke nur da, wo es erlaubt ist.

2 | Verlasse Orte sauberer, als du sie vorgefunden hast.

3 | Respektiere deine Mitmenschen – Camper wie Anwohner.

4 | Respektiere die Natur und lebe im Einklang mit ihr.

5 | Notdurft in der Natur: Ob groß oder klein, halte die Umwelt rein. Toilettenpapier und der Inhalt von (Chemie-) Toiletten gehören nicht in die Natur.

6 | Entzünde offenes Feuer nur an den dafür vorgesehenen Stellen, achte auf Waldbrandstufen und Naturschutzgebiete.

7 | Camper sind keine Rudeltiere. Wenn der Platz schon voll ist, suche dir einen anderen Ort.

8 | Sei freundlich, positiv und verurteile Andere nicht.

9 | Behalte deinen Hund im Blick und an der Leine. Die Hinterlassenschaften gehören aufgesammelt und in einem Mülleimer entsorgt – nicht mit Tüte im Wald.

10 | Behalte deine Stellplätze für dich. Entdecke selbst und teile sie nicht mit der Öffentlichkeit.

»Campieren mit Manieren« ist ein Projekt von Marcus von vanlust. Wir bedanken uns für die Genehmigung zum Abdruck.

Wurzeln durchsetzt, wird euer Loch nicht tief genug. Ein Stein auf dem Kothaufen? Entschärft zwar die Tretmine, macht sie aber nicht weniger unappetitlich und ist auch nur eine Notlösung.

Akzeptabel funktioniert dagegen die Entsorgung mit einem Kotbeutel. Eigentlich für Hundekot erfunden, funktioniert das Prozedere auch bei Menschenhäufchen. Auch das Klopapier ist im Beutel gut untergebracht. Fest verknotet landet dieser dann im nächsten verfügbaren Mülleimer. Der Nachteil: Ihr braucht für jeden Toilettengang eine Tüte und immer noch einen passenden, geschützten Platz für euer Geschäft.

Trotz all dieser Lösungen: Ohne Toilette an Bord kommen manche Stellplätze einfach nicht infrage. Das betrifft übrigens nicht nur das Freistehen – auch viele Wohnmobilstellplätze haben weder Toilette noch Dusche.

Wir hatten jahrelang aus Platzmangel und Überzeugung keine Toilette im Camper und wissen daher, wovon wir sprechen. Vor einigen Jahren haben wir dann eine Trockentrenntoilette angeschafft und halten sie inzwischen auch in kleinen Vans für unverzichtbar, wenn ihr nicht überwiegend auf Campingplätzen übernachtet.

Wie es zu diesem Sinneswandel kam? Es gab einige Schlüsselerlebnisse auf unseren Reisen. Dazu gehören auch Camperplätze, die nach Urin stanken und an denen man im nahen Wäldchen zwischen Klopapier und verdächtigen Steinhaufen kaum mehr einen sicheren Weg finden konnte.

Es gab dann immer wieder mal Situationen, wo es auch uns einfach nicht gelungen ist, bei der Outdoortoilette wirklich keine Spuren zu hinterlassen. Besonders schwierig ist das in weitgehend baumfreien Regionen im Norden oder hoch oben in den Bergen. An einem Platz im Baltikum haben wir dann morgens den Inhalt unseres sorgsam zugebuddelten Toilettenlochs weiträumig verteilt in der Landschaft entdeckt. Wir standen hier völlig alleine, keine Menschenseele weit und breit. Seitdem wissen wir, dass auch Wildtiere Toilettenlöcher spannend finden, und sind dazu übergegangen, möglichst gar kein Klopapier in der Natur zurückzulassen.

Eine eigene Toilette an Bord ist so etwas wie ein »Gamechanger«, der euch in Sachen Stellplatzwahl ungeahnte neue Freiheiten schenkt. In kleinen Fahrzeugen könnt ihr dazu eine der kleinen Trockentrenntoiletten verwenden, die auch in einen VW-Bus passen. Wir haben ein »Kildwick MiniLoo«. Funktionsweise und Vorteile haben wir ausführlich auf unserem Blog besprochen.

naturzeit-blog

Richtige Entsorgung
Der einzige Platz, an dem ihr eine Chemietoilette korrekt entsorgen könnt, ist eine Entsorgungsstation für Wohnmobile (Camper-Service). Verwendet ihr in der Toilette statt Chemie biologisch abbaubare Substanzen oder Schmierseife, kommt auch die Entsorgung in einer normalen Toilette infrage – wenn ihr es hinkriegt, dort keine Spuren zu hinterlassen. Das einzige Problem dabei: Nur ihr wisst, was sich in eurer Kassette befindet und wenn ihr beobachtet werdet, schadet das leider dem Ruf aller Camper.

Komplett tabu zur Entsorgung sind Komposttoiletten. Auch ein Dixi-WC, in dem Kassetten aus mehreren Wohnmobilen entleert werden, wird schneller als erwartet voll und für andere nicht mehr verwendbar sein. Denkt außerdem daran, dass im Süden viele Toiletten nicht an die Kanalisation angeschlossen sind (deshalb gehört das Papier dann in den Mülleimer) und ihr den Inhalt eurer Kassette an solchen Toiletten direkt in die Natur entlasst. Wer sein Chemie-WC im Wald oder im Straßengraben ausleert, gießt Gift in die Natur! Das ist die größte Sauerei und leider auch nicht bei allen Campenden tabu!

Das Entsorgen einer Trockentrenntoilette ist einfacher, trotzdem sollte man dabei den Kopf einschalten. Wer den Inhalt seines Urinkanisters vor der Abfahrt noch großzügig am Stellplatzrand verteilt (ist ja nur Natur), wird sich sicher keine Freunde machen. Urin stinkt. Unsere erste Wahl zur Entsorgung von Urin ist eine Toilette oder auch die Camper-Station. Ist das nicht möglich, ist Brachland am Straßenrand ein geeigneter Platz. Kies- und Erdschichten fungieren dabei als natürlicher Filter. Verteilt dabei den Inhalt des Kanisters, damit nicht zu viel Urin an einer Stelle landet (auch Dünger schadet in zu hoher Konzentration), und haltet euch von Wasser und Viehweiden fern.

Der Kotbeutel aus der Trenntoilette gehört gut verknotet in den Hausmüll. Wir wählen dazu nur große, fest verschlossene Container, damit kein Fuchs den himmlisch duftenden Sack aus dem kleinen Mülleimer am Picknickplatz zieht und den Inhalt gleichmäßig unter den Tischen verteilt.

Grauwasser

Auch der Inhalt eines Abwassertanks gehört ohne Ausnahmen in eine Entsorgungsstation (Camper-Service). Selbst biologisch abbaubare Seifen im Wasser sollten nicht in größeren Mengen in die Natur gelangen. Habt ihr gar keinen Abwassertank und spült in einer Schüssel, verwendet lieber warmes Wasser als Spülmittel, um hartnäckigen Schmutz zu lösen. Gießt euer Spülwasser am besten an Stellen aus, an denen der Naturfilter (Kies und Erde) arbeiten kann und Nahrungsmittelreste und Fett nicht stören. Wegen seines hohen Stärkegehalts ist übrigens auch heißes Nudelwasser für Büsche und Bäume ziemlich schädlich.

Nachhaltigkeit im Camper

Auch im Camper könnt ihr euren Müll verringern. Frankreich, Spanien und Portugal haben ein gut funktionierendes Recyclingsystem. Container stehen überall am Straßenrand. Vor allem PET-Flaschen, die sich nicht immer vermeiden aber gut recyceln lassen, sowie Glas und Papier sammeln wir separat in einem Beutel. Das hält auch den Hausmüllbeutel klein, sodass er in jedem Mülleimer entsorgt werden kann, ohne damit alles zu blockieren.

Weniger ist mehr

Leben in Campervan und Wohnmobil

Ausrüstung

Unsere Kriterien für die richtige Ausrüstung sind einfach: robust, langlebig, leicht und klein zusammenklappbar. Wir sortieren jedes Jahr einmal durch. Was brauchen wir wirklich und was bleibt zu Hause? Denn das ist eines unserer wichtigsten »Learnings« aus gut 15 Jahren Reisen im Campervan: Weniger ist mehr. Unnötig viel Gepäck nervt und steht nur im Weg rum. Reisen mit dem Campervan ist für uns wohltuend minimalistisch.

Trotzdem gibt es paar Luxus-Ausrüstungsgegenstände, die wir nicht missen möchten und an denen wir einfach Spaß haben. Für mich ist unsere Hängematte eins davon, Andrea würde dagegen nie auf ihre Mysa-Matte verzichten. Eine gute Pfanne (mit klappbarem Griff natürlich), unser einfacher Toaster für den Gaskocher, unser Packraft mit Paddeln und Schwimmwesten und auch die dehnbare Wäscheleine mit Haken an den Enden haben sich bewährt.

Tisch, Stühle, Spülschüssel – bei uns ist alles faltbar. Einige unserer Ausrüstungsgegenstände haben wir auch auf unserem Blog vorgestellt.

naturzeit-blog

Leben unterwegs

Wäsche waschen

Für vier Monate braucht ihr nicht mehr Kleidung als für drei Wochen, denn waschen müsst ihr sowieso. Waschmaschinen stehen an jeden Campingplatz und an vielen Stellplätzen. Fast noch praktischer sind aber die schnellen Industriemaschinen, die in Frankreich, Portugal und teilweise auch in Spanien auf dem Parkplatz der großen Supermärkte installiert sind. Die Trommeln sind riesig und Trockner sind ebenfalls vorhanden. Gute dreißig Minuten dauert ein Waschgang, noch einmal 20 Minuten das Trocknen. Wer viel Wäsche hat, teilt sie auf zwei Trockner auf. Die Zeit zum Waschen reicht uns gerade, um zeitgleich auch noch den Einkauf zu erledigen.

Einkaufen

Am einfachsten ist es natürlich, sich mit abgepackten Produkten in großen Supermärkten zu versorgen. Die Sprachbarriere fällt weg, und wer zu Lidl oder Aldi geht, findet sogar fast das gleiche Sortiment wie zu Hause. Wesentlich spannender und auch aus dem Blickwinkel der Nachhaltigkeit sinnvoll, ist ein Einkauf auf dem Markt oder in kleinen Läden. Wir versuchen gerne auch dort einzukaufen, wo man uns einen Stellplatz zur Verfügung stellt. Wir sprechen übrigens kaum Spanisch und gar kein Portugiesisch. Mit

Händen und Füßen und dem Google-Übersetzer hat das Einkaufen aber überall funktioniert. Probiert es einfach aus.

Essen gehen

Im Süden isst man spät – das gilt ganz besonders für Spanien. Dort versammelt man sich abends selten vor 21 Uhr um den Tisch. Comida, Mittagessen, gibt es erst gegen 15 Uhr. In touristischen Orten öffnen die Restaurants aber trotzdem früher.

Portugiesische Restaurants sind mittags üblicherweise von 12.00 bis 15.00 Uhr geöffnet. Das Abendessen wird zwischen 19.30 und 23.00 Uhr serviert.

Die Essensgewohnheiten sind in Spanien und Portugal ähnlich. Kleine Snacks, Tapas oder Petiscos, wie sie in Portugal heißen, spielen eine wichtige Rolle. Sie werden als Vorspeise gegessen oder zwischendurch zu einem Getränk. Das Abendessen ist überall im Süden die wichtigste Mahlzeit am Tag. Das Frühstück fällt dagegen eher spartanisch aus. Die Preise der Restaurants liegen in Spanien und Portugal leicht unter denen, die bei uns üblich sind.

In Frankreich, wo Essen fast noch eine wichtigere Rolle spielt, gibt es dazu ziemlich klare Zeiten. Mittags öffnen die Restaurants zwischen 12 und 14.30 Uhr und die Pause zum Mittagessen ist in Frankreich heilig. Wer erst später Hunger hat, muss sich auf die Suche nach einem Café oder Bistrot machen. Einen Restaurantbesuch am Abend solltet ihr nicht vor 19 Uhr planen. Einheimische werden hier aber sicher nicht vor 20 Uhr eintrudeln. Sehr interessant ist es in Frankreich, mittags essen zu gehen. Viele Restaurants bieten dann ein kleines Menü mit zwei bis drei Gängen zu einem sehr günstigen Preis an – eine optimale Möglichkeit, budgetsparend die berühmt gute französische Küche kennenzulernen.

Speisekarten sind in allen drei Ländern nur in touristischen Orten übersetzt. Wer die Sprache gar nicht spricht, tut sich dort leichter mit einem ersten Restaurantbesuch. Doch natürlich ist es besonders spannend, da essen zu gehen, wo auch die Einheimischen einkehren. Um dann trotzdem die Speisekarte zu verstehen, hilft die Kamerafunktion im Google-Übersetzer.

Kochen im Camper

Da wir auf langen Reisen häufig selbst kochen, ist unsere Mini-Küche gut, aber doch platzsparend ausgestattet. Eine beschichtete Pfanne, ein mechanischer Mixer, eine kleine Reibe für Gemüse, ein Korkenzieher, einige verschraubbare Kunststoffboxen für Reste, die supergut schneidenden kleinen Messer von Victorinox, drei dünne Holzbrettchen – das sind einige der Dinge, auf die wir nicht verzichten möchten. Gute Ausrüstung ist für uns die Basis, mit der Kochen Spaß macht. Auf Fertiggerichte zurückgreifen – dafür sind wir zu lange unterwegs.

Kochen mit dem Omnia

Der Omnia hat die Camperküche revolutioniert und ja, auch wir haben einen dabei. Er ist so einfach wie genial in Bau und Handhabung und ermöglicht uns, unterwegs auch Kuchen und Brot zu backen. Da bei uns glutenfreie Ernährung ein Thema ist, macht es uns unabhängig vom pappigen, in Plastik verpackten Toastbrot – dem einzigen glutenfreien Brot, das fast überall zu haben ist. Auch das Aufbacken von Brötchen klappt im Omnia gut.

Es gibt Kochbücher für den Omnia, ihr findet aber auch online Rezepte und Anleitungen. Ausprobiert und für gut befunden haben wir etliche Köstlichkeiten von **www.kasteninblau.de**, die mit ihrem Kastenwagen fast immer irgendwo in Portugal und Spanien unterwegs sind. Auf ihrem Blog findet ihr außer Rezepten auch noch andere Tipps für diese Region.

kasteninblau.de

<<

Energie

Die Sache mit dem Gas

Dass beim Thema Gasversorgung im Wohnmobil jedes europäische Land sein eigenes Süppchen kocht, ist bekannt. Die grauen deutschen 11 oder 5 Kilo fassenden Gasflaschen könnt ihr weder in Frankreich noch in Portugal oder Spanien tauschen. In Andalusien, wo schon seit vielen Jahren Camper aus halb Europa überwintern, gibt es jedoch tatsächlich einige Stellplätze, an denen deutsche Gasflaschen nachgefüllt werden. Alternativ könnt ihr auch eine eurer deutschen Flaschen zu Hause lassen und mit einem »Euro-Adapterset« (erhältlich im deutschen Fachhandel) auch eine französische oder eine spanische Flasche anschließen, für die ihr jedoch beim Erwerb Pfand zahlt.

Einfacher habt ihr es, wenn ihr ein Wohnmobil mit Gastank besitzt, der an Gas-Tankstellen nachgefüllt werden kann. Auch hier hilft es, ein »Euro-Füllset« im Gepäck zu haben. Bei der Suche nach der nächsten Tankstelle hilft www.mylpg.eu.

Fast noch einfacher ist es, Ersatz für die großen blauen CampinGaz-Flaschen mit 2,7-Kilo-Füllung zu bekommen, die in vielen Campingbussen verwendet werden. Die gibt es in Frankreich und Spanien in vielen Supermärkten und im Baumarkt. Hilfe beim Finden der nächsten Verkaufsstelle bietet die Suchfunktion unter www.campingaz.com.

Solarstrom

Wenn wir viel unterwegs sind und fast jeden Tag ein Stückchen fahren, reicht uns die Ladeleistung des Motors, um die Batterie in Betrieb zu halten. In unserem Campervan ist der Kompressor-

kühlschrank allerdings auch der einzige hungrige Stromverbraucher. Aber auch Handys und Laptops können wir dann noch ausreichend mit Strom versorgen.

Stehen wir länger an einem Ort, brauchen wir Landstrom. Um mit einer überschaubaren Investition unabhängiger zu werden, haben wir uns inzwischen aber auch eine mobile Solarzelle angeschafft. Bei blauem Himmel und Sonne reichen uns deren 120 Watt Leistung, um beide Gelbatterien voll zu halten. Wer gar keine Bordbatterie im Mini-Camper hat, kann eine flexible Solarzelle auch in Kombination mit einer Powerstation nutzen. Je nach Preisklasse können dort dann nur 12-Volt- oder auch 230-Volt-Geräte angeschlossen werden.

Krankenversicherung

Über das Krankenversicherungsabkommen der EU-Länder habt ihr auch mit eurer deutschen Krankenversicherung auf einer Auslandsreise Anspruch auf medizinisch notwendige Leistungen – zum Teil allerdings mit Zuzahlungen. Das gilt außerdem nur für Ärzte, die von deutschen Krankenkassen zugelassen sind. Wer alle Kosten und auch Leistungen wie Krankenrücktransport abgedeckt haben will, braucht eine zusätzliche Versicherung. Die üblichen, günstigen Reiseversicherungen sind nur für Reisen bis sechs Wochen gültig. Wer länger unterwegs ist, braucht eine der deutlich teureren Auslandskrankenversicherungen.

Internet

Meist braucht man auf Reisen mehr mobile Daten als zu Hause. Um unterwegs ausreichend Datenvolumen zur Verfügung zu haben, gibt es zwei gute Lösungen. Am einfachsten ist es, euren deutschen Vertrag so großzügig zu wählen, dass ihr auch unterwegs versorgt seid. Klärt dabei vorher ab, dass eure Reisezeit die akzeptierte Roaming-Zeitgrenze eures Anbieters nicht überschreitet. Bei unserem O2-Vertrag wurden uns dabei vier Monate genannt. Seid ihr dann nicht – zumindest für einen kurzen Zeitraum – zurück in Deutschland, wird nach Auskunft unseres Beraters die Geschwindigkeit gedrosselt.

Die beste Alternative für sehr lange Reisezeiten ist es, sich im jeweiligen Land eine Prepaid-Card zu besorgen. Allerdings ist das Prozedere, bis ihr angemeldet seid und die Karte auch wirklich funktioniert, meist etwas aufwendig.

Router
Verwendet ihr die SIM-Card nicht direkt in eurem Handy, sondern in einem Router, könnt ihr auch mit mehreren Geräten eine Karte nutzen. Hochwertige Router bieten zudem den Vorteil, dass ihr nicht in einem ungeschützten WLAN-Netz unterwegs seid: Gut zu wissen, wenn ihr unterwegs auch Bankgeschäfte über euer Handy abwickeln müsst.

Eine zusätzliche Antenne, die den Empfang verbessert, sorgt dafür, dass ihr an auch an Plätzen mit schlechtem Netz einen Film streamen oder surfen könnt. Da wir auch in unserem Van arbeiten, ist die Internetverbindung für uns besonders wichtig. Unsere Lösung, haben wir auf dem Naturzeit-Blog vorgestellt.

naturzeit-blog

Prepaid-SIM-Karten
Wenn das Roaming-Datenvolumen des heimischen Mobilfunkvertrages nicht reicht, macht es Sinn, sich zusätzlich nach einer Prepaid-SIM umzuschauen.

In Frankreich ist seit Jahren die Prepaidkarte von »free Mobile« unser Favorit. Das Datenvolumen war schon immer großzügig und wird jährlich ausgebaut – derzeit sind es 350 GB für 19,99 Euro plus Anschlussgebühr. Ihr müsst die SIM-Karte an einem Automaten des Anbieters kaufen. Die stehen oft in kleinen Läden, wo euch meist auch jemand hilft, wenn ihr nicht alleine zurechtkommt. Wo die nächste Verkaufsstelle ist, könnt ihr auf der Website nachsehen. Verlängern könnt ihr dann monatlich über die zugehörige App. Richtig gut ist dabei, dass 35 GB pro Monat auch im europäischen Ausland, also auch in Spanien und Portugal, nutzbar sind. mobile.free.fr

Wenn euch das von »free mobile« außerhalb Frankreichs bereitgestellte Datenvolumen reicht, empfehlen wir, diesen Tarif auf eurer Reise weiter zu nutzen und euch weitere Prepaid-Käufe in Shops, Freischaltungen und dergleichen auf Spanisch und Portugiesisch zu ersparen.

Wenn's nicht genug ist, gibt es in Spanien gute Angebote für eine Prepaid-SIM (Prepago) bei www.simyo.es – derzeit 200 GB für 20 Euro – und www.movistar.es.

In Portugal heißt Prepaid »Pré-pago« und www.meo.pt bietet den unbegrenzten Tarif ENJOY für etwa 35 Euro pro Monat an. www.vodafone.pt ist etwas günstiger bei etwas schlechterer Abdeckung.

Allen gemeinsam ist, dass zum Kauf der Karte ein Shop des jeweiligen Anbieters (findet ihr auf den Webseiten) aufgesucht werden muss. In Portugal trefft ihr dort immerhin meistens auf Menschen, die Englisch sprechen.

On the Road

Mit dem Camper unterwegs

Die Verkehrsregeln in Frankreich, Spanien und Portugal unterscheiden sich kaum von den deutschen. Wie auf fast allen Autobahnen außerhalb Deutschlands gilt in Frankreich, Spanien und Portugal ein Tempolimit. 130 km/h sind es in Frankreich, 120 km/h in Spanien und Portugal. Die meisten Autobahnen sind außerdem mautpflichtig.

Das hier sind einige Regeln, die ihr »on the road« mit eurem Camper kennen solltet.

› In Frankreich dürft ihr auf den meisten Landstraßen inzwischen nur noch 80 km/h fahren. In Spanien gilt für Wohnmobile ebenfalls ein Tempolimit von 80 km/h auf Landstraßen.

› Eine gelbe Markierung am Straßenrand bedeutet in Frankreich, Spanien und Portugal Parkverbot (unterbrochen) bzw. Halteverbot (durchgezogen).

› Blau markiert sind in Frankreich und Spanien kostenpflichtige und zeitbegrenzte Parkbuchten. Anwohnerparkplätze werden in Spanien grün markiert, kostenlose Plätze für alle weiß.

› Wohnmobile über 3,5 t Gesamtgewicht müssen in Frankreich beidseitig und am Heck mit speziellen Warnschildern versehen werden, um Fußgänger und Zweiradfahrer vor der Gefahr des toten Winkels zu warnen.

› In Spanien und Portugal müsst ihr Fahrräder oder eine Box auf dem Heckträger mit einem rot-weißen Warnschild kennzeichnen.

› Bußgelder sind in Portugal oft direkt vor Ort zu zahlen – auch Strafzettel für wildes Campen. Fahrzeuge können laut ADAC beschlagnahmt werden, wenn ihr die Bezahlung der Geldstrafe verweigert.

Wollt ihr noch etwas Konkretes nachsehen, sind die Infoseiten des ADAC eine gute Quelle.

Crit'Air-Umweltplakette

Wie auch in Deutschland gibt es in Frankreich in den Großstädten permanente Umweltzonen, in die nur mit einem Fahrzeug eingefahren werden darf, das eine bestimmte Norm erfüllt. Sie heißen ZCR-Zonen (zones à circulation restreinte) und sind mit Straßenschildern markiert.

Es gibt aber auch temporäre Umweltzonen, die eingerichtet werden, wenn die Luftverschmutzung kritische Werte überschreitet und die teilweise ganze Departements betreffen, einschließlich der Autobahnen. Diese Zonen werden vor Ort nicht angezeigt, ihr müsst euch selbst informieren. »Green-Zones.eu« stellt eine kostenlose App zur Verfügung, die euch unterwegs auf dem Laufenden hält.

Die Umweltplakette, die anzeigt, dass ihr in diese Zonen einfahren dürft, kann nur online in Frankreich bestellt werden und wird per Post zugeschickt. Am kostengünstigsten und völlig unkompliziert geht das online direkt beim französischen Verkehrsministerium unter www.certificat-air.gouv.fr. Die Seite lässt sich auf Deutsch umstellen. Auf der Green-Zones-Website kann man die Plakette auch bestellen, dort ist sie jedoch deutlich teurer.

Tanken

Diesel heißt in Frankreich an der Säule »diesel« oder »gazole«, in Spanien »gasóleo« oder »diésel« – »gasolina« ist dagegen Benzin! Um eine Tankstelle mit AdBlue-Zapfsäule in eurer Nähe zu finden, ist die Website www.as24.com hilfreich.

Am preisgünstigsten tankt ihr in Frankreich, und meist auch in Spanien, an den Tankstellen der Supermärkte. Diese sind nur an Wochentagen mit Personal besetzt. An Sonn- und Feiertagen kann man aber fast immer per Automat und mit Kreditkarte zahlen. Normale Girocards (mit V-Pay-Symbol) funktionieren an Tankautomaten nicht immer. Und nicht vergessen: Ab Juli 2023 könnt ihr Girocards mit Maestro-Symbol im Ausland gar nicht mehr verwenden.

Hin und wieder werden auch ausländische Kreditkarten nicht akzeptiert. Ihr solltet also nicht unbedingt »mit dem letzten Tropfen« zur Tankstelle fahren!

In Südspanien ist es an manchen Tankstellen üblich, zuerst an der Kasse zu bezahlen und dann mit dem dort erhaltenen Code zu tanken. Dazu müsst ihr vorher eine Summe festlegen, für die ihr Benzin oder Diesel kaufen wollt. Beobachtet am besten, was die anderen um euch herum tun und macht es ihnen nach.

Autobahnmaut

Sowohl in Frankreich als auch in Spanien und Portugal sind viele Autobahnen mautpflichtig. Die Preise sind abhängig von der Fahrzeugkategorie, in die euer Gefährt fällt. Deutlich teurer wird es, wenn euer Camper höher als drei Meter ist. Kostenlos sind in allen drei Ländern Autobahnen, die um Großstädte herumführen.

In Frankreich gibt es darüber hinaus nur wenige kostenlose Autobahnabschnitte, wie zum Beispiel die A75 von Clermont-Ferrand nach Béziers, wo nur für das spektakuläre »Viaduc de Millau« Gebühren zu zahlen sind. Wir finden diese Route ans Französische Mittelmeer eine wirklich gute Alternative zur viel befahren und vergleichsweise teuren »Route du Sud«. Ansonsten sind in Frankreich fast alle Autobahnen mit dem Hinweis »Peage« auf den blauen Autobahnschildern versehen. Die Gebühren für ihre Benutzung liegen für ein Klasse-2-Fahrzeug (bis 3 m Höhe, bis 3,5 t) mit einem durchschnittlichen Betrag von €1,50 für zehn Kilometer vergleichsweise hoch. Über www.autoroutes.fr könnt ihr die Maut für eine konkrete Strecke berechnen.

In Spanien sind die staatlichen Autovias, deren Kürzel mit A beginnt, kostenlos befahrbar. Die privat betriebenen Autopistas mit dem Kürzel AP sind mautpflichtig– aber nicht immer. Spanien lässt sein Autobahnnetz oft privat bauen. Wenn die Kosten über die Maut abbezahlt sind, laufen die Konzessionen aus und die Autobahn geht in staatliche Hände über. Damit werden sie gebührenfrei. Das bedeutet, dass es vereinzelt auch Autobahnen gibt, die mit AP gekennzeichnet, aber trotzdem kostenlos sind. Sicherheit bringt das »Peaje-« oder »Toll«-Schild am Straßenrand oder die Online-Recherche, zum Beispiel auf www.bussgeldrechner.org/pkw-maut.html.

In Portugal sind die meisten Autobahnen und auch einige große Brücken mautpflichtig. Häufig ist eine Autobahn dort auch die einzige Direktverbindung, deren Umfahrung enorme Umwege bedeutet. Da die Maut eher moderat ausfällt, lohnt so ein Umweg selten. Portugal ist aber auch das Land mit dem kompliziertesten Mautsystem. Auf einigen Strecken wird sie nämlich ausschließlich elektronisch (electronic toll only) erhoben. Es gibt dort keine Mautstation mehr, stattdessen wird das Autokennzeichen gescannt. Die Bezahlung erfolgt über teils recht komplizierte Abrechnungsverfahren, bei denen man sich an speziellen Automaten registrieren oder eine Art Prepaid-Karte erwerben muss (Infos unter www.portugalismo.de/autobahn-maut-portugal). Autobahnen mit elektronischer Maut werden von einem blauen Schild mit Auto, Eurozeichen und Wellenlinien vor der Windschutzscheibe angezeigt.

Mautboxen

Allen, die keine Lust darauf haben, sich in jedem Land neu zu orientieren, und nicht an jeder Mautstation hektisch nach Mautzettelchen und Kleingeld oder Bankkarte suchen wollen, sei eine Mautbox empfohlen. Die kleine Box wird innen an die Frontscheibe geklebt. Ihr könnt damit in Frankreich auf der Spur mit dem »t« (Telepeage) durchfahren, in Portugal ist sie mit einem grünen »V« markiert. Die Box gibt ein elektronisches, hörbares Signal ab, das dafür sorgt, dass sich die Schranke an der Mautstation öffnet. Oft muss man sogar nur auf 30 Stundenkilometer runterbremsen und die Fahrt geht weiter. Auch die elektronische Maut wird zuverlässig erfasst. Alle unten aufgeführten Boxen funktionieren in Frankreich, Spanien, Portugal und Italien für Fahrzeuge bis drei Meter Höhe.

Wir fahren seit einigen Jahren mit der Mautbox von Fulli. Fulli ist ein französisches Unternehmen mit deutscher Website. Unsere Mautbox funktioniert einwandfrei und wir genießen den Service mehr, als wir ursprünglich dachten. Unser Tarif heißt inzwischen »fulli nomad+« und funktioniert in Frankreich, Spanien, Portugal und Italien. Ihr bezahlt einmal Anschlussgebühr und Versand. In jedem Monat, in dem ihr die Box nutzt, fällt dann zusätzlich zur Maut eine geringe Grundgebühr an. fulli.com

Bip&Go bietet mit »À-la-Carte« einen fast identischen Tarif an. www.bipandgo.com

Maut1.de berechnet für seine Box eine Jahresgebühr von 22,90 Euro, egal ob ihr sie benutzt oder nicht, dazu kommt eine Anschlussgebühr plus Versand. Maut1.de ist der einzige Anbieter, der auch eine Box für Fahrzeuge über drei Meter Höhe hat. Hier fällt eine Jahresgebühr von 79,90 Euro an. www.maut1.de

Dazu kommen natürlich jeweils noch die Gebühren für die gefahrenen Mautkilometer. Die Rechnung bekommt ihr am Ende des Monats gesammelt und elektronisch zugestellt.

Winter im Süden

Wann, wohin und was muss mit

An der Südspitze Spaniens bläst im Winter häufig ein heftiger Wind.

Andalusien im Süden Spaniens und die Algarve sind zwei klassische Reiseziele für Menschen, die den Winter lieber im Warmen verbringen. Die Temperaturen fallen dort tagsüber nur selten unter zehn Grad und an warmen Tagen könnt ihr durchaus mal bei 20 Grad in der Sonne sitzen. Am wärmsten ist dabei die Region um Almeria an der spanischen Mittelmeerküste. Ganz im Süden bei Tarifa und Gibraltar weht dagegen oft der frische Wind, der die Region bei Kitesurfern berühmt und beliebt macht.

Grundsätzlich gilt: An Spaniens Mittelmeerseite ist das Wetter milder und das Meer ruhiger als an der Atlantikküste westlich von Tarifa. Je weiter ihr dabei in den Norden kommt, desto kühler wird es aber auch dort.

An der dem offenen Meer ausgesetzten Westseite der Iberischen Halbinsel müsst ihr im Frühjahr, Herbst und Winter häufig mit wilder Brandung und starkem Wind rechnen. Östlich von Sagres, wo die Küste nach Süden ausgerichtet ist und hohe Felsen die Buchten schützen, ist es dagegen deutlich milder.

Reiserouten

Um Südfrankreich kennenzulernen und die Iberische Halbinsel ganz zu umrunden, solltet ihr euch wenigstens zwei Monate Zeit nehmen. Ist eure Reisezeit kürzer, konzentriert euch lieber auf einen Teil der Region. Die Route eignet sich aber auch durchaus auch für eine deutlich längere Reise. Ein Sabbatical, Workation oder Elternzeit sind der perfekte Rahmen dafür, wenn ihr nicht sowieso schon aus dem Berufsleben ausgestiegen seid.

Je nachdem in welchem Monat ihr startet, wie lange ihr Zeit habt und wann ihr wieder zurückwollt, eignen sich verschiedene Reiserouten für euren persönlichen Weg in den Süden. Wir liefern euch deshalb zu jeder Region Infos für die passende Reisezeit.

Startet ihr im Hochsommer, sind die Auvergne und die Pyrenäen ein guter Einstieg in die Reise. Hier wird es auch in den Sommerferien nicht zu voll. An der Küste geht dann ohne Reservierung gar nichts und auch die Preise von Camping- und Stellplätzen steigen deutlich. Das gilt ganz besonders für die französische Mittelmeerküste. Kommt ihr dann im Spätsommer an die Küste – Atlantik oder Mittelmeer, ist es dort schon ruhiger und baden könnt ihr immer noch. Fahrt ihr dagegen im Winter los, empfiehlt sich die Route am Mittelmeer in den Süden.

Was für euch passt, hängt auch davon ab, wie warm ihr es haben wollt. In Andalusien und an der Algarve ist im Winter zwar touristische Nebensaison, was bedeutet, dass die Strände leer und viele Restaurants und Läden geschlossen sind. Die Camperstellplätze dagegen sind voll. Einige Plätze in der Nähe der Küste sind sogar durchgängig ausgebucht. Viele, die dort stehen, verbringen mehrere Wochen oder sogar den ganzen Winter auf einem Platz. Für Reisende ist es gar nicht so einfach, dort unterzukommen. Wenn ihr zwischendurch auch gerne einige Wochen sesshaft werden möchtet, locken viele Plätze mit sehr günstigen Tarifen für einen Zeitraum ab vier Wochen.

Dort, wo es nicht ganz so warm ist – im Norden Portugals, an der nördlichen Mittelmeerküste oder im Landesinneren, sind im Winter dagegen nur wenige Camper unterwegs.

Ausrüstung im Winter

Auch in Südspanien müsst ihr im Winter mit regnerischen und vor allem auch mit windigen Tagen rechnen. Dann kann es durchaus frisch werden. Eine **Heizung im Van** ist im spanischen Winter kein Luxus. Heizt ihr mit Gas, ist der Verbrauch erheblich und ihr müsst eine Lösung für den Nachschub finden. Ein gute Idee ist zum Beispiel, nur eine deutsche Flasche mitzunehmen, um Platz für eine zweite aus Spanien oder Portugal zu haben, die mit einem Adapter angeschlossen werden kann. Die ist dann auch unterwegs stressfrei zu ersetzen.

Wir haben außerdem einen kleinen Heizlüfter dabei. In Schlechtwetterphasen suchen wir uns gerne Plätze mit Landstrom und sind dann unabhängig von unserer Dieselheizung.

Wenn ihr eure Reise im Sommer oder Herbst startet, aber im Winter zurück wollt, solltet ihr gleich mit **wintertauglichen Reifen** fahren. Von November bis März gilt in den Gebirgsregionen in Frankreich Winterreifenpflicht. In der Schweiz und in Deutschland gilt in dieser Zeit eine situative Winterreifenpflicht. Sie müssen nur bei winterlichen Straßenverhältnissen verwendet werden. Auf jeden Fall machen Winterreifen eine Rückkehr in der kalten Jahreszeit deutlich entspannter.

Wander- und Entdeckertouren aus dem Naturzeit Verlag

Diese vier Wanderführer aus dem Naturzeit Reiseverlag liegen an der Südwärts-Route. Bei der Auswahl der Touren in den Büchern legen wir Wert auf eine bunte Mischung aus Wanderungen, Fahrradrouten, Kanutouren und interessanten Ausflugszielen. Länge und Schwierigkeitsgrad orientieren sich an Outdoorfans mit durchschnittlicher Kondition und Erfahrung.

- abwechslungsreiche Routen durch die Natur zu Fuß, mit dem Fahrrad oder dem Kanu
- die schönsten Badeplätze
- alle wichtigen Sehenswürdigkeiten
- Campingführer und Übernachtungstipps
- jede Tour mit topographischer Karte, übersichtlichem Tourensteckbrief und vielen stimmungsvollen Fotos
- große Übersichtskarte in der hinteren Umschlagklappe

ISBN 978-3-944378-57-2
2. Auflage 2025, **€ 20**

ISBN 978-3-944378-42-8
2. Auflage 2023, **€ 19,00**

ISBN 978-3-944378-38-1
3. Auflage 2022, **€ 18,00**

ISBN 978-3-944378-58-9
3. Auflage 2025, **€ 20**

Weitere Informationen und eine Leseprobe zu jedem Buch unter **www.naturzeit-verlag.de**

Unsere Vanlife-Guides für eure Reise in den Norden

Stefanie Holtkamp, Andrea Bergmann

Nordwärts

Roadtrip zum Nordkap und rund um die Ostsee

Ihr träumt von einem abenteuerlichen Roadtrip zum Nordkap? Von einer Reise mit Campervan oder Wohnmobil durch die weiten Landschaften des Nordens? Dann reist mit uns zu stillen Seen, zu Schären und Fjorden, malerischen Fischerdörfern, Burgruinen und alten Städten. Kommt mit in die Region nördlich des Polarkreises, wo Rentiere frei durch die Berge streifen und die Sonne im Sommer nicht untergeht. Wir zeigen euch faszinierende Spots, an denen ihr nicht vorbeifahren solltet.

1. Auflage 2024, 432 Seiten, ISBN 978-3-944378-50-3, **€ 26**

Stefanie Holtkamp, Andrea Bergmann

Wilde Küsten

Roadtrip durch Normandie, Bretagne, Cornwall, Wales, Irland und Schottland

Ihr liebt das raue Meer und die wilde Natur im Norden? Euch faszinieren die mystischen Spuren aus der Vorzeit und der alten Kultur der Kelten?
Dann begleitet uns in den Nordwesten Europas und auf die spektakulären Küstenstraßen Wild Atlantic Way und North Coast 500. Wir kurven auf Single Track Roads durch einsame Moore, bummeln durch malerische Dörfer, wandern zu Gezeiteninseln, bewundern Dolmen und Steinkreise, erkunden romantische Ruinen, schroffe Klippen und karibisch anmutende Strände. Wir zeigen euch faszinierende Orte, die ihr nicht verpassen solltet.

1. Auflage 2025, 432 Seiten, ISBN 978-3-944378-55-8, **€ 26**

Online-Infos und YouTube-Inspirationen

Spanien- und Portugal-Highlights bei YouTube

»Let's get otter here«, den YouTube-Kanal von Tina und Dirk, haben wir bei unseren Recherchen zu Sintra entdeckt. Die beiden leben seit vier Jahren in ihrem Van und machen tolle, informative Videos, die wirklich Spaß machen. Sie waren fast zur gleichen Zeit unterwegs wie wir. Nachdem wir ihren Kanal entdeckt hatten, war bei uns am Sonntag, wenn ihr neuestes Video online geht, regelmäßig »Otter-Time«.

Wir freuen uns besonders, dass jetzt auch einige von Dirks und Tinas Fotos unser Buch bereichern und euch Lust auf den Süden machen. Viele der Spots aus diesem Buch könnt ihr auf ihrem YouTube-Kanal noch einmal aus einer anderen Perspektive erleben.

Hier geht's lang zur Video-Inspiration

Unsere Online-Infos zu Südwärts

Infos online und zum Download

Zu allen Wanderungen an unseren Spots stellen wir im Online-Bereich von »Südwärts« GPS-Tracks zum Download bereit. Ladet ihr sie in eine Wanderapp wie Locus Maps oder Komoot, könnt ihr euch vor Ort problemlos orientieren und der Route folgen.

Im Online-Bereich findet ihr auch die kmz-Daten unserer Spots und Übernachtungsplätze, die ihr in Google My Maps übertragen könnt. Außerdem stellen wir zu einigen Spots weitere praktische Infos zur Verfügung.

Das sind Tina und Dirk von »Let's get otter here«